新文科·特色创新课程系列教材

本书受上海市高水平地方高校（学科）建设项目资助

《韩非子》品读

金国正 著

吉林大学出版社

·长 春·

图书在版编目（CIP）数据

《韩非子》品读 / 金国正著. -- 长春 : 吉林大学出版社, 2023.11
ISBN 978-7-5768-2557-2

Ⅰ. ①韩… Ⅱ. ①金… Ⅲ. ①《韩非子》- 研究
Ⅳ. ①B226.5

中国国家版本馆CIP数据核字(2023)第221530号

书　　名：《韩非子》品读
《HANFEIZI》PINDU

作　　者：金国正
策划编辑：黄国彬
责任编辑：田　娜
责任校对：李潇潇
装帧设计：刘　丹
出版发行：吉林大学出版社
社　　址：长春市人民大街4059号
邮政编码：130021
发行电话：0431-89580036/58
网　　址：http://www.jlup.com.cn
电子邮箱：jldxcbs@sina.com
印　　刷：天津鑫恒彩印刷有限公司
开　　本：787mm × 1092mm　1/16
印　　张：19.5
字　　数：280千字
版　　次：2024年5月　第1版
印　　次：2024年5月　第1次
书　　号：ISBN 978-7-5768-2557-2
定　　价：98.00元

目录

第一讲

矛盾人生

一、生平概说

韩非的生平材料主要见诸《史记·韩非列传》，如果除去其中引用的《韩非子·说难》篇文字，《韩非传》不过区区500字。韩非的身世还留有不少谜团，如生于何时、其父为谁，与李斯同学于荀子又是怎么一回事，等等。幸好《韩非子》一书本身也给我们提供了一些线索，如《和氏》篇就明显带有自喻性质，我们大体可以根据这些材料探知韩非悲剧性的人生历程。究其一生，“矛盾”二字可说是其人其事的写照。

韩非讲过一个矛与盾的故事，这就是成语“自相矛盾”的由来。他很喜欢这个故事，而且讲了不止一遍：

> 楚人有鬻楯与矛者，誉之曰：“吾楯之坚，莫能陷也。”又誉其矛曰：“吾矛之利，于物无不陷也。”或曰：“以子之矛陷子之楯何如？”其人弗能应也。（《韩非子·难一》第三十六）
>
> 客曰：“人有鬻矛与楯者，誉其楯之坚：‘物莫能陷也。’俄而又誉其矛曰：‘吾矛之利，物无不陷也。’人应之曰：‘以子之矛，陷子之楯，何如？’其人弗能应也。”（《韩非子·难势》第四十）

韩非用这个故事来攻击儒家圣尧美舜的矛盾，具有逻辑上无可辩驳的力量。可是，如果一个人的生命历程中也充满显著的矛盾的话，就不是一件美妙的事了。不幸的是，韩本人身上正集合着诸多矛盾。

首先，韩非有高贵的出身，却终生不得志，郁郁而终。

按照我们对先秦诸子的惯例，称呼韩非应该是“韩子”，司马迁就是这样称呼的；可是为什么又称他为“韩非子”呢？因为唐朝的韩愈是恢复儒家道统的重要人物，被人尊为“韩子”，韩非便只好将此“荣誉称号”让给他了。由此可见，韩非其人在历史上的待遇实在不太高。可是，他却是有高贵的出身的。

据《史记》记载，韩非是“韩之诸公子”。何为“诸公子”？诸公子者，庶公子也，非君王之长子长孙，没有继承权。“公子”如果是出于君王正妻，那么地位仍然比较高；如果是嫔妃所生，那么又要等而下之。然而不管怎样，好歹都算是“龙子龙孙”，地位显赫，非一般出身者能比。这里就有个问题：韩非是哪个韩王之子孙？

韩非卒于公元前233年，下距韩国灭亡仅3年（前230），比秦始皇统一中国早12年。韩非的生年则有二说：一说认为韩非生于前298年（陈奇猷说），则韩非得寿66岁；一说生于前280年（陈启天说），则韩非得寿48岁。韩国的末代君王是韩安，韩非与韩安是什么关系？兄弟、叔侄（伯侄）？据施觉怀著《韩非评传》，韩非应当是韩襄王之孙、韩釐王之侄、韩桓惠王之堂兄弟、韩王安之叔父或伯父。在《史记·韩世家》的记载中，我们得知在韩襄王时代发生过一次宫廷斗争。韩襄王的太子婴不幸于公元前300年早卒，于是在有希望继位的公子咎和公子虮虱之间展开了一场争斗，最后公子咎获胜，也就是后来的韩釐王。韩非应当是公子虮虱之子。联想到公子虮虱曾经为质于楚，我们就容易理解韩非从师于荀卿的经历，因为荀卿曾两度在楚国任兰陵令。父辈的宫廷斗争给予韩非很大的刺激，所以他在自己的文章里对嫡庶之争等屡有表述。

韩非生平的大部分时间是在韩桓惠王在位时期。作为宫廷斗争失败者一方的子嗣，韩非不受韩王重用是可以想见的。史载“非见韩之削弱，数以书谏韩王，韩王不能用”，韩非虽然身为王室成员，却一直郁郁不得志。然而韩非是有治国之大才的，他反复省览历代成败兴亡之得失，总结历史经验教训，提出自己的治国安邦策略。残酷的历史与现实图景造就了韩非冷峻的理性思维方式和冷酷的施政纲领，在战国这样的乱世，韩非的政治主张无疑是最为先进的，符合“乱世用重典”的原则。秦国能够一统天下，与它一贯推行法家路线分不开；秦王嬴政朝廷的核心人物李斯，与韩非同学于荀子，然而自以为不如韩非。他在秦国行政上的举措没有按照乃师的教导，却是沿用了韩非的理论。

战国是一个“此处不留爷，自有留爷处”的人才流动频繁的时代，韩非在国内不受重用，完全可以“移民”国外，找个能赏识自己的主子。秦王嬴政就赏识他，见了韩非所写文章，恨不能罗致其下。为此不惜发动对韩战争，终于把韩非“搞”到了手。可是韩非在秦国还没有来得及施展抱负，便被昔日同学李斯给谗害死了。韩非有出身、有名声、有才能，最终却只是做了个屈死鬼。

这也是韩非的第二个人生矛盾：为秦所赏却冤死于秦。《史记》上如此记载：

> 秦王见《孤愤》、《五蠹》之书，曰：“嗟乎，寡人得见此人与之游，死不恨矣！”李斯曰：“此韩非之所著书也。”秦因急攻韩。韩王始不用非，及急，乃遣非使秦。秦王悦之，未信用。李斯、姚贾害之，毁之曰：“韩非，韩之诸公子也。今王欲并诸侯，非终为韩不为秦，此人之情也。今王不用，久留而归之，此自遗患也，不如以过法诛之。”秦王以为然，下吏治非。李斯使人遗非药，使自杀。韩非欲自陈，不得见。秦王后悔之，使人赦之，非已死矣。

在此需要略做说明的是，秦王所见韩非之书，只是散篇，而非后人所见的全本。《韩非子》一书，据周勋初先生的意见，应该是西汉刘向所编。

嬴政赏识韩非，不惜用战争手段得到其人，然而为什么竟然又不能用他呢？韩非的施政纲领与秦国的政治环境可以说是一拍即合的，事实上韩非虽然没有得志于秦，李斯已经将韩非的一个个设想付诸实施。李斯谗害韩非的一条有力依据便是：“韩非，韩之诸公子也。今王欲并诸侯，非终为韩不为秦，此人之情也。”李斯曾经写过一篇著名的《谏逐客书》，提出广纳诸国人才的必要性与重要性，如今却出于个人的私利必欲置韩非于死地而后快。

韩非对自己的这种人生结局其实早有预言。他在《说难》篇中对游说人主可能遇到的几种情况做了精辟的分析，“所说出于为名高者也，而说之以厚利，则见下节而遇卑贱，必弃远矣。所说出于厚利者也，而说之以名高，则见无心而远事情，必不收矣。所说阴为厚利而显为名高者也，而说之以名高，则阳收其身而实疏之；说之以厚利，则阴用其言显弃其身矣。”韩非的下场正是“阴用其言显弃其身”的最佳说明。这样的人生矛盾，不是一个天大的悲剧吗？

那么，李斯谗害韩非的理由站不站得住脚呢？如果说李斯的话是完全正确的，那么他的行为虽然卑鄙，却仍然可以称得上是现实的政治算计。韩非的身份与屈原有些相似，都是本国王室成员，因此在对待祖国的态度上与当时一般的求名求利的士人不同。《韩非子》一书的第二篇是《存韩》，据说是韩非入秦以后给秦王的上书，希望秦王不要与韩国为敌，而应转而攻赵。而在当时的形势下，韩国已经成为秦王必欲去之的眼中钉。韩非此书，恰恰说明李斯的考虑是正确的。“非终为韩不为秦”，而不为所用即杀之，其实也是韩非自己的主张。这么说来，韩非是一个爱国者，而李斯也算不上“谗害”了韩非。秦王之所以在犹豫中让李斯得了先计，正是因为李斯的理由太过强大。

韩非的人生矛盾，不仅在于他的实际人生遭遇，更在于他的思想与现实的反差。从他的思想来说，秦国可以说是他施展才华的最好场所，秦王也是最能赏识他的一代霸主。韩非的理论，实际上有秦国商鞅变法以来实践的背景，他的文章中也时有以秦国的变法来作为自己的理论依据之处。以韩非对现实的敏锐观察与思考，不会想不到秦国才是他最好的归宿。但是他却仍然上了一篇《存韩》的文章给秦王，从而使自己陷于危险的境地。这时的韩非，又怎能说是一个识时务者呢？司马迁说“余独悲韩子为《说难》而不能自脱耳”，正是对韩非这一人生矛盾的清醒认识。

韩非身上还存在着“为人口吃，不能道说”与为文雄肆、思维缜密之间的鲜明反差，我们姑且称之为其人生的第三个矛盾之处。

韩非口吃，可能程度还相当重。一个思想深邃、识见超凡的智者，有多少犀利畅快的语言要表达，却偏偏生就一张结结巴巴的嘴，真是人生的一大憾事。是韩非太急于表达自我，以至于词不达意，还是他不擅口头言说，才迫使其磨砺出天下一等的犀利文章？韩非的这种身体上的残疾，太史公一定也是感同身受的。司马迁自己身遭宫刑，忍受着俗世的歧视和冷眼，很容易理解和体谅那些残疾者。

不过，在战国那样的时代，士人争以口舌取富贵，韩非口吃，确实对他的个人前途有一定影响。韩非在韩国不受重用，到了秦国以后又被秦王冷落，一定程度上可能即受此影响。秦王原来大为赏识韩非，一见之下竟是个结结巴巴说话都不利落之人，说不定因此便有些嫌弃，这才能够让李斯的小人之计得逞。在秦国当政的大臣，几乎个个都是能言善道者，李斯是如此，赵高是如此，此前的范雎、张仪、商鞅等也无不如此。尤其是张仪，在入秦以前曾经在楚国被人暴打，半死不活地被人抬回家里，老婆痛哭，他却还能够幽上一默：“视吾舌尚在不？”老婆答：“舌在也。”他就说：“足矣。”意思是只要舌头还在，就能够以之取功名富贵。说实在的，那个时代口舌比笔杆子重要，能让君王动心的，往往不是竹简上的文字，因为那样太累；臣子或来客一个个练就巧舌如簧，在见国君的有限时间里即要俘获国君之心。因此孙膑被膑脚不要紧，范雎被侮辱也不要紧，有此三寸舌在，足矣。便是春秋战国时代以学术知名的几大家，如孟子、荀子等，也都是辩才无碍，大有纵横家习气的。韩非不能言说，实在是个人的一大不幸。

然而也正因为有此缺陷，韩非把自己的全部才智贯注到著述事业中去，才形成了他那特别雄辩冷峻的文风。他的思维特别周密，论人臣之奸，有《八奸》；论人主之失，有《十过》；论亡国之征（亡国的征兆），竟一口气列出四十六个“可亡也”！为了搜集论证材料，他特别搜集了诸多历史故事和来自生活的寓言，成《说林》、内外《储说》等；为了训练辩说力量，常立正方反方进行辩难，或持论，或驳论，甚至对驳论再加以辩驳，如《难》《难势》《问辩》等篇。韩非的这种辩论文章，完全可以与古希腊的雄辩家相媲美，也完全可以成为当今大学生辩论训练的教材。拿司马迁特别欣赏的《说难》一文来说，他先提出“凡说之难，在知所说之心，可以吾说当之”，然后列举对方的三种心理以及说客将可能承受的四种结果，再列举了七种导致说者身危的情况，接着列举种种可能引起误解的言论，足有八种之多，说人主之难，可说纤毫必备。这还不够，他又揣摩对方的心理，分别陈述相应对策，达十一项。其后则用郑武公伐胡、智子疑邻、弥子瑕之宠等几个历史和寓言故事来说明说者不可不览察言说对象的时与地之宜。

韩非这么能写文章，这么讲究论辩的力量，不能不讲究语言艺术。然而他又极端排斥各种艺术，当然也包括文学。这是他身上的第四个矛盾。《韩非子》在语言艺术上的成就，以后我们还会再详细论述；他对各种艺术的轻视，则源自他那彻底的实用功利主义思想。

韩非对老子思想颇多继承，这在以后我们还会谈到；就对艺术的态度方面而言，韩非就与老子的态度相当一致。老子说：“信言不美，美言不信；善者不辩，辩者不善。”又说：“五色令人目盲，五音令人耳聋。”韩非则说：“和氏之璧，不饰以五采；隋侯之珠，不饰以银黄。其质至美，物不足以饰之。”只要有足够美的内容，形式是无须讲究的。反过来，他说：“夫物之待饰而后行者，其质不美也。”韩非这种重质轻文的价值观的产生是由于看到当时太多的浮夸之风，韩非对“人主之听言也，美其辩”的现实极为不满，故有极端重视实用功利的思想。

著名的“买椟还珠”的故事，就是韩非用来说明他的理论的论据。这样的故事还有“秦伯嫁女”、赵括“纸上谈兵”等。韩非的价值观有其现实适用性，历代不乏绌浮华的政治家与思想家，在祖尚浮虚的时代里尤其具有针砭意义。但他的思想对于艺术的发展是明显不利的。

大家都知道，韩非师从儒家大师荀况，与李斯是同学。然而他们两个都成了儒家的“叛徒”，这就极富意味。韩非成为法家思想的集大成者、战国的最后一位思想家，李斯则在秦国成功地推行了法家的思想路线，最终统一六国。韩非背叛师门，或许还可以说是独立之思想、自由之精神；然而他在作品中不遗余力地攻击儒家学说，简直就是儒家的“掘墓人”！这也可以说是韩非身上的第五个矛盾：从学于儒而非毁儒学。

韩非是什么时候向荀子拜师的（关系到其思想是否已经成熟，其“背叛”师说之合理性）？他向荀子学了些什么？前文已提到，荀子曾经两度应楚国春申君的邀请，任楚之兰陵令。第一次在公元前255年，然而次年就回到赵国，再过一年春申君又派人将荀子接回楚国，再次担任兰陵令。前246年，李斯辞荀子到秦国求官；前238年，春申君被李园派人刺死，荀子去职闲居，时年七十七岁。由于韩非和李斯有一起学习的经历，而李斯是楚人，所以韩非从学于荀子的时间应该在荀子任楚之兰陵令期间。在荀子第一次职兰陵以后，有往来楚赵之间的经历，韩国在楚、赵二国之间，荀子在两年内两次经过韩国，很可能韩非是在前253年荀子由赵至楚的第二次任职经过韩国时追随荀子去楚国学习的。其时韩非至少已经二十七岁，思想已经成熟，在一些重要问题上都已经有了自己的观点。他之跟随荀子，既有两人根本人性观的一致（性恶论），也有向荀子学习丰富的历史社会知识的意图。但在具体问题上，如礼与法的关系，人治与法治的问题，甚至在如何对待人性之恶的态度上，都有着自己独立的思考。

《荀子》一书中从来不提韩非，似乎就没有过这个学生；提到过一次李斯，是议论用兵的一段对话，李斯只讲了一句，荀子接着滔滔不绝地讲了一番道理。可见荀子完全沉浸于自己的学术体系，好像没有想过要“教学相长”，不像孔子那样说什么“启予者商也”之类的话。李斯有政治家的手腕，但在学术上没有多少独立见解，他在秦国的执政理念几乎就是韩非的翻版。他的文章，除了《谏逐客书》是在性命攸关时的动人之作，其他多为《泰山碑》之类为秦始皇歌功颂德之作，他的《上二世书》更简直就是对《韩非子》的抄袭。由此可见，李斯对韩非的学问是很佩服的，笔者怀疑甚至超过对他的老师荀子的佩服。《史记》上说“斯自以为不如也”，而这种自卑心理也是导致日后李斯决心杀掉韩非的重要因素。

《韩非子》一书中两次提到了“孙卿”，一次是在《显学》篇中，斥“孙氏之儒”为“愚诬之学”，可是据两位韩非子研究大家的说法，此“孙氏之儒”是公孙尼子，并非荀子；《难三》篇中提到“燕子哙贤子之而非孙卿”，可是燕王将君位让给其相子之是公元前316年前的事，其时荀子还没有出生。看来韩非在他的文章里也是不提老师的。他们这一对师生的关系，看来远没有一般师生那么融洽。从后来者的眼光看，当然是作学生的应该尊奉老师，韩非对儒家学说进行不遗余力的攻击，真是大逆不道。在战国那样的乱世，儒家着力整顿秩序，讲究师道；而其他学派更多讲究思想的交锋，对师道尊严那一套就未必能够太遵守了，至少在韩非那里是这样的。在现实生活中，韩非爱不爱师，我们无从知道；可是“吾更爱真理”这一点，则已经体现在其著作中了。

韩非不仅在其人生中充满了矛盾，造就其悲剧的一生；在他的思想中也有很多矛盾，这些矛盾在后面的篇章中还会提到。这里仅举几例。比如说，韩非是否定德治理论的，可是在他所举的许多大臣篡逆的例子里，那些大臣以德惠收买人心，终于获取国君之位，不是从反面说明德治有其合理性吗？再比如说，韩非一方面推崇老子之学，提倡统治者“无为而治”，但另一方面又排斥“恬淡之学”“恍惚之言”。在他看来，老子的权诈之学只适合于统治者使用，臣子们是不可掌握的，这就体现了专横的“只许州官放火，不许百姓点灯”的专制者作风。再比如说，韩非的论述是非常重视逻辑的严密性的，他善于从各个角度、各个侧面论述问题，常常把对手驳得体无完肤。可是他自己的论述又常常有违反逻辑之处，颇有“诡辩”之嫌，这是我们不能不注意到的。

在先秦诸子中，就个人遭遇来说，可能要数韩非最悲惨了。吊诡的是，在韩非身后，虽然其学说常常被统治者视作“枕中之秘”，而韩非其人却仍然饱受骂名、颇为寂寞。孔孟享祀千载，老庄常被文人墨客引为知音。把韩非引作知音的，往往是那些表面仁义道德而内心阴暗龌龊的统治者，那么是不是韩非之学本身有问题呢？

16世纪意大利的马基雅维里著《君主论》，大谈君主之术，与《韩非子》有异曲同工之妙。然而马氏成为西方现代政治学的奠基人物，韩非却背负着“惨礉少恩”（司马迁语）之名，历史的“黑锅”一背就是两千多年。所以，我们很有必要厘清韩非思想的学术渊源，还原那个时代的历史语境，领会韩非理论的核心价值。

二、文章选读

说明：欲了解韩非生平，首选材料当然是《史记》中的《老子韩非列传》。传中几乎全文抄录《说难》篇，与《韩非子》一书所传文字略有小异，今予删略，自行参看可也。《韩非子·和氏》篇载和氏献玉璞反遭刖刑的故事，有明显的愤世之感慨，与《孤愤》篇的内在精神相一致，可作韩非的心灵史读。此外，《存韩》《说难》等篇亦值得参看。

《史记·韩非列传》

韩非者，韩之诸公子[①]也。喜刑名[②]法术之学，而其归本[③]于黄老[④]。非为人口吃，不能道说，而善著书。与李斯俱事荀卿，斯自以为不如非。

非见韩之削弱，数以书谏韩王，韩王不能用。于是韩非疾治国不务修明其

① 诸公子，犹庶公子，庶出的公子。

② 刑名之学，以申不害为代表，主张循名责实，慎赏明罚。

③ 归本，犹渊源于。

④ 黄老之学，道家学派的一支，重视将道家的本体论与无为学说应用于政治实践。盛行于战国中期的齐国，汉初有进一步的发展。

法制，执势以御其臣下，富国强兵而以求人任贤，反举浮淫之蠹[①]而加之于功实[②]之上。以为儒者用文[③]乱法，而侠者以武犯禁。宽[④]则宠名誉之人，急则用介胄之士。今者所养非所用，所用非所养。悲廉直不容于邪枉之臣，观往者得失之变，故作《孤愤》、《五蠹》、《内外储》、《说林》、《说难》十余万言。

然韩非知说之难，为《说难》书甚具，终死于秦，不能自脱。

…… ……

人或传其书至秦。秦王见《孤愤》、《五蠹》之书，曰："嗟乎，寡人得见此人与之游，死不恨矣！"李斯曰："此韩非之所著书也。"秦因急攻韩。韩王始不用非，及急，乃遣非使秦。秦王悦之，未信用。李斯、姚贾害之[⑤]，毁之曰："韩非，韩之诸公子也。今王欲并诸侯，非终为韩不为秦，此人之情也。今王不用，久留而归之，此自遗患也，不如以过法诛之[⑥]。"秦王以为然，下吏治非。李斯使人遗非药，使自杀。韩非欲自陈，不得见。秦王后悔之，使人赦之，非已死矣。申子、韩子皆著书，传于后世，学者多有。余独悲韩子为《说难》而不能自脱耳。

太史公曰：老子所贵道，虚无，因应变化于无为，故著书辞称微妙难识。庄子散道德，放论，要亦归之自然。申子卑卑，施之于名实。韩子引绳墨[⑦]，切事情[⑧]，明是非，其极惨礉少恩[⑨]。皆原于道德之意，而老子深远矣。

---

① 轻薄淫佚之徒，犹国之蠹虫。
② 切实有功之人，指耕战者。
③ 文，文学，特指儒家典籍。
④ 宽，宽缓，和平时期。
⑤ 害之，以之为害，犹忌惮。
⑥ 以过法诛之，找出他的过错按法诛杀之。
⑦ 绳墨，法度、法律。
⑧ 事情，事理人情。
⑨ 惨，严酷；礉，苛刻。形容用法严酷苛刻。

《韩非子·和氏》

楚人和氏得玉璞楚山中，奉而献之厉王；厉王使玉人相之，玉人曰："石也。"王以和为诳，而刖其左足。及厉王薨，武王即位，和又奉其璞而献之武王；武王使玉人相之，又曰："石也。"王又以和为诳，而刖其右足。武王薨，文王即位，和乃抱其璞而哭于楚山之下，三日三夜，泣尽而继之以血。王闻之，使人问其故，曰："天下之刖者多矣，子奚哭之悲也？"和曰："吾非悲刖也，悲夫宝玉而题之以'石'，贞士而名之以'诳'，此吾所以悲也。"王乃使玉人理其璞而得宝焉，遂命曰"和氏之璧"。

夫珠玉，人主之所急也，和虽献璞而未美，未为王之害也；然犹两足斩而宝乃论[①]，论宝若此其难也。今人主之于法术也，未必和璧之急也，而禁群臣士民之私邪；然则有道者之不僇也，特帝王之璞[②]未献耳。主用术则大臣不得擅断[③]，近习不敢卖重[④]；官行法则浮萌[⑤]趋于耕农，而游士危于战陈；则法术者乃群臣士民之所祸也。人主非能倍[⑥]大臣之议，越[⑦]民萌之诽，独周乎道言[⑧]也，则法术之士虽至死亡，道必不论矣[⑨]。

昔者吴起教楚悼王以楚国之俗曰："大臣太重，封君[⑩]太众，若此则上逼主而下虐民，此贫国弱兵之道也。不如使封君之子孙三世而收爵禄，绝灭百吏之

① 论，评定，论定。
② 帝王之璞喻法术。
③ 擅断，专权独断。
④ 卖重，卖弄权势。
⑤ 浮萌，游民。
⑥ 倍，通"背"，违背。
⑦ 越，超过，引申为摆脱。
⑧ 周乎道言，即合乎法术之言。
⑨ 此谓其学说一定不被认可。
⑩ 封君，有封邑的贵族。

禄秩；损不急之枝官[①]，以奉选练之士[②]。”悼王行之期年而薨矣，吴起枝解于楚。商君教秦孝公以连什伍[③]，设告坐[④]之过，燔《诗》、《书》而明法令，塞私门之请而遂[⑤]公家之劳，禁游宦之民而显耕战之士。孝公行之，主以尊安，国以富强，八年而薨，商君车裂于秦。楚不用吴起而削乱，秦行商君法而富强，二子之言也已当矣，然而枝解吴起而车裂商君者何也？大臣苦法而细民恶治也。当今之世，大臣贪重[⑥]，细民安乱，甚于秦、楚之俗，而人主无悼王、孝公之听，则法术之士安能蒙二子之危也而明己之法术哉！此世所以乱无霸王也。

① 枝官，多余的官吏。

② 选练之士，经过选拔和训练的武士。

③ 古代户籍的编制，五家为伍，十家为什。连什伍即组织户籍。

④ 告坐，告密连坐的制度。

⑤ 遂，进，进用。

⑥ 重，犹权。

第二讲

转益多师

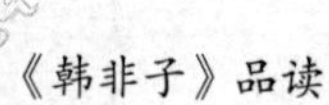

一、法家集成

韩非之为韩非，是站在前人的肩膀上成就的。我们先来了解韩非以前的法家人物及其思想，他们包括商鞅、申不害、吴起、李悝等。这些人都是当时的改革派、变法者。当时的社会状况，奴隶主的土地国有制逐渐被封建土地私有制取代，谁能顺应时代潮流进行变革，谁就可以国富民强。当然，旧贵族的势力依然强大，因此变法之途困难重重。

管仲之治

管仲（名夷吾，又名敬仲，字仲）是春秋时期著名的政治家、军事家，他辅佐齐桓公四十年，“九合诸侯，一匡天下”，齐桓公成为“春秋第一霸”，管仲则成为“春秋第一相”。管仲的思想言论见于《国语·齐语》，又有《管子》一书传世（后世推尊管子的学者所著）。

管仲思想的核心是建设经济，同时推行政治改革与军事改革，达到富国强兵的目标。“仓廪实而知礼节，衣食足而知荣辱”就是他的名言。他有一个最好的朋友鲍叔牙，在没有发迹的时候两个人合伙经商，可是年终分红利的时候，管仲常欺负鲍叔牙，总要多拿一点，鲍叔牙不以为忤；管仲为鲍叔牙家理财，财越理越少，鲍叔牙也不在乎；管仲出去做官多次，每次都灰溜溜地回来，鲍叔牙仍然鼓励他；在作战时，管仲多次做了逃兵，鲍叔牙却不认为他是胆小鬼；管仲侍奉公子纠，公子纠失败了，有人忠于主子而死，管仲没有死，鲍叔牙不认为他无耻。是鲍叔牙推荐管仲给齐桓公，才成就了管仲的事业，因此管仲说：“生我者父母，知我者鲍子也。”

那么，鲍叔牙真的知管仲吗？是不是只因为鲍子对管仲宽宏大量，才令管仲发出这样的感慨呢？我们来看看鲍叔牙对管仲的评价：一、宽惠和民；二、治国家不失其柄；三、忠惠可结于百姓；四、制礼义可法于四方；五、执枹鼓立于军门，使百姓皆加勇。（参《国语·齐语》）鲍叔牙自知不如管仲之贤，对管仲的评价也是恰如其分的，这样的雅量其实很令人敬佩。管仲也不因为自己受鲍叔牙之恩，就滥施恩德。在管仲病危，齐桓公问鲍叔牙可否作为他的继任者时，管仲分析鲍叔牙的性格刚愎，不容易得民心，直截了当地指出鲍叔牙不合适。他们两个人在处理友情与公事上的态度，值得后人学习。

回头再看鲍叔牙对管仲的那些评价。第四条“制礼义可法于四方”，就是论“法”的。这“法”与法家之“法”有点不一样，不过都是强调法律的普适性。而第二条“不失其柄”，其实就是论“势”的。管仲深明没有权就没有说话分量的道理，因此当齐桓公让管仲来治国时，管仲一次又一次地提了条件：“贱不能临贵”，地位太低在贵族面前说话怎么会有分量呢？你得给我个足够大的官位；“贫不能使富”，穷人怎么能领导富人？你得高薪养我；“疏不能制近”，那些皇亲国戚会买我的账吗？你得尊崇我。齐桓公一一答应，齐国大治，称霸天下。管仲认为要进行有效的统治，就必须集政权、财权、族权于一身，这种思想当然也启迪了后来的慎到和韩非的“势”的理论。管仲也有关于“术”的思想，比如“贵轻重，慎权衡”等。可以说，在管仲那里，已经有了法家思想的一些萌芽。

之所以说是“萌芽”，是因为管仲本人严格地说不能为后世的所谓儒、道、法等学派所笼罩，他并不是法家学派内部的人物，管仲的思想是自成体系的。值得一提的是，《管子》一书不太可靠，现代学者一般认为此书是从战国到秦汉由多人逐渐充实而成的，但管仲的基本思想还是体现在其中了。他的执政实践和理论学说为法家提供了丰富的现实和理论资源，所以《韩非子》一书中是有许多论及管仲之处的。其实不仅是法家，儒家学派也常说到管仲。比如孔子就曾经说过：“微管仲，吾其被发左衽矣。”而孟子就没有那么客气，认为管仲的“霸术”层次太浅，鼓励君王追求“王道”，可是当时没有哪个国君听他的。

李悝变法

李悝是战国初期魏国的著名政治家和法学家，古书中或将其名写成“里克”，或讹为“李兑”“季充”。他是魏文侯、武侯时人，据说还曾是孔子弟子卜子夏的学生。魏文侯用李悝为相，走上富国强兵之路。李悝的变法内容包括：“食有劳而禄有功，使有能而赏必行、罚必当”（有赏有罚）；夺淫民之禄，以来四方之士（唯才是用）；尽地力之教。李悝还修订了《法经》，这是我国历史上第一部完整的封建法典，商鞅入秦时就怀揣着这本书，可见其在法家学派中的地位。

《韩非子》中记载了这样一则李悝的故事。当时李悝任上地守，与秦接壤，时时有战争的风险，因此他希望当地的人民都成为射箭高手。于是他下令说：“如果发生不能决断的争执，要让原被告双方进行射击测试，射得中的人赢官司，射不中的就输官司。”于是人们争相练习射击，日夜不休。以后他率军与秦人作战时，常常大获全胜。

吴起变法

公元前382年，楚悼王任命吴起为令尹，在楚国开始变法。吴起的变法内容主要是：取消世袭的爵禄，以奉养有功的将士；削夺王室贵族的威权，削减不必要的开支；屯边开地，“令贵人往实广虚之地”。吴起变法使楚国国力强盛，“南并蛮越，遂有洞庭、苍梧”，江南归入楚国势力范围。然而法行期年，楚悼王即死去。在悼王的灵堂上，贵族即对吴起开始发难，吴起逃到悼王的尸身旁，伏在悼王身上。依楚国法律，伤王者族。吴起被杀，弓箭、矛戟难免也在悼王身上戳几个洞，因此杀吴起之人也难免一死。“坐射起而夷宗死者七十余家”。

由此可见吴起是一个极有心计之人。吴起最为后人诟病的，是他贪荣名，母死不赴、杀妻求将。他本是卫人，入鲁求官，在曾参门下。由于他离卫时曾发重誓“不为卿相，不复入卫”，因此母死不归，曾子鄙其为人，与之绝。齐人攻鲁，鲁人欲用吴起为将。而吴起之妻是齐女，鲁人在任命吴起之前有所顾忌。吴起听说以后，即归家杀妻，以明己志。因此他得以率鲁军，大破齐国军队。

《韩非子·外储说右上》还记载了这样一个故事：

吴起，卫左氏中人也，使其妻织组而幅狭于度。吴子使更之。其妻曰："诺。"及成，复度之，果不中度，吴子大怒。其妻对曰："吾始经之而不可更也。"吴子出之。其妻请其兄而索入。其兄曰："吴子，为法者也。其为法也，且欲以与万乘致功，必先践之妻妾然后行之，子毋几索入矣。"其妻之弟又重于卫君，乃因以卫君之重请吴子。吴子不听，遂去卫而入荆也。

"吴起出妻"，大概是他的第一任妻子，因为后来他在鲁国还杀过一个妻子。吴起重法，连治家都要用法，实在有些过分。而这个故事还有另外一个版本，听起来就更过分了：

一曰：吴起示其妻以组曰："子为我织组，令之如是。"组已就而效之，其组异善。起曰："使子为组，令之如是，而今也异善，何也？"其妻曰："用财若一也，加务善之。"吴起曰："非语也。"使之衣归。其父往请之，吴起曰："起家无虚言。"

织得特别好，超过吴起的预期，也要被吴起嫌弃。吴起之法，也实在太不近人情了。不知道这个故事是真实的记载呢，还是韩非的杜撰？

吴起不仅是政治改革家，也是军事家和统帅，著有《吴子》一书，与《孙子》合称《孙吴兵法》。吴起后来到了魏国，得到魏文侯的重用，屡破秦军。他带兵很得人心，《史记》上说"起之为将，与士卒最下者同衣食。卧不设席，行不骑乘，亲裹赢粮，与士卒分劳苦。"有一则"吴起吮脓"的故事最足以说明他的这种风格：有一个兵士生了疽，溃烂流脓。为了彻底治疗，吴起亲自为这一兵士吮脓，兵士自然感激涕零。这个兵士的母亲知道后，哭了。人家问为什么哭（是否感到太幸福了）。那个母亲说："不是的。以前吴公为这孩子的父亲也吸过脓，他父亲就死心塌地为吴公卖命，结果死在了战场上；现在吴公又为这孩子吸起脓来，我不知道他会死在哪里呀！怎么能不哭呢？"

吴起在魏国如鱼得水，从魏文侯一直侍奉到魏武侯，后来被人设计陷害，才迫不得已离开魏国，投奔楚国，有了变法这一幕。

商鞅变法

在这些人物中最有名的是商鞅。商鞅是卫国人，姬姓公孙氏，故又称为卫鞅、公孙鞅，因为他于秦有功，被封于商（今陕西商洛），后人称其为商鞅。商鞅在秦孝公的支持下进行变法，从公元前359年到前338年，执政十九年，使秦国大治，成为战国之"超级大国"。商鞅的学术著作是《商君书》。

商鞅少有奇才，在魏国宰相公叔痤手下做家臣。公叔痤病重，向魏惠王推荐商鞅为自己的继任者，而魏惠王支吾不听；于是公叔痤又说："王既不用公孙鞅，必杀之，勿令出境。"惠王认为公叔痤已经病入膏肓，语无伦次，一句话也没听进去。公叔痤就转而告诉商鞅，要他赶快离开魏国。

商鞅通过宦官景监三见秦孝公，畅谈变法治国之策，孝公大喜。公元前359年任商鞅为左庶长，后又升任大良造，推行变法。商鞅变法的内容，主要有"废井田，开阡陌"、实行郡县制、"连什伍，设告坐之过"、"禁游宦之民而显耕战之士"、"燔《诗》、《书》而明法令"等。为了取信于民，商鞅派人在城中南门放了一根大木头，下令"谁能将之搬到北门，即赏赐十金"，人多不信。后加至五十金，于是有人扛起木头搬到北门，果然获赏，这就是所谓的"徙木立信"。

商鞅的改革，必然触及贵族阶级的既得利益。他主张"王子犯法，与庶民同罪"，因此当太子犯法时，即刑其太傅公子虔与老师公孙贾；后来公子虔又犯法，被商鞅施以劓刑（即割鼻之刑）。商鞅用刑严酷，增加肉刑、大辟，有凿顶、抽肋、镬烹之刑。临渭论囚，使渭水尽赤。他严厉禁止人民议政，初时议变法不便者固然严厉打击；后来见变法有成，人们跑来赞美变法，他也说“此皆乱化之民也”，把他们统统迁送到边疆做苦役，自此人莫敢议。然而秦国贵族私下多有怨言，商鞅自己也防护严密，每次出行都是保镖护卫一大群。

秦国实力在变法以后迅速壮大。连周天子都派人送来礼物，庆贺秦国的富强，诸侯也纷纷前来讨好。公元前340年，商鞅率秦军败魏国公子卬将军，魏割河西之地与秦，魏惠王此时悔不用商鞅。

公元前338年，秦孝公崩，太子嗣惠文王立，公子虔告商鞅谋反。商鞅逃至边关，想入住旅馆，可是旅馆主人说：“商君之法，舍人无验者坐之。”这真是作法自毙！他想逃往魏国，寻求政治避难，魏人恨他曾经破魏，不愿收留。回到他的封地商邑作垂死挣扎，终究被秦军所灭，不仅自己遭受车裂之刑，连整个家族都被剿杀。

申不害变法

申不害是郑国人，郑为韩所灭，他是亡国之贱臣。韩昭侯用他为相，进行改革。他也有学术著作《申子》，惜已不传。韩非对自己的父母之国的历史当然分外熟悉和特别留心，因此申不害和韩昭侯的事迹记载较多。申不害的思想受道家影响很深，如要求君主去除个人作为，实行“无为而治”。但这种“无为”与道家又有不同，而是体现为权术，这一立场与韩非完全一致。后人把申不害的思想主要归为“术”，原因即在于此。

申不害以讲“术”知名，并不是他不讲“法”和“势”，而是他认为君主在有了势、定了法以后，必须用“术”来使群臣慑服。不过《韩非子》一书中，谈申不害之术的并不多，倒是更多地谈韩昭侯驭臣之术，什么故意让人去找他的手指甲啦，什么藏起穿坏的内衣啦，或者怕人听到自己的梦话，睡觉要独寝等等。看来还是因为韩昭侯特别偏爱“术”，才使申不害钻研起“术”来。

不过，比起其他变法者，申不害自己对“法”的重视程度确实显得不足。

比如他一方面告诫昭侯，只要“见功而与赏，因能而受官”，不听左右近臣的求情说项，那么执行法律并不难。可是换了个日子，他自己倒在韩昭侯面前为堂兄求起官来，被韩昭侯一顿抢白：“这可不是您教导我的话啊！如果我听了您的请求，那么就败坏了您的道义。”申不害只好避席请罪。

慎到的“势论”

慎到（约前395—前315）是赵国人，曾在齐国稷下讲学，是战国时期负有盛名的学者，与前面几个变法者的身份有所不同。他著有《慎子》一书，可惜早已失传，只剩下一些零篇断章。他的思想也深受老子影响，也讲究君主依法“无为而治”。这些都在韩非的思想中可以找到明显的继承痕迹。

慎子的思想，最突出的是强调“势”。什么是“势”？也就是权势、地位。韩非在《难势》篇中引用他的话说：“尧为匹夫，不能治三人；而桀为天子，能乱天下。吾以此知势位之足恃，而贤智之不足慕也。”在他看来，无论是为善还是作恶，有了势和位才能将其影响力发挥到极致。因此，要想大有作为，必须先获得足够的资本作为“势”，这大概也是中国“官本位”思想的理论源泉之一吧。

不过，慎子虽然讲“势”，讲尊君，却并没有主张独裁和专制。他提出“立天子以为天下，非立天下以为天子也”，认为“亡国之君非一人之罪也，治国之君非一人之力也”，明确反对“国家之政要在一人之心”，这是同韩非思想截然不同的，我们在《韩非子》一书中当然也找不到慎子的这种言论。

上述这些战国法家人物已经为韩非建立起法家理论的基本支柱和现实依据。商鞅的“法”论、申不害的“术”论、慎到的“势”论，发展了法家思想的不同侧面。我们必须注意到，这些人物其实并非只注重一个方面，以“法”治国是他们的共同特点：申不害的“术”是建立在“法”的基础上的，慎到的“势”也是推行“法”的前提条件。韩非的意义，在于把上述几家的思想熔为一炉，建立起完备的法家思想体系。因此，他对商鞅、申不害等人都有嫌其不够精微之处。

我们不妨来看看韩非对商鞅的批判。商鞅为了奖励战功，下令“斩一首者爵一级，欲为官者为五十石之官；斩二首者爵二级，欲为官者为百石之官”。韩非作了个比喻：如果奖励有杀敌之功的战士去做医生或者工匠，会怎么样？一定会出现许多庸医和伪劣产品。因为杀敌与工匠的技艺、医生的治疗是大不相同的事；同样地，做官治理百姓也是需要智慧和才能的，而杀敌只要有蛮夫之勇就可以了。因此，韩非认为商鞅的“法”是不够完善的。

韩非对商鞅以法治国的实践，总体上是赞赏的。但商鞅变法的效用并没有得到充分的发挥，韩非认为关键在于“无术以知奸”，即不能充分运用统治术，防范臣子的“假公济私”行为。“战胜则大臣尊，益地则私封立”，国家的变革成果，被私人侵吞了。他觉得张仪、甘茂、穰侯（魏冉）、应侯（范雎）之流，都是损公肥私的家伙，因此秦国虽然强大，历数十年仍然称不了帝。归根结底，还是法令执行不力、秦王驭臣无术。

韩非对申不害亦多有批判。申不害辅佐韩昭侯进行变法，但他重术轻法，自己也有徇私枉法的时候。前文已提及的为堂兄“跑官求官”之事就是一个例子，另外还有一个例子可以说明。赵国想到韩国借兵攻魏，就向执政者申不害求助。申不害内心就算计开了：如果为赵国说情吧，恐怕昭侯会怀疑自己交结外国；不说吧，又会得罪于赵。于是他让亲信赵绍、韩沓等在国君面前反复试探，观察国君的反应，这样一方面借以得知昭侯的真实思想，另一方面也让赵国方面知道自己已经尽力。这种首鼠两端的行为，是韩非所厌恶的。

申不害有句名言：“治不逾官，虽知弗言。”所谓“治不逾官”，是指官员应该谨守本职，不要越权行事，也有“不在其位，不谋其政”的意思。这在韩非看来是“守职”的，当然应该予以肯定；不过“虽知弗言”就不对了。不在自己分内的职事，即使知道有什么地方不妥帖也闷声不响，韩非觉得这是有害于统治的。国君正是要仰赖各位臣子以洞悉国情，所谓“人主以一国目视，故视莫明焉；以一国耳听，故听莫聪焉”。如果谁都不肯说国家存在着的弊病（自己职务范围内的弊病自己未必肯说，所谓“旁观者清”），又怎么能够进行有效的治理？

二、推崇老子

在司马迁的《史记》里，《老子韩非列传》是合在一起的（还包括道家的庄子和法家的申不害）。在司马迁的书中，列传部分或者是分传，或者是合传。分传就是一个人物单独一卷，合传则是几个人物放在一起。合传讲究“以类相从”，即某些相同类型的人物放在同一卷里。把老子和韩非的传记合在一起是什么道理？一个是道家，一个是法家，明显是两类人物。因此有人怀疑司马迁弄错了，或者是后人把篇章次序打乱了。可是司马迁对此是有解释的：韩非之学“归本于黄老”。所谓“黄老”，是将假托于黄帝的一些学说和老子思想合在一起的一种讲究无为而治、与民休息的学说流派，有时候就是直接指道家。司马迁的父亲司马谈曾作《六家要旨》，对诸子思想作评议，最推崇的就是黄老学说，而汉初统治者的主流意识形态也是黄老学说。相信司马迁对黄老思想有深入的了解，他把老子和韩非放在一起是有其特别考虑的。当然，老子思想与韩非思想也有差异很大的地方，甚至有截然相反、针锋相对的意见。比如在历史观上，老子的历史观是倒退的，人类社会应该退回“小国寡民”的原始状态中去；而韩非的历史观是前进的，时代在向前发展，后将胜前，应该认识到这个历史发展的规律。也有人说，正因为他们两个人如此针锋相对，所以才应该放在一起进行综合比对。

《韩非子》一书中，对老子的推崇是很明显的。韩非是战国时期唯一对老子作品进行全面解读和阐释的人，书中有《解老》《喻老》两篇专文，有学者甚至怀疑那不是韩非的作品。可其实除了这两篇以外，还有《主道》《扬权》《守道》《大体》等篇，都阐述了有关“道”之类的思想。另外，韩非对儒、道、墨、名、纵横等学说都有所批判，唯独对老子没有一句否定（对庄子也是有不满的）。

老子是中国文化史上的神秘人物。首先，他的身世神秘。老子姓甚名谁？生卒年月？何许人也？目前还是一笔糊涂账。光是在司马迁的《史记》里，老子其人就有三种说法：一曰楚国苦县人，姓李名耳，字聃，任周王朝守藏室之史（相当于文史档案管理员），孔子曾向他问礼；一曰指楚国老莱子，“言道家之用，与孔子同时”，《庄子》中有其人，著名的“老莱娱亲”故事说的也是他；一曰指周太史儋，其人后孔子一百二十九年，有人因此说老子寿二百余岁。其姓为李还是老？春秋无李姓，李、老为同音之转，则“老”是其姓；或曰“老”仅指其年寿，“老先生”的意思。聃、儋都是“大耳下垂”的意思，则其人该是长一副大耳朵。耆老大耳是原始巫史的形象，这类人往往有世袭性。因此《汉书·艺文志》说“道家者流，盖出于史官”。

其次，老子的思想神秘。《老子》五千言，据说是他见“周之衰”，回家隐居，被守关的尹喜强拉着写下来的。《老子》五千言用的是韵语，恍兮惚兮，充满哲理，又莫测高深。他的思想主旨，可以说是提倡自然无为的，可是《汉书·艺文志》却说它“清虚以自守，卑弱以自持，此君人南面之术也”，意即可作为君王的统治术。老子明明认为“法令滋彰，盗贼多有”，韩非偏偏对他最为崇拜，特别写了《解老》和《喻老》两篇文章。不独法家，别的如儒家经典《礼记·曾子问》中记载孔子向老子问礼，老子所言全是儒家口吻。而老子有“夫礼者，忠信之薄而乱之首”的话。在《史记》中记载了孔子对老子的赞叹：“鸟，吾知其能飞；鱼，吾知其能游；兽，吾知其能走。走者可以为网，游者可以为纶，飞者可以为矰。至于龙，吾不能知，其乘风云而上天。吾今日见老子，其犹龙邪？”《老子》之书，也有被人视作“兵书”的，现代学者也多相信《老子》是在古代战争的实践中发展出的辩证法，同时又得到兵家的进一步运用和发挥。到了东汉，又有人从养生求仙的角度去解说《老子》，老子成了神仙。

其实，在韩非以前，我们提到过的法家人物申不害讲“术”，他是深受道

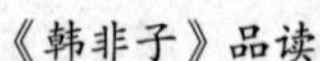

家思想影响的；慎到讲“势”，也是老子的信徒，那么，韩非信崇老子也就不那么意外了。何况，老子以睿智世故著称，韩非对世态也有深刻观察，因此他对老子之说产生深刻共鸣也就在情理之中了。

在老子思想中，“道”是一个最高的概念，统摄万事万物。韩非也有类似的话：“道者，万物之始、是非之纪也。”“道在不可见，用在不可知。”“人主之道，静退以为宝。”（《韩非子·主道》第五）“圣人之道，去智与巧，智巧不去，难以为常。”“夫道者，弘大而无形；德者，核理而普至。”（《韩非子·扬权》第八）“道”既然是统摄万物的，那么“君”也是不同于群臣的，法、术、势等应由君所独擅，它们就是韩非心目中的“道”。很明显，韩非其实已经把道家之“道”转化为法家的法术之道，其思想核心在于君主驾驭臣下的道术。

“清静无为”是老子思想的重要内容，韩非也十分看重君主的“无为”。从表面上看，这与韩非推崇的君主专制是不相容的。君主要控制和驾驭臣下，就不可能真正“无为”。实际上，韩非是把“无为”作为一种权术来使用的，这在后文论韩非的“术”时还要详述。简而言之，君主的“无为”就是要摆脱具体事务的束缚，专事对臣子的精神震慑和控制，所以韩非说“明君无为于上，群臣竦惧乎下”，以达到“不贤而为贤者师，不智而为智者正”的目的。

韩非甚至在写作语言上也步趋与模拟《老子》。我们看看他的《扬权》篇，形式上与《老子》颇为相似：“上有所长，事乃不方。矜而好能，下之所欺。辩惠好生，下因其材。上下易用，国故不治。”“主上不神，下将有因；其事不当，下考其常。若天若地，是谓累解。若地若天，孰疏孰亲？能象天地，是谓圣人。”如此等等，用格言、用韵语，把法家的思想精华表述出来。

韩非对老子思想的继承，主要体现在“术”和“势”部分，尤其是“术”，无为术、自神术、制驭术，都与老子思想有千丝万缕的关系。有人说《老子》一书是权诈之祖，可是如果没有韩非的推演与发挥，权谋术就不可能在中国的政治史上发挥那么大的作用。

三、从学于儒

最后简略论述一下韩非与儒家的渊源关系。

我们已经知道，韩非是儒家大师级人物荀子的学生。出儒入法，韩非不是第一人。我们介绍战国初的法家人物李悝时说过，李悝曾经跟从孔子弟子卜子夏学习过，吴起则从曾参学习过。儒家能够在社会上取得浩大的声势，与孔子注重教育形成的庞大师生关系不无联系。儒家教导子弟，固然要讲道德伦理，同时也讲政治、讲经济、讲军事，有独立思考能力的、有丰富实践经验的学生往往可以因此开宗立派，韩非就是这样的人物。

韩非跟随荀子学习时至少27岁，已经是个思想成熟的人，其基本的价值观和人生观业已形成，而他所处的宫廷环境使他难以相信“仁义礼智”之说。因此韩非没有成为荀子和儒家的忠实“信徒”，而是成了儒家的“叛徒”。作为叛徒的韩非，我们将在后文细说；作为荀子弟子的韩非，向荀子学习了些什么呢?

首先，荀子是知识渊博的大学问家，曾在齐国稷下学宫“三为祭酒”“最为老师”，他那丰富的历史文化知识是最值得韩非学习的。韩非身为王室贵族，当然具备较好的学习条件；可是面对更为广阔的知识海洋，韩非不可能错过。因此当他遇上荀子，便急切地要从师学习了。我们在《韩非子》一书中看到，韩非对历史的熟稔是令人惊叹的，这一方面是他自己勤奋学习的结果，另一方面也应当与荀子的教导有关系。

其次，荀子虽然是儒家大师，但是面对战国以来的纷争局面和人心不古的现实，他已经修正了儒家学说，特别是他的“性恶论”，几乎与孟子的“性善论”针锋相对。在这一点上，韩非是大为赞赏的。韩非不相信“人性本善”之类的话，他的成长背景和见闻所及让他意识到人与人之间的利害关系，因此在“人性恶”这一点上与荀子有共同的立场。虽然这样，他们两个人的理论走向仍然是不同的：荀子希望用“礼”来节制人性之恶；而韩非则要用“法”来抑制人性之恶，甚至利用人性之恶来服务于君主的控制术。但我们还是要注意到，荀子的“礼”，在某种意义上可以转化为法，“礼”的一整套制度加上国家的强制，也就成了“法”，所以“礼法”可以成为一个词。荀子说：“人无礼则不生，事无礼则不成，国家无礼则不宁。”“礼者，法之大分，类之纲纪也。”他的“礼”就已经包含着部分“法”的意义。

最后，韩非也向荀子学习文章写作技巧。我们虽然不能确知荀子向弟子授业时有没有“写作”的内容，但是从《荀子》和《韩非子》两书的写作风格来看，是有着明显的渊源关系的。我们知道《论语》记载了孔子的语录，并非孔子的著作；孟子好辩，《孟子》一书中记录了他的长篇大论，雄辩滔滔，是他和弟子万章等在自己的论辩实录基础上整理出来的；《荀子》一书则具有专题论文性质，从标题上就可以看出：《劝学》《天论》《解蔽》《正名》《性恶》《议兵》《礼论》《王霸》《富国》《非十二子》等。韩非不善言语，更是把精力集中在文章的写作上。战国许多思想家的文章是“说”出来的，“辩”出来的，荀子和韩非则是“想”出来的，“写”出来的，其特点是结构严谨，思维周密，说理透彻，富有逻辑力量。荀子善于比喻，韩非也大量使用比喻，有“著博喻之富”（《文心雕龙·诸子》）之称。甚至在语句上都有袭用的地方。我们熟悉《荀子·劝学》中“不积跬步，无以至千里；不积小流，无以成江海”的名言，在《韩非子·大体》中也有这样的警句：“太山不立好恶，故能成其高；江海不择小助，故能成其富。”

四、文章选读

说明：《韩非子》之文，能够集中体现韩非对前人学习的篇章主要在于对老子的解读乃至仿效的文章。《主道》篇将道家之道转为刑名法术之道，全文用韵，是对老子思想的创造性应用。《大体》篇提出“因道全法”的观点，是对原始道家的继承。其他如《扬权》《守道》等篇或强调君权至上，或论法之作用，这些都有韩非理论总纲的意味。尤可注意的则是《解老》《喻老》两篇。前者可谓我国哲学史上解释《老子》的首篇文章，后者转以具体事例说明抽象道理。两篇文章思想上固然是因道说法，但原始道家确乎有此倾向，方能为韩非所用。就文体而言，这种“解说”之体亦是一种创新。

《韩非子·主道》

道者，万物之始，是非之纪①也。是以明君守始以知万物之源，治纪以知善败之端。故虚静以待，令名自命也，令事自定也。虚则知实之情，静则知动者正。有言者自为名，有事者自为形，形名参同②，君乃无事焉，归之其情③。故曰：君无见其所欲，君见其所欲，臣自将雕琢；君无见其意，君见其意，臣将自表异。故曰：去好去恶，臣乃见素④；去旧⑤去智，臣乃自备。故有智而不以虑，使万物知其处；有行而不以贤，观臣下之所因；有勇而不以怒，使群臣尽其武。是故去智而有明，去贤而有功，去勇而有强。君臣守职，百官有常；因能而使之，是谓习常⑥。故曰：寂乎其无位而处，漻⑦乎莫得其所。明君无为于上，群臣竦惧乎下。明君之道，使智者尽其虑，而君因以断事，故君不穷于智；贤者敕其材⑧，君因而任之，故君不穷于能；有功则君有其贤，有过则臣任其罪，故君不穷于名。是故不贤而为贤者师，不智而为智者正。臣有其劳，君有其成功，此之谓贤主之经也。

① 纪，要领，纲领。
② 形迹（办事之效）与言论验证相合。
③ 事情呈现出其本来面目。
④ 见（同现）素，呈现本色。
⑤ 旧，谓成见。
⑥ 习常，遵循常规。
⑦ 漻，通寥，寥廓，空旷高远。
⑧ 敕其材，谓理其才以备君之任用。

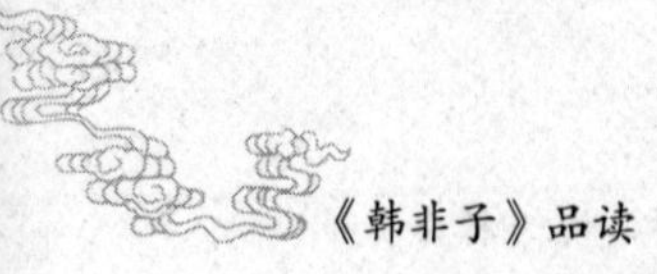

道在不可见[①]，用在不可知。虚静无事，以暗见疵[②]。见而[③]不见，闻而不闻，知而不知。知其言以往[④]，勿变勿更，以参合[⑤]阅焉。官有一人，勿令通言，则万物皆尽。函掩其迹，匿其端，下不能原。去其智，绝其能，下不能意[⑥]。保吾所以往而稽同之[⑦]，谨执其柄而固握之。绝其望，破其意，毋使人欲之。不谨其闭，不固其门，虎[⑧]乃将存。不慎其事，不掩其情，贼[⑨]乃将生。弑其主，代其所，人莫不与，故谓之虎。处其主之侧，为奸臣，闻其主之忒[⑩]，故谓之贼。散其党，收其余，闭其门，夺其辅，国乃无虎。大不可量，深不可测，同合刑名，审验法式，擅为者诛，国乃无贼。是故人主有五壅：臣闭其主曰壅，臣制财利曰壅，臣擅行令曰壅，臣得行义曰壅，臣得树人曰壅。臣闭其主，则主失位；臣制财利，则主失德；臣擅行令，则主失制；臣得行义，则主失明；臣得树人，则主失党。此人主之所以独擅也，非人臣之所以得操也。

人主之道，静退以为宝。不自操事而知拙与巧，不自计虑而知福与咎。是以不言而善应，不约而善增。言已应，则执其契；事已增，则操其符。符契之所合，赏罚之所生也。故群臣陈其言，君以其言授其事，事以责[⑪]其功。功当其事，事当其言则赏；功不当其事，事不当其言则诛。明君之道，臣不得陈言而不当。是故明君之行赏也，暧[⑫]乎如时雨，百姓利其泽；其行罚也，畏乎如雷霆，

① 君之道在于使臣不可见，此“道”其实差不多是“术”的意思。

② 隐蔽地观察臣下的过失。

③ 而，如，好像。

④ 以往，以后。

⑤ 参合，即参同，参合刑名，验证相合。

⑥ 意，揣测。

⑦ 此句谓不泄露我所向往的意图而考察臣下是否与我一致。

⑧ 虎喻阴谋篡权的臣子。

⑨ 贼，乱国之奸贼。

⑩ 忒，差错，过失。

⑪ 责，责求。

⑫ 暧，浓云遮盖的样子。

神圣不能解也。故明君无偷赏[①]，无赦罚。赏偷，则功臣堕其业；赦罚，则奸臣易为非。是故诚有功则虽疏贱必赏，诚有过则虽近爱必诛。疏贱必赏，近爱必诛，则疏贱者不怠，而近爱者不骄也。

《韩非子·大体》

古之全大体[②]者，望天地，观江海，因山谷，日月所照，四时所行，云布风动；不以智累心，不以私累己；寄治乱于法术，托是非于赏罚，属[③]轻重于权衡；不逆天理，不伤情性；不吹毛而求小疵，不洗垢而察难知；不引绳[④]之外，不推绳之内；不急法之外，不缓法之内；守成理，因自然；祸福生乎道法，而不出乎爱恶，荣辱之责在乎己，而不在乎人。故至安之世，法如朝露，纯朴不散；心无结怨，口无烦言。故车马不疲弊于远路，旌旗不乱于大泽，万民不失命于寇戎，雄骏[⑤]不创寿[⑥]于旗幢；豪杰不著名于图书，不录功于盘盂，记年之牒空虚。故曰：利莫长于简[⑦]，福莫久于安。使匠石以千岁之寿操钩，视规矩，举绳墨而正太山；使贲、育带干将而齐万民；虽尽力于巧，极盛于寿，太山不正，民不能齐。故曰：古之牧天下者，不使匠石极巧以败太山之体，不使贲、育尽威以伤万民之性。因道全法，君子乐而大奸止。澹然闲静，因天命，持大体。故使人无离[⑧]法之罪，鱼无失水之祸。如此，故天下少不可[⑨]。

① 偷赏，随便的赏赐。
② 全大体，全面把握事物的整体和根本。
③ 属，托付。
④ 绳，准绳。
⑤ 骏，通“俊”，雄骏指勇士。
⑥ 创寿，丧命，夭折。
⑦ 简，指政令清简。
⑧ 离，通“罹”，触犯。
⑨ 少不可，少有不可之事。

上不天则下不遍覆，心不地则物不必[1]载。太山不立好恶，故能成其高；江海不择小助，故能成其富。故大人寄形于天地而万物备，历心于山海而国家富。上无忿怒之毒[2]，下无伏怨之患，上下交顺，以道为舍[3]。故长利积，大功立，名成于前，德垂于后，治之至也。

① 必，通“毕”，尽，完全。

② 毒，残害。

③ 以道为舍，即以道为归宿。

第三讲

反儒先锋（上）

韩非为什么要反儒？因为他对儒家提出的治国方案极为不满，对儒者惯于议论朝政、善于煽风点火的做派也极为不满。在《五蠹》这篇文章里，韩非把儒者和言谈者（纵横家）、带剑者（墨家）、患御者（逃避兵役者）以及工商之民并称为国家的五种蠹虫，认为应予以坚决铲除。韩非继承商鞅等法家人物的思想，认为治国以法，才是正途。儒家并不完全排斥治国时运用法术；法家却认为仁爱是导致主灭国亡的罪魁祸首，应予以坚决打击。韩非反儒，是路线之争，立场之争，所以他对儒家绝不假以辞色，从儒家的偶像到理论，进行全面清算。

法家和儒家的斗争，是哪两条路线的斗争呢？问题很明显，这就是以德治国，还是以法治国之争。这个问题，可以说困扰着古今中外的许多政治家，直至今天仍然有争议。

儒家主张“以德治国”。孔子认为：“道之以政，齐之以刑，民免而无耻；道之以德，齐之以礼，有耻且格。”（《论语·为政》第二）意思是说，用法教来引导人民，用刑罚来规范行为，百姓只是苟免于罪，然而没有道德羞耻感；用道德来引导人民，用礼仪来规范行为，那么百姓有羞耻感而且行为正直。用防洪来作比的话，“法治”就好比是堵，用各种刑罚手段来阻止人们犯罪；“德治”则好比是疏，使人民顺从内心的道德准则，自然可以达到国家大治的目标。孟子更把“德治”具体化为“仁政”，把希望寄托在统治者的道德修养上。儒家的想法很美妙，前景很迷人，可是他们忘了人是有劣根性的，尤其是在权力不受限制的情况下，人性之恶更容易发作。《庄子·田子方》载温伯雪子评鲁国之君子说，“吾闻中国之君子，明乎礼义而陋于知人心”，可以说是对儒家一针见血的评论。儒家的所谓“德治”，终究只是“人治”，只是给这人治披上了一层温情脉脉的面纱而已。

法家则强调“以法治国”。韩非说：“法者，王之本也。”韩非从人性之恶的角度出发，要为统治者拟订出一套行之有效的扼制之法。他是个现实主义者，他看到在战国那样一个以“乱”和“篡”为常的时代里，所谓的“仁德”不过是骗人的，只能导致权势的丧失和国家的衰亡，因此他对儒家的攻击是不遗余力的。韩非的“法”，最主要的就是“刑”，要用重刑来治国，过分夸大了刑的作用，从秦的兴衰史可以看到其“法治”理论的功与过。而韩非所说的“法治”也并没有超越“人治”的范围，因为在他的思想体系中，君主是凌驾于“法”之上的。因此韩非的“法治”，与现代的“法治”是两个完全不同的概念。

韩非从师于荀子，却又全面反儒，我们可以把韩非称作儒家的“掘墓人”。

一、圣不足美

儒家所推崇的先王先圣，往往笼罩着重重神圣的光环。这些人包括尧、舜、禹、商汤王、周文王、周武王等，在后来的儒家眼中，孔子也成为理所当然的圣人。可是这些人物到了韩非笔下就现了形或者走了样，十分富有意味。

比如说尧舜禅让是儒家津津乐道的千古佳话，体现了他们“天下为公，选贤与能”的大同社会理想。孔子曾经称赞说：“大哉尧之为君也！巍巍乎！唯天为大，唯尧则之。荡荡乎！民无能名焉。巍巍乎其有成功也，焕乎其有文章也！”大意是：尧作为君主真是伟大呀！多么崇高啊！天是最大的，只有尧才能效法它。他的恩德广阔无边，人民简直没法形容它。他的功绩至高无上，他的制度完美无缺！又称赞禹说：“禹，吾无间然矣。菲饮食而致孝乎鬼神，恶衣服而致美乎黻冕，卑宫室而尽力乎沟洫。禹，吾无间然矣。”意思是：对大禹，我实在挑不出一点儿毛病来了。宁可薄饮恶食，也一定要保证对鬼神的祭品丰盛；宁可穿破败衣服，也一定要保证祭祀礼服的鲜洁体面。宁可让自己的宫室低矮不像样，也要保证农田水利的畅通。禹啊，我真挑不出他的什么毛病来了。（《论语·泰伯第八》）按儒家的说法，尧在晚年发现舜有才有德，便委以重任，还把自己的两个女儿嫁给他。舜谦辞不就，由于众人拥戴才正式接任。舜到晚年，也是推举治水有功的禹继承自己，禹又谦辞不就，大家一个劲儿地劝，才答应履职。

可是在韩非看来，这些所谓的圣王又是怎样的人物呢？“舜逼尧，禹逼舜，汤放桀，武王伐纣，此四王者，人臣弑其君者也，而天下誉之。察四王之情，贪得人之意也；度其行，暴乱之兵也。然四王自广措也，而天下称大焉；自显名也，而天下称明焉。则威足以临天下，利足以盖世，天下从之。”（《韩非子·说疑》第四十四）又说：“瞽瞍为舜父而舜放之，象为舜弟而杀之。放父杀弟，不可谓仁；妻帝二女而取天下，不可谓义。仁义无有，不可谓明。……舜出则臣其君，入则臣其父，妾其母，妻其主女也。”（《韩非子·忠孝》第五十一篇）这是对儒家理想世界的“解构”。在古书《竹书纪年》中也有“舜囚尧，复偃塞丹朱，使不与父相见”的记载。《韩非子·忠孝》对尧舜汤武提出质疑，对此可以作为补充。

就算上古社会真有这样的“禅让”之事，韩非也对其做出了更合情理的解释：

> 尧之王天下也，茅茨不翦，采椽不斫，粝粢之食，藜藿之羹，冬日麑裘，夏日葛衣，虽监门之服养，不亏于此矣。禹之王天下也，身执耒臿以为民先，股无胈，胫不生毛，虽臣虏之劳不苦于此矣。以是言之，夫古之让天子者，是去监门之养而离臣虏之劳也，古传天下而不足多也。

这与现代人类社会学对原始部落社会权力交接的解释已经非常相近了。在经济条件原始落后的情况下，部落首领以其个人智慧承担更多的责任，却并不能得到多大的享受，在这种情况下，辞让“天下”又有什么值得稀奇呢?

韩非的“自相矛盾”的故事，就是针对尧和舜来讲的。儒家说历山农夫互相争田亩，舜去了一年以后就把他们感化成性情纯良的百姓了；河滨渔夫争地盘，舜去了一年以后也把他们感化得彬彬有礼；东夷做陶器的总是生产粗糙的产品，舜去了一年以后，那儿的陶器产品就十分坚硬了。舜并不是管理耕、渔、陶的官员，他之所以到那些地方去是为了挽救人心、裨补时政。舜不辞辛劳地与人民生活在一起，以自己的品德感化人民，所以孔子特别称道舜的“德化”。而这件事在韩非看来就存在着明显的漏洞：这时候尧在哪儿呢？他不是当今的圣天子吗？所谓的“圣天子”，应该是明察秋毫，天下无奸的，怎么会有耕夫渔父争斗的事发生呢？这时候喜欢德化的舜应该失业才对。所以如果说舜补弊救偏，就说明尧的政治是有缺失的。要赞美舜必然得否定尧的明察，要赞美尧就得否定舜的德化。

在尧传舜这件事上，所谓舜得众人推戴，在韩非眼里也是别有一番解释的：

> 尧欲传天下于舜。鲧谏曰：“不祥哉！孰以天下而传之于匹夫乎？”尧不听，举兵而诛杀鲧于羽山之郊。共工又谏曰：“孰以天下而传之于匹夫乎？”尧不听，又举兵而流共工于幽州之都。于是天下莫敢言无传天下于舜。

对于众口一词、齐声赞美的事情，韩非总是抱以深刻的怀疑态度。

在道家版的“让天下”故事中，主角是尧和许由。尧想传位给许由，许由跑到颍水边洗耳。在这件事中，韩非却看到了尧的伪善：“人所以谓尧贤者，以其让天下于许由，许由必不受也，则是尧有让许由之名而实不失天下也。”（《韩非子·外储说右下》第三十五引潘寿之言，其实正是韩非的心里话）这种伪善还不足以说明统治者的本质，在汤让天下于务光的故事中，所谓的“礼让”实质更令人触目惊心：“汤以伐桀，而恐天下言己为贪也，因乃让天下于务光。而恐务光之受之也，乃使人说务光曰：‘汤杀君而欲传恶声于子，故让天下于子。’务光因自投于河。”（《韩非子·说林上》第二十二）这种两面手法，本来就是统治者最习惯使用的。

商纣无道，武王灭之，这是儒家言之凿凿的历史。可是我们看韩非所说的“文王资费仲”故事，就会明白事情并没有那么简单，在某种意义上说，文王也是在“助纣为虐”：周文王虽是商的臣子，当商纣王派胶鬲来索求周的珍宝——玉版时，文王没有交出；而当奸臣费仲来求时，马上就给了，从而使费仲在商纣王那儿的地位无形中得到提高。周文王是担心商纣王的贤臣得志，他灭商的企图就不容易实现了（《韩非子·喻老》第二十一）。所以在另一个版本的故事里，费仲简直就是文王派出的一个奸细：“文王资费仲而游于纣之旁，令之谏纣而乱其心。”（《韩非子·内储说下》第三十一）

《韩非子》一书也多次提到孔子，不过韩非对孔子还算客气，少有不逊之言。这一方面是因为孔子毕竟不以政治为主要人生舞台，本来就没有什么“历史污迹”；另一方面，孔子在社会上具有崇高的声誉，他的许多观点平实通达，没有太深的门户之见，不仅法家人物会引用孔子的话，就是道家也常有引用之处。当然，这种引用往往是经过加工了的、变了形的，《庄子》中的孔子是心斋、坐忘的道家形象；《韩非子》中的孔子则也具有法家意味。比如下面这个故事：

季孙相鲁，子路为郈令。鲁以五月起众为长沟，当此之为，子路以其私秩粟为浆饭，要作沟者于五父之衢而餐之。孔子闻之，使子贡往覆其饭，击毁其器，曰：“鲁君有民，子奚为乃餐之？”子路怫然怒，攘肱而入，请曰：“夫子疾由之为仁义乎？所学于夫子者，仁义也；仁义者，与天下共其所有而同其利者也。今以由之秩粟而餐民，其不可何也？”孔子曰：“由之野也！吾以女知之，女徒未及也。女故如是之不知礼也！女之餐之，为爱之也。夫礼，天子爱天下，诸侯爱境内，大夫爱官职，士爱其家，过其所爱曰侵。今鲁君有民而子擅爱之，是子侵也，不亦诬乎！”言未卒，而季孙使者至，让曰：“肥也起民而使之，先生使弟子令徒役而餐之，将夺肥之民耶？”孔子驾而去鲁。

子路好心掏出自己的薪水犒劳挖沟的工人，孔子却阻止他，难怪子路会“怫然怒”，因为这根本与孔子平时的教导不一致。虽然此处孔子以“过其所爱”为解释理由，似乎也符合孔子的“中庸”观念，可是笔者认为君之爱民，实际上是由君臣合力实现的，孔子还不至于固执到这种程度，可见这故事多半还是韩非假托于孔子的。

韩非也有直接批驳孔子的时候，不过还是本着学术争议的态度，没有进行人身攻击。有意思的是，孔子之说本以“孝悌忠顺”为主旨，韩非却说“孔子本未知孝悌忠顺之道也”。孔子曾经说过“有道者，父固不得而子，君固不得而臣也”的话，韩非认为按照孔子的逻辑，“有道者”“进不为臣主，退不为父子”违背了“忠臣”“孝子”的本义，“父之所以欲有贤子者，家贫则富之，父苦则乐之；君之所以欲有贤臣者，国乱则治之，主卑则尊之。今有贤子而不为父，则父之处家也苦；有贤臣而不为君，则君之处位也危。然则父有贤子，君有贤臣，适足以为害耳，岂得利焉哉！所谓忠臣，不危其君，孝子，不非其亲。”（《韩非子·忠孝》第五十一）并说儒家老是称誉先王之德，作为现代君王的榜样，这就好比做儿子的常在父亲面前说：“谁谁家的父亲，起早摸黑地供养子孙和家人。”这叫什么话。

二、贤不可尊

“圣贤”常常连称，圣和贤也是中国传统士人的瞻礼对象和追求目标。如果说“圣”显得太高远，那么贤就是“跳一跳”可以摘到的桃子。孔子说，“若圣与仁，则吾岂敢？抑为之不厌，诲人不倦，则可谓云尔已矣。”那么，什么是“贤”呢？笔者认为“贤”字从贝，与财富有关，本义是多财，由此引申出人的才能之义，多才就是贤。多财也好，多才也好，都是好的，于是又引申出“善”

的意思来，有德行也是贤。孔子说“贤贤易色”，要像好色那样好德（贤）。儒家所谓的贤人或者贤者，应该是有德有能而特别优秀的人。然而从《论语》看孔子所称道的贤人，是伯夷、叔齐那样的隐逸者，柳下惠那样的直道事人者，颜渊那样的安贫乐道者，都是以德著称，他们到底有多大治国安邦的能耐，倒从没听说过。儒家尚贤（墨家也尚贤），可见是有偏好的，韩非所不满的也正是这点。

社会上（其实主要是儒家，因为他们的声势最浩大）所看重的贤人，往往是那些隐逸之士，前面所举的伯夷、叔齐是隐逸者，就是柳下惠、颜渊都可算得上是隐士：柳下惠做过官，最后归隐，（《论语·微子》第十八）把他归入“逸民”之列；颜渊居于陋巷，没有发达过，与隐者无异。韩非看不惯这些隐士，认为他们浪得虚名，说“简上不求见者，世谓之贤”，“不战功而尊则谓之贤”，言下的不满之意是很明显的。他说：“不事力而衣食则谓之能，不战功而尊则谓之贤，贤能之行成而兵弱而地荒矣。人主说贤能之行，而忘兵弱地荒之祸，则私行立而公利灭矣。”如此贤人，不仅于国无益，甚且有害。韩非说过这样一个历史故事：

> 赵主父使李疵视中山可攻不也。还报曰：“中山可伐也。君不亟伐，将后齐、燕。”主父曰：“何故可攻？”李疵对曰：“其君见好岩穴之士，所倾盖与车以见穷闾隘巷之士以十数，伉礼下布衣之士以百数矣。”君曰：“以子言论，是贤君也，安可攻？”疵曰：“不然。夫好显岩穴之士而朝之，则战士怠于行阵；上尊学者，下士居朝，则农夫惰于田。战士怠于行阵者，则兵弱也；农夫惰于田者，则国贫也。兵弱于敌，国贫于内，而不亡者，未之有也。伐之不亦可乎？”主父曰：“善。”举兵而伐中山，遂灭也。

“岩穴之士”即隐士，中山国君尊崇隐士，礼敬布衣之士，在儒家观念中正是难得的贤君，然而李疵却说推崇隐士，会让艰辛作战的士兵失去斗志，躬耕田亩的农夫无心农事，只会导致国贫兵弱的局面，恰恰给敌人以可乘之机。

韩非还特别指出，不分青红皂白地强调尊贤，其实并不能解决小人专佞、蒙蔽国君的问题，因为所有任用小人的国君，都认为自己用人正确，他们内心可能正为自己能够“尊贤”而得意呢！韩非反驳孔子对叶公子高的问政时说：

> 哀公有臣外障距内比周以愚其君，而说之以“选贤”，此非功伐之论也，选其心之所谓贤者也。使哀公知三子外障距内比周也，则三子不一日立矣。哀公不知选贤，选其心之所谓贤，故三子得任事。燕子哙贤子之而非孙卿，故身死为僇。夫差智太宰嚭而愚子胥，故灭于越。鲁君不必知贤，而说以“选贤”，是使哀公有夫差、燕哙之患也。

“选其心之所谓贤者”之论，可谓一针见血。一个人贤不贤，往往是见仁见智的，何况国君受自身的认识能力所限，真正高明的贤者未必认识得了，而真小人却被认作了贤人。鲁哀公受三桓之欺，燕君子哙把子之当作宝贝，吴王夫差也觉得太宰嚭是难得的人才，结果他们都受这些“贤人”所欺，落得国破人亡的下场。

由此可见，“贤”是有害的。韩非对所谓的“贤人”保持着高度的警惕，因为战国以来借着贤能的名声行篡夺之实的事实在太多了，“任贤，则臣将乘于贤以劫其君”。韩非把国家产生乱象的原因归结为六个方面：“主母，后姬，子姓，弟兄，大臣，显贤。”有名的贤者赫然成为祸乱的根源，这在一般人看来是不可理解的，韩非却能解释得头头是道：“夫去所爱而用所贤，未免使一人炀己也。不肖者炀主，不足以害明，今不加知而使贤者炀己，则必危矣。”意思是一个小人不足以损害国君的名声，而一个声名赫赫的“贤人”却大有使国君失去权位之虞。我们应该承认，韩非对历史的观察是犀利而深刻的。比如前面提到过的燕王哙的国相子之，就曾经是享有大名的“贤者”，他办事果断，善于监督考核诸大臣，深得燕王哙的信任和重用。有人甚至劝燕王哙学习尧让天下于许由的情形，把国家让给子之算了。燕王还真言听计从，子之成为事实上的燕国统治者，好端端的燕国变得一团乌烟瘴气，差点儿被齐人所灭。这样的事也发生在鲁国、吴国，甚至可以说每个国家、每个朝代都会出现这种状况。比如后世的王莽，就曾经获得礼贤下士的大好名声，结果却篡了汉室。唐代白居易写诗评论道：“周公恐惧流言日，王莽谦恭未篡时。向使当初身便死，一生真伪复谁知？”韩非正是有鉴于此，才对所谓的“贤人”时刻保持着提防之心。

“太公望杀二贤者”也是见于《韩非子》中的故事，体现了韩非鲜明的思想特色：

太公望东封于齐，齐东海上有居士曰狂矞、华士昆弟二人者立议曰：“吾不臣天子，不友诸侯，耕作而食之，掘井而饮之，吾无求于人也。无上之名，无君之禄，不事仕而事力。”太公望至于营丘，使执杀之以为首诛。周公旦从鲁闻之，发急传而问之曰：“夫二子，贤者也。今日飨国而杀贤者，何也？”太公望曰：“是昆弟二人立议曰：‘吾不臣天子，不友诸侯，耕作而食之，掘井而饮之，吾无求于人也。无上之名，无君之禄，不事仕而事力。’彼不臣天子者，是望不得而臣也；不友诸侯者，是望不得而使也；耕作而食之，掘井而饮之，无求于人者，是望不得以赏罚劝禁也。且无上名，虽知，不为望用；不仰君禄，虽贤，不为望功。不仕，则不治；不任，则不忠。且先王之所以使其臣民者，非爵禄则刑罚也。今四者不足以使之，则望当谁为君乎？不服兵革而显，不亲耕耨而名，又所以教于国也。今有马于此，如骥之状者，天下之至良也。然而驱之不前，却之不止，左之不左，右之不右，则臧获虽贱，不托其足。臧获之所愿托其足于骥者，以骥之可以追利辟害也。今不为人用，臧获虽贱，不托其足焉。已自谓以为世之贤士而不为主用，行极贤而不用于君，此非明主之所臣也，亦骥之不可左右矣，是以诛之。"

这故事还有另一版本，但大意相同。“太公望”也即有名的姜子牙，姜姓，吕氏，名望，字子牙，被封于齐，是齐国始祖，故称“太公望”。这两位隐士以“不事仕而事力”自勉，太公望认为他们不能为自己所用，也有碍自己推行赏罚劝禁的政策，就杀了他们。故事的真实性很值得怀疑，然而这却是专制君主的真实心态，后来的中国历史就经常出现这种杀戮场景，比如明太祖朱元璋腰斩高启，就只是因为他不肯出来做官。

退一步说，就算那些贤士货真价实，确是有德有能的国家栋梁，在韩非看来也不值得过分推崇。为什么？因为“百日不食以待粱肉，饿者不活；今待尧、舜之贤乃治当世之民，是犹待粱肉而救饿之说也”，像尧、舜那样的稀世之贤毕竟是少有的，而国家的统治强调的是具有可行性和持续性，不能靠一个两个的贤人来维持国家的正常运转。从被统治的一面说，则是“贤者然后能行之，不可以为法，夫民不尽贤”，国家需要的是大批遵纪守法（其实是甘心被驱遣、被奴役）的国民，推行政策的基础也在于这些普通国民身上，所谓的“贤人”对于国君而言实在是“高消费”。贤人的重要品质之一，是对国君忠心耿耿，决不会干欺罔君上的事。而这样的品质对于国君来说并非是必需的，因为国君处于“制人”的支配地位，具有一国的威权，只要充分运用重赏严罚的手段，再怎么野心勃勃的臣子也不敢欺骗国君。平民间的交往，由于没有利益的驱动、威势的震慑，才特别需要强调“忠诚”的品质。

在韩非的理论体系中，“势”的地位远高于“贤”，“贤”甚至是可有可无、无足轻重的。他说“势重”“势足用”，就是这个意思。韩非最爱举的一个例子，就是“尧为匹夫不能治三人，而桀为天子能乱天下。吾以此知势位之足恃，而贤智之不足慕也”。一个人再贤能，没有位子也是枉然。处身于政治环境中的人，对此想必是深有同感的；而以学术立身、以道德为要务的人，则一定对此不以为然。

可以制约“贤”的力量，除了“势”，就是“赏罚”。贤者有能，理应被国君所用。而国君招徕贤士的办法，就是使用功名利禄。韩非说：

明主之为官职爵禄也，所以进贤材、劝有功也。故曰：贤材者处厚禄，任大官；功大者有尊爵、受重赏。官贤者量其能，赋禄者称其功。是以贤者不诬能以事其主，有功者乐进其业，故事成功立。

在这里，“贤材”就是能臣，已经没有道德方面的要求，“能力”是衡量的唯一标准。显然，其含义与儒家所讲的“贤人”是大不相同的。在韩非心目中，“所谓贤臣者，能明法辟、治官职以戴其君者也”。修明法令、尽力王事的就是贤臣。“法”才是主导一切的力量，所以，韩非得出了结论：“上法而不上贤。”要把国法放在首位，而不是道德至上。

三、仁勤失国

“仁”是儒家的核心观念，也是儒家的最高道德标准，连孔子都自称“若圣与仁，则吾岂敢”。简单地说，“仁”是一种高尚的博爱，儒家的理想在于“让世界充满爱”，从而解决现实社会的种种矛盾问题。具体到政事中，就是要统治者以民为心，推行“仁政”。应该说，这里有可贵的“民本”思想，一定程度上可以成为制约君主的道德之剑。然而韩非却把儒家的仁义之说当作“尘饭涂羹”，幼儿用干泥当饭、用稀泥当羹、用木头当肉过家家，然而天晚了肯定要回家吃饭，不会真拿这些东西当饭食。所谓的先王仁义之说，也只能是说着玩玩的，当不得真。谁要当真，那就会导致灭亡。晋国之所以一分为三（韩赵魏），就在于晋厉公心肠太软。秦国从来不讲什么仁义，所以它最强大。

讲仁爱会招来亡国之祸吗？韩非认为正是这样，他举过好几个例子来说明这一点。就拿“三家分晋”来说，春秋末时的晋国有掌权的“六卿”，智、赵、韩、魏、范、中行，其中智氏最强。《内储说下》篇中说到晋厉公时有胥僮、长鱼矫向国君提出大臣贵重，建议诛杀。于是厉公杀了其中三家，胥僮、长鱼矫又说斩草不除根，恐怕会有后患。晋厉公说：“我一下子杀了三卿，实在不忍心再杀了。”晋厉公不忍心，三卿却狠得下心来，过了三个月，他们就把厉公杀了，瓜分了晋国。要指出的是，韩非讲的这故事有违史实。事实上晋国国君当时已经没有多少力量来制约六卿，杀三卿的是智氏。智氏野心勃勃地还想兼并赵氏、韩氏和魏氏，没想到一贯臣服的韩氏和魏氏竟然串通了赵氏，反过来灭了智氏。他们三家最后瓜分了晋国，拉开了战国的序幕。

看来“三家分晋”的故事算不得数，然而宋襄公“慕仁义而败”却是千真万确的事。宋襄公号称春秋一霸，喜欢以“仁义”自命，大概颇有些虚名，他自己也因为帮助齐国平了内乱而颇为自得。在公元前638年的宋楚涿（zhuō）谷之战（《左传》记载的是泓之战）中，宋军已经做好战斗准备而楚军刚开始渡河，当时的军事统领建议乘机击楚，宋襄公却说，仁义之师是不干这种事的，人家还没渡完河呢！楚军全都过了河，可是还没布好阵，臣下又建议及时出击，仍然被宋襄公训斥了一通。等到楚军列阵完毕，两军鸣鼓相攻，宋军根本不是楚军对手，大溃而还，宋襄公也因此成为千古笑柄。

燕王哙也是个“仁勤失国”的例子。据韩非说，燕王哙“不安子女之乐，不听钟石之声，内不湮污池台榭，外不罼弋田猎，又亲操耒耨以修畎亩，子哙之苦身以忧民如此其甚也，虽古之所谓圣王明君者，其勤身而忧世不甚于此矣。”（《韩非子·说疑》第四十四）这个燕王哙听信苏代的鬼话，重用大臣子之，以显示自己有容人之量。又听信奸臣的蛊惑，准备让位给子之，好使自己有尧那样

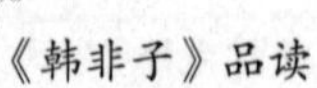

的美名。事实却是让子之成为实际上的统治者，造成朝政大乱的结果，燕王哙本人也死于战乱。这个一心仰慕尧舜圣德的国君，死后连个谥号都没有得到（因为他已经让国于子之）。

更远一些的例子还有徐偃王。徐偃王是周穆王时的东夷盟主，以仁义闻名于世，吸引周边一些部落向他归附，使周王感到受了威胁，因此命造父联合楚文王进攻徐国，徐偃王兵败身亡（或说逃亡）。《韩非子》的记载略有不同，但大体相似："徐偃王处汉东，地方五百里，行仁义，割地而朝者三十有六国，荆文王恐其害己也，举兵伐徐，遂灭之。"（《韩非子·五蠹》第四十九）

历史上有名的商纣王因荒淫失国，是众所周知的事实，韩非却偏偏另有解释：

> 费仲说纣曰："西伯昌贤，百姓悦之，诸侯附焉，不可不诛；不诛，必为殷祸。"纣曰："子言，义主，何可诛？"费仲曰："冠虽穿弊，必戴于头；履虽五采，必践之于地。今西伯昌，人臣也，修义而人向之，卒为天下患，其必昌乎？人臣不以其贤为其主，非可不诛也。且主而诛臣，焉而过？"纣曰："夫仁义者，上所以劝下也。今昌好仁义，诛之不可。"三说不用，故亡。

商纣王倒是因为不肯诛仁义的周文王导致自己的灭亡，也真算得上是奇谈怪论了。

韩非认为对于一个君主来说，"仁"就意味着软心肠、无决断，不仅干不了大事，还会引起严重后果，比如亡国。后人常常将这种"仁"称作"妇人之仁"。无独有偶，意大利的马基雅维里在论述君主时也说："君主必须是一头狐狸以便认识陷阱，同时又必须是一头狮子，以便使豺狼惊骇。"在《韩非子》一书中，多次记载了臣子劝告国君不该太仁的话。比如，齐国的成驩劝告齐宣王，仁爱或者不忍心是臣子的美德，却不是国君的美德。齐宣王对弟弟薛公太过仁爱，使他恃宠而骄，失了大臣的威仪；对犯法的王室宗族不忍心加罪，导致政事混乱。这都是亡国之本。又如魏惠王听到自己有“慈惠”之名十分高兴，可是大臣卜皮告诉他，这样会有亡国的危险。魏惠王觉得很奇怪，卜皮就解释说：“夫慈者不忍，而惠者好与也。不忍则不诛有过，好予则不待有功而赏。有过不罪，无功受赏，虽亡，不亦可乎！”

韩非认为君不必爱民，极端之，甚至提出“生而乱，不如死而治”的说法。他在《外储说右下》里提到这么一件事：

> 秦大饥，应侯请曰：“五苑之草著：蔬菜、橡果、枣栗，足以活民，请发之。”昭襄王曰：“吾秦法，使民有功而受赏，有罪而受诛。今发五苑之蔬果者，使民有功与无功俱赏也。夫使民有功与无功俱赏者，此乱之道也。夫发五苑而乱，不如弃枣蔬而治。”一曰：“令发五苑之蓏、蔬、枣、栗，足以活民，是使民有功与无功互争取也。夫生而乱，不如死而治，大夫其释之。”

秦之昭襄王不肯在饥荒之年发皇家苑囿里的果蔬给百姓赈济，因为赈济就意味着不分有功与无功全部受赏，这样会导致法令毁坏。如此不体恤民生，怎能得到人民的拥护和支持！

韩非认为君王不需要百姓的支持。他不仅否认君王之“仁”，连百姓对君王的爱戴都不赞成。这听起来十分荒唐，韩非却有自己的逻辑：

> 秦襄王病，百姓为之祷；病愈，杀牛塞祷。郎中阎遏、公孙衍出见之，曰：“非社腊之时也，奚自杀牛而祠社？”怪而问之。百姓曰：“人主病，为之祷；今病愈，杀牛塞祷。”阎遏、公孙衍说，见

王拜贺曰："过尧、舜矣。"王惊曰："何谓也？"对曰："尧、舜其民未至为之祷也。今王病而民以牛祷；病愈杀牛塞祷。故臣窃以王为过尧、舜也。"王因使人问之，何里为之，訾其里正与伍老屯二甲。阎遏、公孙衍愧不敢言。居数月，王饮酒酣乐，阎遏、公孙衍谓王曰："前时臣窃以王为过尧、舜，非直敢谀也。尧、舜病且其民未至为之祷也；今王病而民以牛祷，病愈杀牛塞祷。今乃訾其里正与伍老屯二甲，臣窃怪之。"王曰："子何故不知于此？彼民之所以为我用者，非以吾爱之为我用者也，以吾势之为我用者也。吾释势与民相收，若是，吾适不爱而民因不为我用也，故遂绝爱道也。"

韩非认为百姓只是因为慑于君王的权势才为君王所用，不相信"杀牛塞祷"是发自内心的敬爱，这确实能够破除儒家的"仁爱"的"谎言"，倒也实诚。韩非觉得用"仁爱"来维系君与民的统治秩序是危险的，哪天国君有不爱百姓的举措，岂非百姓也可以废弃国君？这对崇尚王权、鼓吹专制的韩非来说是不可接受的。与其如此，不如干脆就废绝君民相爱之道。不过，缺乏民众发自内心的拥戴，光凭君王威严是不可能达到长治久安的局面的，后来的秦王朝就因此走向崩溃。韩非的理论被人称作"惨礉（hé）少恩"，实在是恰如其分的。

四、文章选读

说明：《韩非子》反儒的论述散见于全书各处，比较集中的篇章有《五蠹》《显学》《忠孝》等。还有一些则是与其法家的理论阐述、社会现象的批判等结合在一起。出于表达的需要，我们把韩非对儒家的批判进行分门别类的解析，实际上其文章往往因势而发、随文生义，批判矛头所指也并不单单在儒一家。《五蠹》篇明指危害社会的五种"蠹虫"，而以儒生为主的"学者"尤为众矢之的。但此篇的根本之义，还是在于说明法家的治国主张。《显学》篇以对当世显学儒、墨两家的批判为主，彰显韩非的法治主张。其对儒学的批判，着重在儒家津津乐道的“先王”“仁义”等思想上。

《韩非子·五蠹》（节选）

儒以文乱法，侠以武犯禁，而人主兼礼之，此所以乱也。夫离[①]法者罪，而诸先生以文学取；犯禁者诛，而群侠以私剑养。故法之所非，君之所取；吏之所诛，上之所养也。法趣[②]上下四相反也，而无所定，虽有十黄帝不能治也。故行仁义者非所誉，誉之则害功；工文学者非所用，用之则乱法。楚之有直躬，其父窃羊而谒之吏，令尹曰：“杀之。”以为直于君而曲于父，报[③]而罪之。以是观之，夫君之直臣，父之暴子[④]也。鲁人从君战，三战三北，仲尼问其故，对曰：“吾有老父，身死莫之养也。”仲尼以为孝，举而上之。以是观之，夫父之孝子，君之背臣也。故令尹诛而楚奸不上闻，仲尼赏而鲁民易降北。上下之利若是其异也，而人主兼举匹夫之行[⑤]，而求致社稷之福，必不几[⑥]矣。古者苍颉之作书也，自环者谓之私，背私谓之公，公私之相背也，乃苍颉固以知之矣。今以为同利者，不察之患也。然则为匹夫计者，莫如修行义[⑦]而习文学。行义修则见信，见信则受事；文学习则为明师，为明师则显荣；此匹夫之美也。然则无功而受事，无爵而显荣，有政如此，则国必乱，主必危矣。故不相容之事，不两立也。斩敌者受赏，而高慈惠之行；拔城者受爵禄，而信廉爱之说；坚甲厉兵[⑧]

---

① 离，通“罹”，触犯。
② 趣，通“取”。
③ 报，判决。
④ 暴子，逆子。
⑤ 匹夫之行，指个人谋私利的行为。
⑥ 几，成功。
⑦ 行义，品行道义。或曰“行义”为“仁义”之误。
⑧ 坚甲厉兵，加固盔甲，磨砺武器，指做好战斗准备。

以备难，而美荐绅[①]之饰；富国以农，距[②]敌恃卒，而贵文学之士；废敬上畏法之民，而养游侠私剑之属。举行[③]如此，治强不可得也。国平养儒侠，难至用介士[④]，所利非所用，所用非所利。是故服事者[⑤]简其业，而游学者日众，是世之所以乱也。

且世之所谓贤者，贞信[⑥]之行也。所谓智者，微妙[⑦]之言也。微妙之言，上智之所难知也。今为众人法，而以上智之所难知，则民无从识之矣。故糟糠不饱者不务粱肉，短褐不完者不待文绣。夫治世之事，急者不得，则缓者非所务也。今所治之政，民间之事，夫妇所明知者不用，而慕上知之论，则其于治反矣。故微妙之言，非民务也。若夫贤贞信之行者，必将贵不欺之士。不欺之士者，亦无不欺之术也。布衣相与交，无富厚以相利，无威势以相惧也，故求不欺之士。今人主处制人之势，有一国之厚，重赏严诛，得操其柄[⑧]，以修明[⑨]术之所烛，虽有田常、子罕之臣，不敢欺也，奚待于不欺之士？今贞信之士不盈于十，而境内之官以百数，必任贞信之士，则人不足官，人不足官则治者寡而乱者众矣。故明主之道，一法[⑩]而不求智，固术[⑪]而不慕信，故法不败，而群官无奸诈矣。

今人主之于言也，说其辩而不求其当焉；其用于行也，美其声[⑫]而不责其功

---

① 荐，通“搢”，绅，士大夫束腰的宽带。荐绅，古代高级官吏的装束。
② 距，通“拒”，抵御。
③ 举行，举动，指政治举措。
④ 介士，甲士。
⑤ 服事，服力役。服事者指农民和兵士。
⑥ 贞信，忠贞诚实。
⑦ 微妙，精微深奥。
⑧ 柄，权柄。得操其柄指能掌握国家大权。
⑨ 修明，讲求，很好地处理。
⑩ 一法，统一法令。
⑪ 固术，固守其术。
⑫ 美其声，指欣赏其美名。

焉。是以天下之众，其谈言者务为辩而不周[①]于用，故举先王言仁义者盈廷，而政不免于乱；行身者[②]竞于为高而不合于功，故智士退处岩穴，归禄不受，而兵不免于弱，政不免于乱，此其故何也？民之所誉，上之所礼，乱国之术也。今境内之民皆言治，藏商、管之法者家有之，而国愈贫，言耕者众，执耒者寡也；境内皆言兵，藏孙、吴之书者家有之，而兵愈弱，言战者多，被甲者少也。故明主用其力，不听其言；赏其功，必禁无用；故民尽死力以从其上。夫耕之用力也劳，而民为之者，曰：可得以富也。战之为事也危，而民为之者，曰：可得以贵也。今修文学、习言谈，则无耕之劳而有富之实，无战之危而有贵之尊，则人孰不为也？是以百人事智而一人用力，事智者众则法败，用力者寡则国贫，此世之所以乱也。故明主之国，无书简之文，以法为教；无先王之语，以吏为师；无私剑之捍，以斩首为勇。是境内之民，其言谈者必轨于法，动作者归之于功[③]，为勇者尽之于军。是故无事则国富，有事则兵强，此之谓王资[④]。既畜王资而承敌国之舋[⑤]，超五帝侔三王者，必此法也。

《韩非子·显学》

世之显学，儒、墨也。儒之所至，孔丘也。墨之所至，墨翟也。自孔子之死也，有子张之儒，有子思之儒，有颜氏之儒，有孟氏之儒，有漆雕氏之儒，有仲良氏之儒，有孙氏之儒，有乐正氏之儒。自墨子之死也，有相里氏之墨，有相夫氏之墨，有邓陵氏之墨。故孔、墨之后，儒分为八，墨离为三，取舍相反不同，而皆自谓真孔、墨，孔、墨不可复生，将谁使定后世之学乎？孔子、墨子俱道尧、舜，而取舍不同，皆自谓真尧、舜，尧、舜不复生，将谁使定儒、

① 周，切合。

② 行身，修身。行身者指注重自身修养的人。

③ 功，指农耕。

④ 王资，称王。

⑤ 舋，同“衅”，缝隙，引申为弱点。

墨之诚[①]乎？殷、周七百余岁，虞、夏二千余岁，而不能定儒、墨之真；今乃欲审尧、舜之道于三千岁之前，意者其不可必[②]乎！无参验[③]而必之者，愚也；弗能必而据之者，诬[④]也。故明据先王，必定尧舜者，非愚则诬也。愚诬之学，杂反[⑤]之行，明主弗受也。

墨者之葬也，冬日冬服，夏日夏服，桐棺三寸，服丧三月，世主以为俭而礼之。儒者破家而葬，服丧三年，大毁[⑥]扶杖，世主以为孝而礼之。夫是墨子之俭，将非孔子之侈也；是孔子之孝，将非墨子之戾[⑦]也。今孝戾、侈俭俱在儒、墨，而上兼礼之。漆雕之议，不色挠[⑧]，不目逃[⑨]，行曲则违于臧获[⑩]，行直则怒于诸侯，世主以为廉[⑪]而礼之。宋荣子之议，设[⑫]不斗争，取不随仇[⑬]，不羞囹圄，见侮不辱，世主以为宽而礼之。夫是漆雕之廉，将非宋荣之恕也；是宋荣之宽，将非漆雕之暴也。今宽廉、恕暴俱在二子，人主兼而礼之。自愚诬之学、杂反之辞争，而人主俱听之，故海内之士，言无定术[⑭]，行无常议。夫冰炭不同器而久，寒暑不兼时而至，杂反之学不两立而治，今兼听杂学缪行同异之辞，安得无乱乎？听、行如此，其于治人又必然矣。

---

① 诚，真实。
② 必，确定，断定。
③ 参验，考核验证。
④ 诬，欺骗。
⑤ 杂反，杂乱矛盾。
⑥ 毁，哀毁，居丧时因悲哀过度而损害健康。
⑦ 戾，乖戾，违背人情，这里指不孝。
⑧ 色挠，面露胆怯之色。
⑨ 目逃，谓眼睛受到突然刺激而避开，形容心存怯懦。
⑩ 行曲，行为不正。违，避。臧获，奴婢。句谓行为不正则对奴婢都要退避。
⑪ 廉，正直。
⑫ 设，建立，提倡。
⑬ 采取不报仇的态度。
⑭ 言论没有固定的宗旨。

今世之学士语治者，多曰：“与贫穷地以实无资[①]。”今夫与人相若也，无丰年旁入之利而独以完给[②]者，非力则俭也。与人相若也，无饥馑疾疚祸罪之殃独以贫穷者，非侈则惰也。侈而惰者贫，而力而俭者富。今上征敛于富人以布施于贫家，是夺力俭而与侈惰也。而欲索民之疾作[③]而节用，不可得也。

今有人于此，义[④]不入危城，不处军旅，不以天下大利易其胫一毛，世主必从而礼之，贵其智而高其行，以为轻物重生之士也。夫上所以陈良田大宅、设爵禄，所以易民死命[⑤]也，今上尊贵轻物重生之士，而索民之出死而重殉上事[⑥]，不可得也。藏书策、习谈论、聚徒役、服[⑦]文学而议说，世主必从而礼之，曰：“敬贤士，先王之道也。”夫吏之所税，耕者也；而上之所养，学士也。耕者则重税，学士则多赏，而索民之疾作而少言谈，不可得也。立节参民[⑧]，执操不侵，怨言过于耳必随之以剑，世主必从而礼之，以为自好之士。夫斩首之劳不赏，而家斗之勇尊显，而索民之疾战距敌而无私斗，不可得也。国平则养儒侠，难至则用介士，所养者非所用，所用者非所养，此所以乱也。且夫人主于听学也，若是其言，宜布之官而用其身，若非其言，宜去其身而息其端。今以为是也而弗布于官，以为非也而不息其端，是而不用，非而不息，乱亡之道也。

澹台子羽，君子之容也，仲尼几而取之[⑨]，与处久而行不称其貌。宰予之辞，雅而文也，仲尼几而取之，与处久而智不充其辩。故孔子曰：“以容取人乎，失之子羽；以言取人乎，失之宰予。”故以仲尼之智而有失实之声。今之新

---

① 把土地分给贫穷的人，以充实他们匮乏的资财。
② 完给，丰裕，充足。
③ 疾作，辛苦劳作。
④ 义，行为的准则。
⑤ 死命，效死，献身。
⑥ 重殉上事，重视君主的事业，愿意牺牲生命去干。
⑦ 服，练习，熟悉。
⑧ 立，树立。参，聚集。
⑨ 孔子认为他近似于君子而看中了他。

辩滥乎宰予[①]，而世主之听眩乎仲尼[②]，为悦其言，因任其身，则焉得无失乎？是以魏任孟卯之辩而有华下之患[③]，赵任马服[④]之辩而有长平之祸；此二者，任辩之失也。夫视锻锡而察青黄，区冶不能以必剑；水击鹄雁，陆断驹马，则臧获不疑钝利。发齿吻形容[⑤]，伯乐不能以必马；授车就驾而观其末涂，则臧获不疑驽良。观容服，听辞言，仲尼不能以必士；试之官职，课[⑥]其功伐，则庸人不疑于愚智。故明主之吏，宰相必起于州部，猛将必发于卒伍。夫有功者必赏，则爵禄厚而愈劝；迁官袭级，则官职大而愈治。夫爵禄大而官职治，王之道也。

磐石千里，不可谓富；象人[⑦]百万，不可谓强。石非不大，数非不众也，而不可谓富强者，磐不生粟，象人不可使距敌也。今商官[⑧]技艺之士亦不垦而食，是地不垦与磐石一贯[⑨]也。儒侠毋[⑩]军劳，显而荣者，则民不使[⑪]，与象人同事也。夫祸知磐石象人，而不知祸商官儒侠为不垦之地、不使之民，不知事类[⑫]者也。

故敌国之君王虽说吾义，吾弗入贡而臣；关内之侯虽非吾行，吾必使执禽而朝[⑬]。是故力多则人朝，力寡则朝于人，故明君务力。夫严家无悍虏[⑭]，而慈母有败子，吾以此知威势之可以禁暴，而德厚之不足以止乱也。

---

① 如今新出现的辩辞大大超过了宰予的论辩。

② 眩乎仲尼，比孔子还糊涂。

③ 华下之患，指前273年，孟卯率魏赵联军攻韩，秦将白起来救，战于华下，魏赵大败，死伤十五万人。

④ 马服，指赵奢的儿子赵括。

⑤ 掰开马口看牙齿，端详外形。

⑥ 课，考核。

⑦ 象人，俑也，殉葬用的木制或陶制假人。

⑧ 商官，用金钱买官爵的商人。

⑨ 一贯，同样，一样。

⑩ 毋，通“无”。

⑪ 不使，不听使唤。

⑫ 事类，事情的类似性。

⑬ 执禽而朝，古代朝见君主时持禽为礼物，如大夫执雁，卿执羔等。

⑭ 悍虏，凶悍的奴仆。

夫圣人之治国，不恃人之为吾善也，而用其不得为非也。恃人之为吾善也，境内不什数；用人不得为非，一国可使齐。为治者用众而舍寡，故不务德而务法。夫必恃自直之箭，百世无矢；恃自圜[①]之木，千世无轮矣。自直之箭、自圜之木，百世无有一，然而世皆乘车射禽者何也？隐栝[②]之道用也。虽有不恃隐栝而有自直之箭、自圜之木，良工弗贵也，何者？乘者非一人，射者非一发也。不恃赏罚而恃自善之民，明主弗贵也，何则？国法不可失，而所治非一人也。故有术之君，不随适然[③]之善，而行必然之道。

今或谓人曰："使子必智而寿"，则世必以为狂[④]。夫智，性也；寿，命也。性命者，非所学于人也，而以人之所不能为说[⑤]人，此世之所以谓之为狂也。谓之不能然，则是谕也，夫谕性也[⑥]。以仁义教人，是以智与寿说也，有度之主弗受也。故善毛啬、西施之美，无益吾面，用脂泽粉黛则倍其初。言先王之仁义，无益于治，明吾法度，必吾赏罚者，亦国之脂泽粉黛也。故明主急其助[⑦]而缓其颂，故不道仁义。

今巫祝之祝人曰："使若千秋万岁。"千秋万岁之声聒耳，而一日之寿无征[⑧]于人，此人所以简[⑨]巫祝也。今世儒者之说人主，不善今之所以为治，而语已治之功；不审官法之事，不察奸邪之情，而皆道上古之传誉，先王之成功[⑩]。儒者饰辞曰："听吾言则可以霸王。"此说者之巫祝，有度之主不受也。故明主

① 圜，同"圆"。
② 隐栝，用以矫正邪曲的工具。
③ 适然，偶然。
④ 狂，通"诳"，欺骗。
⑤ 说，通"悦"，取悦。
⑥ 这句的意思是，对人说而做不到，就是明白告诉人，说明本性如此。
⑦ 助，指有助于治国的法度和赏罚制度。
⑧ 征，证验，效验。
⑨ 简，轻视。
⑩ 成功，成就的功业，即成之功。

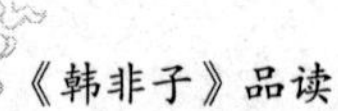

举实事，去无用；不道仁义者故[①]，不听学者之言。

今不知治者必曰："得民之心。"欲得民之心而可以为治，则是伊尹、管仲无所用也，将听民而已矣。民智之不可用，犹婴儿之心也。夫婴儿不剔首[②]则腹痛，不揊痤[③]则浸益，剔首、揊痤必一人抱之，慈母治之，然犹啼呼不止，婴儿子不知犯其所小苦致其所大利也。今上急耕田垦草以厚民产也，而以上为酷；修刑重罚以为禁邪也，而以上为严；征赋钱粟以实仓库、且以救饥馑备军旅也，而以上为贪；境内必知介[④]而无私解[⑤]，并力疾斗，所以禽虏也，而以上为暴。此四者所以治安也，而民不知悦也。夫求圣通[⑥]之士者，为民知之不足师用[⑦]。昔禹决江浚河，而民聚瓦石，子产开亩树桑，郑人谤訾。禹利天下，子产存郑，皆以受谤，夫民智之不足用亦明矣。故举士而求贤智，为政而期适民，皆乱之端，未可与为治也。

① 者，通"诸"，之。故，事。

② 剔首，古代用针砭治疗疾病的一种方法。

③ 揊痤：割开疖子。

④ 介，铠甲，喻武装。

⑤ 解，解免，指逃避兵役。

⑥ 圣通，圣明通达。

⑦ 因为民众的智慧不足以效法和使用。

第四讲

反儒先锋（下）

一、义不可从

什么是“义”？“义”有仁义、忠义、道义、德义、礼义、侠义，又有公义、私义、大义、小义……要给“义”下准确的定义是十分困难的。我们还是来看看韩非对“义”的界定：

> 义者，君臣上下之事，父子贵贱之差也，知交朋友之接也，亲疏内外之分也。臣事君宜，下怀上宜，子事父宜，贱敬贵宜，知交友朋之相助也宜，亲者内而疏者外宜。义者，谓其宜也，宜而为之。

“义”就是宜，应当做的、合适的、正确的就是“义”。臣下事奉君主是应当的，下级顺从上级是应当的，儿女敬奉父母是应当的，地位低下的人敬重高贵的人是应当的，知交朋友互相帮助是应当的，亲人关系近、外人关系疏是应当的。如此看来，韩非没有理由反对“义”。

韩非当然明白这一道理，光从他对“义”的界说上就可以看出他不可能否定“义”。他的深刻和洞察在于，儒家总是把“仁”和“义”作为加在君王头上的两把道德之剑，而他要维护君主的绝对专制，当然不能容忍凌驾于君王之上的任何戒律。在他看来，“义”有公私之别，上下之分：

> 夫令必行，禁必止，人主之公义也；必行其私，信于朋友，不可为赏劝，不可为罚沮，人臣之私义也。私义行则乱，公义行则治，故公私有分。人臣有私心，有公义。修身洁白而行公行正，居官无私，人臣之公义也；污行从欲，安身利家，人臣之私心也。

人主的公义在韩非的概念里就是国家的大义，而作为臣子者有合乎自己地位身份的适合之“义”，也就是把自己的原则放在首位，不为外在的赏罚所动，交朋友有信，这样的“义”是与公义相妨碍的。我们应特别注意到，“信于朋友，不可为赏劝，不可为罚沮”在儒家那儿正是士人应该看重的“高义”。韩非认为，做臣子的也有公义，那就是注重品德修养，行为公正，居官无私；可是人又都是有私心的，要追逐无穷的欲望，不断谋求个人地位的稳固和家族利益，而这又与作为臣子的公义相违背。在韩非看来，根本就不存在什么君臣上下可以统一的“义”，君臣就是相对的两个利益体，国君用自己的手段来对付臣下，臣下也用自己的手段来对付国君。君臣之间就是互相算计、互相利用的关系。那么怎样才能让臣子为国君的利益尽心竭力、奋不顾身呢？无非是“明赏以劝之，严刑以威之”两条。

为了说明这种极端的人际利害关系，韩非甚至举了父母子女间的“算计之心”为例：

> 今上下之接，无子父之泽，而欲以行义禁下，则交必有郄矣。且父母之于子也，产男则相贺，产女则杀之。此俱出父母之怀衽，然男子受贺，女子杀之者，虑其后便，计之长利也。故父母之于子也，犹用计算之心以相待也，而况无父子之泽乎！

其结论便是，上下之间没有共同的“义”，用“义”来规范君臣上下的行为，必然会产生两个利益体的背离，关系的破裂。

因此，韩非极端反对臣子“行义”。臣子行义，那么国君的威望就下降了，国君的控制渠道就可能会壅塞。而在儒家理想中，士人行义是高尚的，所谓义不容辞、仗义执言，说的都是“义”为价值标准之一。而韩非觉得有这样的社会氛围的话，一个人只要“修行义而习文学”，就可以被信用，得任用，受尊荣，实在是太轻松太美好了。“无功而受事，无爵而显荣”，国家靠什么人去斩首杀敌、攻城拔地？能让国家强大的是战斗之士，能让国家富裕的是耕种之民，这些没用的儒生，凭什么养他们呢？

儒家学说在社会上风行已久，社会舆论上对于好名求义、离俗隐居者常给以热烈的赞赏，也正因为此，韩非攻之不遗余力。他把这些人称作国家的“蠹虫”，他们不仅无益于国，还要在背后指指点点，韩非是不认可这种“义”的。他把这种隐居之士看成是实心葫芦：

齐有居士田仲者，宋人屈谷见之，曰：“谷闻先生之义，不恃仰人而食。今谷有树瓠之道，坚如石，厚而无窍，献之。”仲曰：“夫瓠所贵者，谓其可以盛也。今厚而无窍，则不可以剖以盛物；而任重如坚石，则不可以剖而以斟。吾无以瓠为也。”曰：“然，谷将弃之。”今田仲不恃仰人而食，亦无益人之国，亦坚瓠之类也。

“义”的不可靠，还体现在两个方面。一是不管用，“民者固服于势，寡能怀于义”，用“势”可以轻松办到的事，“义”却只能让少数人办到，那又何苦费力呢？二是容易被利用。现实生活中讲义气的人常常就容易不知不觉地陷入他人的陷阱。封建社会后期关羽的地位被捧得很高，就是因为他身上的“义气”很有市场，“义”可以让人被卖了还不知道是谁卖的。换句高尚一点的话，则可以说，“正义啊，多少罪恶假汝而行！”眼光犀利的韩非完全明白这一点，他讲的“桓公伐蔡”故事就可以说明：

蔡女为桓公妻，桓公与之乘舟，夫人荡舟，桓公大惧，禁之不止，怒而出之。乃且复召之，因复更嫁之。桓公大怒，将伐蔡。仲父谏曰：“夫以寝席之戏，不足以伐人之国，功业不可冀也，请无以此为稽也。”桓公不听。仲父曰：“必不得已，楚之菁茅不贡于天子三年矣，君不如举兵为天子伐楚。楚服，因还袭蔡，曰：‘余为天子伐楚，而蔡不以兵听从’，遂灭之。此义于名而利于实，故必有为天子诛之名，而有报仇之实。”

汤、武就是“以义放弑其君”的，借了“义”的名，就可肆无忌惮地杀王杀君么？这是韩非不能容忍的。再说了，如果敌国讲义，难道我就应该去效劳么？我们讲义，敌国会来归附么？“敌国之君王虽说吾义，吾弗入贡而臣；关内之侯虽非吾行，吾必使执禽而朝。”所以说这些义，毫无意义。

但是我们知道，韩非其实不是不讲义，他讲的义是“公义”，实际上也是君王的一己之义，因此他对尊卑上下之义就特别看重。其实，儒家也是讲究尊卑上下的，所谓“君君臣臣父父子子”，就是儒家的热切声明。而恰恰在这一点上，韩非与儒家的立场一致，而且更有过之。他引用了两个儒家的故事，虽然颇有杜撰之嫌，也可以说是韩非笔下的儒家故事吧。

第一个是孔子先饭黍而后啖桃的故事。

孔子侍坐于鲁哀公，哀公赐之桃与黍。哀公曰：“请用。”仲尼先饭黍而后啖桃，左右皆掩口而笑。哀公曰：“黍者，非饭之也，以雪桃也。”仲尼对曰：“丘知之矣。夫黍者，五谷之长也，祭先王为上盛。果蓏有六，而桃为下，祭先王不得入庙。丘之闻也，君子以贱雪贵，不闻以贵雪贱。今以五谷之长雪果蓏之下，是从上雪下也。丘以为妨义，故不敢以先于宗庙之盛也。”

王宫的气派果然不同凡响，黄米饭不是用来吃的，而是用来擦洗桃子的。孔子故意装糊涂，先把黄米饭吃落肚，然后把桃子作为餐后水果享用，惹得身边的人掩口而笑。鲁哀公认为孔子真不知道，赶紧教他。孔子说什么呢？黍是五谷

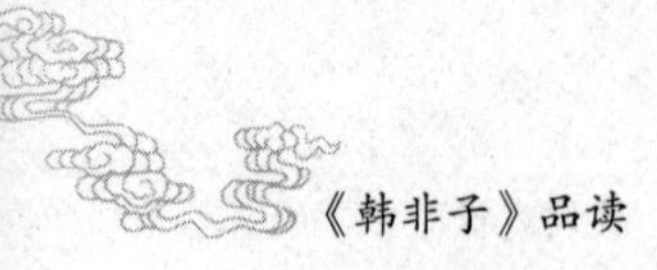

之长，祭祀的上品，桃子却是上不了台面的水果。贱者应该侍奉贵者，怎么可以反过来呢？用黍来擦桃，恐怕是于“义”有妨碍的吧？所以不敢颠倒宗庙里的顺序啊！

这件事应该是有点影子的，孔子确实非常讲究宗庙之礼，“子入太庙，每事问”，对宗庙里的各项规矩都小心得很。但孔子在生活中还不算古板，不会像后来有的“帝王师”那样，因为幼年皇帝一时兴起折根树枝，也喋喋不休地说教起来。这件事还是只能存疑。韩非讲它，只不过强调他的君王至上思想，这就是他看重的“义”。

另一个“儒者不博不弋不鼓瑟”的故事，显得更为可疑：

> 齐宣王问匡倩曰：“儒者博乎？”曰：“不也。”王曰：“何也？”匡倩对曰：“博者贵枭，胜者必杀枭。杀枭者，是杀所贵也。儒者以为害义，故不博也。”又问曰：“儒者弋乎？”曰：“不也。弋者从下害于上者也，是从下伤君也；儒者以为害义，故不弋。”又问：“儒者鼓瑟乎？”曰：“不也。夫瑟以小弦为大声，以大弦为小声，是大小易序，贵贱易位。儒者以为害义，故不鼓也。”宣王曰：“善。”仲尼曰：“与其使民谄下也，宁使民谄上。”

这匡倩应该是位儒者，不然齐宣王不会问他儒者是否博、是否弋、是否鼓瑟的问题。博是博弈，下棋之类的游戏；弋是用系有丝绳的箭射鸟；瑟是一种乐器。匡倩的回答是儒者不博不弋不鼓瑟，因为这些活动“非义”。其实孔子说过，“饱食终日，无所用心，难矣哉！不有博弈者乎？为之犹贤乎已。”博弈总比无所事事要好些。“射”是古代“六艺”之一，孔子的课程里应该有这门，不会特别强调不能射鸟吧！“鼓瑟”之事在《论语》里就有记载，子路公西华冉有曾皙侍座，曾皙就一边听课一边鼓瑟，轮到他发言时说了一通“风乎舞雩”的理想，还博得孔子特别赞赏。——所以孔子也不可能反对鼓瑟。如果他的后学真有这样的主张，一定是把路给走歪了。要么，这压根就是韩非把儒者的路给变了一次“轨”。所谓儒者不博不弋不鼓瑟，实际上是韩非借儒者之口表达上下不可逾越的道理，也就是他的“公义”。

二、忠不可用

如果说“义”有着多重的意蕴，站在不同的立场就有不同的“义”，韩非反对笼统倡“义”很有必要；那么“忠”却是一个意蕴相当明确的词：忠于君，忠于国，诚心竭力做事，怎么说都看不出韩非有反对它的理由。确实，韩非在一般的语境中是赋予“忠”以正面而积极的评价的，比如说他在讲君王容易犯的过错时提到其中之一是“过而不听于忠臣”，不听忠臣的话是不会有好下场的；又如“国有擅主之臣，则群下不得尽其智力以陈其忠”，国中有擅权的大臣，其他大臣就不可能将其智慧和忠诚进献于君王了。韩非是认识到“有忠臣者，外无敌国之患”的道理的。显然，作为维护君主专制制度的韩非不会排斥“忠”，没有了臣下之忠，君王就好比是无水之鱼、无翼之鸟，神气不起来了。儒家十分强调“忠”，曾子概括孔子思想核心，说“夫子之道，忠恕而已矣”。不过原始儒家并没有强调单方面的愚忠，而是讲究君臣的对应：“君使臣以礼，臣事君以忠。”（《论语·八佾》第三）孔子还说“孝慈则忠”，君王自身“孝慈”，臣民就会忠心耿耿。这样一来，就有给君王“上课”之嫌，而儒家中也确实不乏以“帝王师”自居者，比如孟子。韩非对此当然是不满的，他把儒家称颂先王先圣，给君王上课的做法称作“诽谤其君”，“非其君者，天下贤之，此所以乱也”。

作为一个抽象的概念，“忠”当然是值得嘉奖的；可是韩非是个冷峻的现实主义者，他对人性的观察远较儒者深透，在他看来，“忠”其实并不可靠，理由有三：

第一，“忠”不可信。“忠”强调臣子对君王的忠诚爱戴，可是臣子凭什么要爱戴君王？韩非多次拿“父子之亲”来比附君臣关系：

夫君臣非有骨肉之亲，正直之道可以得利，则臣尽力以事主；正直之道不可以得安，则臣行私以干上。（《韩非子·奸劫弑臣》第十四）

臣尽死力以与君市，君垂爵禄以与臣市，君臣之际，非父子之亲也，计数之所出也。君有道，则臣尽力而奸不生；无道，则臣上塞主明而下成私。（《韩非子·难一》第三十六）

在韩非的眼里，父母子女间都存在着算计之心，骨肉之亲未必可靠，何况是君臣呢！“夫以君臣为如父子则必治，推是言之，是无乱父子也。人之情性，莫先于父母，皆见爱而未必治也，虽厚爱矣，奚遽不乱？今先王之爱民，不过父母之爱子，子未必不乱也，则民奚遽治哉！”父子反目成仇的例子并不少见，君臣的对立就更容易出现了。韩非认为君臣的关系就是利害关系，而且他们还没有什么共同利益，“君臣之利异，故人臣莫忠，故臣利立而主利灭”。人臣是不可能有忠心的，他们为了自己的利益就会损害君王的利益。如此一来，君臣之间就只剩下互相利用、互相算计的关系了，“君以计畜臣，臣以计事君。君臣之交，计也”。君臣异心，如何能够治理好国家？“临难必死，尽智竭力，为法为之”，那些尽智竭力效忠于君王的臣子，并不是真的忠诚，只是因为这种忠诚有利于他们自己，也就是“正直之道可以得利，则臣尽力以事主；正直之道不可以得安，则臣行私以干上”之意。君王明法严刑就不愁臣下不忠，而不必费心去考虑什么“孝慈则忠”“将我心换你心”了。

第二，“忠”不可恃。做君王的，不能把治国的希望寄托在臣子的“忠诚”上面。如上所言，臣子与君王的利益是不一致的，臣子之忠本来就不可信，自然更不可倚靠。即使有，那也只是少数，不可以作为常法。因此韩非反复强调君王“不恃人之以爱为我”“不恃人之为吾善”：

圣人之治国也，固有使人不得不爱我之道，而不恃人之以爱为我也。（《韩非子·奸劫弑臣》第十四）

夫圣人之治国，不恃人之为吾善也，而用其不得为非也。恃人之为吾善也，境内不什数；用人不得为非，一国可使齐。为治者用众而舍寡，故不务德而务法。夫必恃自直之箭，百世无矢；恃自圜之木，千世无轮矣。自直之箭、自圜之木，百世无有一，然而世皆乘车射禽者何也？隐栝之道用也。虽有不恃隐栝而有自直之箭、自圜之木，良工弗贵也，何者？乘者非一人，射者非一发也。不恃赏罚而恃自善之民，明主弗贵也，何则？国法不可失，而所治非一人也。故有术之君，不随适然之善，而行必然之道。（《韩非子·显学》第五十）

臣子忠于国君固然是好事，可是做国君的却不能把治国的希望寄托在臣子的忠心耿耿上面。真心为君的臣子或许有，可毕竟是少数，而治理国家的目标显然不在于少数人；君主依靠法令治国，臣民至少不敢为非作歹，其效果是普遍性的、全国性的。所以有效的统治在于法律而不在于道德，这就好比找天生的直木为箭和天生的圆木为轮，难得一见；而直箭和圆轮在生活中广泛应用，靠的是人为加工。这个道理不能不说很有力，甚至在今天仍有积极意义。从个人层面上来说，治学修身都可以应用类似的道理：良好的家世、一流的学校、博学的老师以及可以辩难的同学，当然是治学的好帮手，可是一个真心向学的人是不会把自己的学业进步完全寄托在这些外部条件上的，只有通过自己的努力改变外部条件，而改善的条件又可以进一步促进自己学业提高，从而形成良性循环。

第三，“忠”不可用。按理说，“忠”应该是君王最欣赏的臣子之德，忠心耿耿、忠诚不贰、忠肝义胆、忠贞不渝、忠不避危、忠贯日月等等，此心此人而不用，又有什么可用的？在韩非看来没这么简单。因为在韩非眼里，忠有“大忠”和“小忠”之分，尽力为国为君的长远利益着想，是大忠；表面上的忠、一时的忠，就是小忠。小忠无益有害，试看以下事例：

> 昔者，楚共王与晋厉公战于鄢陵，楚师败而共王伤其目。酣战之时，司马子反渴而求饮，竖谷阳操觞酒而进之。子反曰：“嘻！退，酒也。”阳曰：“非酒也。”子反受而饮之。子反之为人也，嗜酒而甘之，弗能绝于口，而醉。战既罢，共王欲复战，令人召司马子反，司马子反辞以心疾。共王驾而自往，入其幄中，闻酒臭而还，曰：“今日之战，不穀亲伤，所恃者司马也。而司马又醉如此，是亡楚国之社稷而不恤吾众也！不穀无复战矣。”于是还师而去，斩司马子反以为大戮。故竖谷阳之进酒，不以仇子反也，其心忠爱之，而适足以杀之。故曰：行小忠则大忠之贼也。（《韩非子·十过》第十）

竖谷阳本意是为了主公，他不忍心看着司马子反渴得难受而以酒代水给子反喝，其客观的结果则是使子反受戮。好心办坏事的事例从来都不缺乏，就是放在今天也不例外。韩非讲这个故事的目的是要说明，光凭忠爱之心并不一定带来好的结果，小忠和大忠是有矛盾的。既然“忠”是一种说不清道不明的东西，把它应用到政治生活中去的话就未必可靠了。

在韩非看来，决定臣子忠还是奸的，不是道德力量，而是君王的行为。君王如果政令严明，那么大臣们就会忠诚不贰；如果君王性情暗懦，那么大臣们就会欺君罔上。话绕了一圈，还是回到了韩非的“永恒”主题上来：以法治国。“臣之忠诈，在君所行也。君明而严则群臣忠，君懦而暗则群臣诈。”

“忠”是不可信、不可恃、不可用的，可信可恃可用的只有法。韩非甚至得出“君通于不仁，臣通于不忠，则可以王矣”的极端结论。他的逻辑轨迹是这样的：作为臣子的，只要明白凭着自己的功劳来获得爵禄，触犯国家法律必然会招致严厉的诛罚就够了。臣子们受此驱使而尽力于国事，至于是否发自内心地忠君爱国，并没有什么关系。“爵禄生于功，诛罚生于罪，臣明于此，则尽死力而非忠君也。”韩非此论，明显是针对儒家而发的：“今学者之说人主也，皆去求利之心，出相爱之道，是求人主之过于父母之亲也，此不熟于论恩诈而诬也，故明主不受也。”《孟子》第一章，梁惠王见到孟子的第一句话是：“叟！不远千里而来，亦将有以利吾国乎？”而孟子的回答就是：“王何必曰利？亦有仁义而已矣。”孟子虽然得到广泛的尊敬，但当时的各国君王确实没有谁认真地听他的高论而将他的理论付诸实施，即韩非所说的“明主不受”。韩非否定儒家的“忠爱”之说，认为法禁森严、赏罚分明就会得民力、吏治肃、国富强，因此国君就可以成就霸主之业。作为臣子的，追求国君所悬赏的爵禄富贵，直至冒死而不顾、力尽而不怨，不需要有什么忠君爱国之心，照样可以为国君的霸主之业出力，所以说“君不仁，臣不忠，则可以霸王矣”。也因为如此，韩非受不了不受名利所动的清高之士，他觉得臣子内心不忠是不要紧的，他有让臣子不得不忠的办法（赏罚）；清高之士是他奈何不了的，于是主张“杀”。

在韩非为君主专制张势的理论中，“忠”当然不可全盘否定，他否定的只是儒家式的“忠”。韩非眼中的“忠”，就不是儒家的那种植根于内心情感的“忠爱”，而是具有鲜明的法家特色：“人臣毋称尧、舜之贤，毋誉汤、武之伐，毋言烈士之高，尽力守法，专心于事主者为忠臣。”尽力于本职工作就是“忠”，甚至可以不管上级或者国君的对错，这才是真正的“愚忠”呢。

三、孝不足多

“孝”是儒家政治伦理思想的起点，《论语》中言“孝”的语录颇多，首章第二条有子（有若）说：“其为人也孝弟，而好犯上者，鲜矣！不好犯上，而好作乱者，未之有也。君子务本，本立而道生。孝弟也者，其为仁之本与！”这句话正好说出儒家强调孝的原因。孝于父母，以儒家的“推己及人”逻辑，就可以得出忠于君的结论。汉代相当重视孝道，在汉武帝独尊儒术以后尤其如此。以后的各朝各代都十分重视“孝”，有的还特别强调“以孝治天下”。“忠孝”甚至已经成为一个独立的词语，可见忠和孝关系之密切。可是，忠和孝真的有着如此高度的一致吗？当忠和孝发生冲突的时候又该怎么办呢？

《论语》中记载着这样一件事：

> 叶公语孔子曰：“吾党有直躬者，其父攘羊，而子证之。”孔子曰：“吾党之直者异于是。父为子隐，子为父隐，直在其中矣。”

孔子所谓的“直”即是“义”，为人之子不应言父之过，即使是犯了法，包庇一下也是应该的。《周礼》中就明确有“为亲者讳”的规定，在中国古代法律中，“亲亲得相首匿”作为定罪量刑的原则著之明文，可以说都受到孔子之言的影响。另外，中国古代讲究父母去世子女当为守丧，即使在位官员也应立刻辞去职位，待守孝期满以后才能继续履职。这其实是从制度上安排了尽孝和尽忠之间的优先顺序。然而由于官位的稀缺性，不少官员其实更愿意“尽忠”；在国君用人之际，关键的人选出现父母之丧的情况也确实让人为难。事实上，忠和孝发生冲突是常见的，韩非坚决反对孝先于忠的做法，他认为孝和忠相矛盾时，忠理应先于孝：

> 楚之有直躬，其父窃羊而谒之吏，令尹曰：“杀之。”以为直于君而曲于父，报而罪之。以是观之，夫君之直臣，父之暴子也。鲁人从君战，三战三北，仲尼问其故，对曰：“吾有老父，身死莫之养也。”仲尼以为孝，举而上之。以是观之，夫父之孝子，君之背臣

也。（《韩非子·五蠹》第四十九）

故事的前半，正好可以补足《论语》的记载。叶公是楚人，他告诉孔子的这个“直躬”之士，在韩非的故事里得到印证，我们因此可以知道此人最后是被令尹杀了，大约当时有许多人为之不平，叶公告诉孔子的目的似乎也要寻求对此人的同情。然而孔子的态度与楚令尹的态度是一致的，只不过令尹握有实权，可以将自己的想法付诸实施。故事后半部分，鲁人三战三北（败），只因为家有老父无人照养，虽然贪生怕死却被孔子赞赏，还得到了举荐。这种文化传统看来十分强大，我们在文学和影视作品中常看到一个人遇到剪径的强盗需要求饶时，总是以“家有八十老母”作为借口，甚至骗子也以此博取同情。韩非却要撕开这层温情的面纱，他指出表彰这样的孝，其结果是“楚奸不上闻”“鲁民易降北”。在君主专制的国家里，一切都应服从君主的政治需要，为君长者无须仁爱，为臣子者自然更不能因孝而废忠。

四、礼繁心衰

礼是维系中国古代宗法社会的枢纽力量。周代特别重视礼，据说开国之初周公制礼作乐，其制度在整个西周时期都占有重要地位。然而到了春秋时代后，却出现礼崩乐坏的局面。孔子对此痛心疾首，他一生的理想就是恢复西周的礼乐制度，周公则是他最崇敬的圣人之一。《论语》中论礼之处颇多，比如孔子对鲁国季氏僭用天子之礼，“八佾舞于庭，是可忍也，孰不可忍也？”他自己入宗庙，“每事问”，有人质疑他的博学（孔子在当时即有博学之名），孔子说，“是礼也”，原来在宗庙里保持谦敬的态度是礼的要求，而不是他真的不懂。《论语》里的《乡党》一篇，更是把孔子平日遵循礼的规定的情况真实地反映出来，所谓“非礼勿视，非礼勿言，非礼勿动”，就是要把日常生活的方方面面纳入礼的轨道。韩非的老师荀子也是特别重视礼制的，虽然他信奉人性恶，但也正因为如此，他主张要靠礼的力量来制约恶的人性。韩非则从人性恶的起点出发，得出“法治”的结论，与他的老师走上了完全不同的道路。

在这方面，韩非更服膺老子学说。老子看透礼的本质，他说：“失道而后德，失德而后仁，失仁而后义，失义而后礼。夫礼者，忠信之薄，而乱之首。”（《老子》第三十八章），韩非对此特别笺注说：

> 礼为情貌者也，文为质饰者也。夫君子取情而去貌，好质而恶饰。夫恃貌而论情者，其情恶也；须饰而论质者，其质衰也。何以论之？和氏之璧，不饰以五采；隋侯之珠，不饰以银黄。其质至美，物不足以饰之。夫物之待饰而后行者，其质不美也。是以父子之间，其礼朴而不明，故曰：“礼薄也。”凡物不并盛，阴阳是也；理相夺予，威德是也；实厚者貌薄，父子之礼是也。由是观之，礼繁者，实心衰也。然则为礼者，事通人之朴心者也。众人之为礼也，人应则轻欢，不应则责怨。今为礼者事通人之朴心，而资之以相责之分，能毋争乎？有争则乱，故曰：“夫礼者，忠信之薄也，而乱之首乎。”

话说得有些绝对，可是也不是完全没有道理。应该说，韩非对老子的理解是准确的，他把老子的片言只语推演为逻辑严密的论证，指出“礼繁者，实心衰也”，意思表达得比老子更明晰。

在非特指的情况下，韩非谈到礼时偶或与儒者相似，比如“无礼于诸侯”之类，这种地方的“礼”其实主要是指处事的态度，而非儒家的制度性建设。韩非谈礼，也是“三句不离本行”，最后指向的是“赏罚”：“夫善赏罚者，百官不敢侵职，群臣不敢失礼。”赏罚是法的具体手段，所以他把“礼”最终归结于“法”。就像他说到“忠”时，认为君王依法则臣不敢不忠；这里他把“善赏罚”作为臣子“不敢失礼”的保证，其逻辑走向是一致的。而他所谓的“礼”，实际上是要保障君王的绝对权威的。

韩非对战国诸家思想均有批判，而对儒家的批判是最全面、最系统的，由此也开启了中国历史上长达二千多年的儒法之争。

五、文章选读

说明：《韩非子·奸劫弑臣》的内容主要分两部分：前半是论防奸，后半是抨击“愚学”（实即儒学），此处节选的即是后半部分。儒家鼓吹“仁义惠爱”，反对“重罚严诛”，韩非认为这适足以“乱当世之治”，只有任用法术之士才能成就霸业。《韩非子·忠孝》对天下人习见的“孝悌忠顺之道”予以解剖式分析，儒家艳称的尧舜之圣在其笔下反成了“忠孝”罪人，从而解构了儒家之说，顺理成章地提出“上法而不上贤”的主张。

《韩非子·奸劫弑臣》（节选）

且夫世之愚学，皆不知治乱之情；讘詼[①]多诵先古之书，以乱当世之治；智虑不足以避阱井之陷，又妄非有术之士。听其言者危，用其计者乱，此亦愚之至大而患之至甚者也。俱与有术之士有谈说之名，而实相去千万也。此夫名同而实有异者也。夫世愚学之人比有术之士也，犹蚁垤[②]之比大陵也，其相去远矣。而圣人者，审于是非之实，察于治乱之情也。故其治国也，正明法，陈严刑，将以救群生之乱，去天下之祸，使强不陵弱，众不暴[③]寡，耆老得遂，幼孤得长，边境不侵，群臣相亲，父子相保，而无死亡系虏[④]之患，此亦功之至厚者也。愚人不知，顾以为暴。愚者固欲治而恶其所以治，皆恶危而喜其所以危者。何以知之？夫严刑重罚者，民之所恶也，而国之所以治也；哀怜百姓，轻刑罚者，民之

① 讘詼（niè jiá），多言。

② 蚁垤（dié），蚁窝上隆起的小土堆。

③ 暴，欺凌，侵害。

④ 系虏，被俘虏。

所喜，而国之所以危也。圣人为法于国者，必逆于世，而顺于道德。知之者，同于义[①]而异于俗；弗知之者，异于义而同于俗。天下知之者少，则义非矣。

处非道之位，被众口之谮，溺于当世之言，而欲当严天子而求安，几不亦难哉！此夫智士所以至死而不显于世者也。楚庄王之弟春申君有爱妾曰余，春申君之正妻子曰甲，余欲君之弃其妻也，因自伤其身以视[②]君而泣，曰："得为君之妾，甚幸。虽然，适[③]夫人非所以事君也，适君非所以事夫人也。身故不肖，力不足以适二主，其势不俱适，与其死夫人所者，不若赐死君前。妾以赐死，若复幸于左右，愿君必察之，无为人笑。"君因信妾余之诈，为弃正妻。余又欲杀甲而以其子为后，因自裂其亲身衣之里以示君而泣，曰："余之得幸君之日久矣，甲非弗知也，今乃欲强戏余，余与争之，至裂余之衣，而此子之不孝莫大于此矣。"君怒，而杀甲也。故妻以妾余之诈弃，而子以之死。从是观之，父之爱子也，犹可以毁而害也。君臣之相与也，非有父子之亲也，而群臣之毁言，非特一妾之口也，何怪夫贤圣之戮死哉！此商君之所以车裂于秦，而吴起之所以枝解于楚者也。凡人臣者，有罪固不欲诛，无功者皆欲尊显。而圣人之治国也，赏不加于无功，而诛必行于有罪者也。然则有术数者[④]之为人也，固左右奸臣之所害，非明主弗能听也。

世之学者说人主，不曰"乘威严之势以困奸邪之臣"，而皆曰"仁义惠爱而已矣"。世主美仁义之名而不察其实，是以大者国亡身死，小者地削主卑。何以明之？夫施与贫困者，此世之所谓仁义；哀怜百姓，不忍诛罚者，此世之所谓惠爱也。夫有施与贫困，则无功者得赏；不忍诛罚，则暴乱者不止。国有无功得赏者，则民不外务当敌斩首，内不急力田疾作，皆欲行货财，事富贵，为私善，

① 义，即上述严明法纪的治理原则。同于义，即赞同这一治国原则。

② 视，通"示"，给……看。

③ 适，顺从。

④ 有术数者，指法术之士。

立名誉，以取尊官厚俸。故奸私之臣愈众，而暴乱之徒愈胜，不亡何待？夫严刑者，民之所畏也；重罚者，民之所恶也。故圣人陈其所畏以禁其邪，设其所恶以防其奸，是以国安而暴乱不起。吾以是明仁义爱惠之不足用，而严刑重罚之可以治国也。无棰策①之威、衔橛②之备，虽造父不能以服马；无规矩之法、绳墨之端，虽王尔不能以成方圆；无威严之势、赏罚之法，虽尧、舜不能以为治。今世主皆轻释重罚严诛，行爱惠，而欲霸王之功，亦不可几③也。故善为主者，明赏设利以劝之，使民以功赏而不以仁义赐；严刑重罚以禁之，使民以罪诛而不以爱惠免。是以无功者不望，而有罪者不幸矣。托于犀车良马之上，则可以陆犯阪阻之患；乘舟之安，持楫之利，则可以水绝江河之难；操法术之数，行重罚严诛，则可以致霸王之功。治国之有法术赏罚，犹若陆行之有犀车良马也，水行之有轻舟便楫也，乘之者遂得其成。伊尹得之，汤以王；管仲得之，齐以霸；商君得之，秦以强。此三人者，皆明于霸王之术，察于治强之数，而不以牵于世俗之言；适当世明主之意，则有直任布衣之士，立为卿相之处；处位治国，则有尊主广地之实：此之谓足贵之臣。汤得伊尹，以百里之地立为天子；桓公得管仲，立为五霸主，九合诸侯，一匡天下；孝公得商君，地以广，兵以强。故有忠臣者，外无敌国之患，内无乱臣之忧，长安于天下，而名垂后世，所谓忠臣也。若夫豫让为智伯臣也，上不能说人主使之明法术度数之理，以避祸难之患，下不能领御其众，以安其国。及襄子之杀智伯也，豫让乃自黔劓，败其形容，以为智伯报襄子之仇。是虽有残刑④杀身以为人主之名，而实无益于智伯若秋毫之末。此吾之所下⑤也，而世主以为忠而高之。古有伯夷、叔齐者，武王让以天下而弗受，二人饿死首阳之陵。若此臣者，不畏重诛，不利重赏，不可以罚禁也，不可以赏使

① 棰策，马鞭。

② 衔橛，马嚼子。

③ 几，成功。

④ 刑，通“形”。

⑤ 下，轻视。

也，此之谓无益之臣也。吾所少而去也，而世主之所多[1]而求也。

《韩非子·忠孝》

天下皆以孝悌忠顺之道为是也，而莫知察孝悌忠顺之道而审[2]行之，是以天下乱。皆以尧、舜之道为是而法之，是以有弑君，有曲[3]于父。尧、舜、汤、武或反君臣之义，乱后世之教者也。尧为人君而君其臣，舜为人臣而臣其君，汤、武为人臣而弑其主、刑其尸，而天下誉之，此天下所以至今不治者也。夫所谓明君者，能畜其臣者也；所谓贤臣者，能明法辟[4]、治官职以戴其君者也。今尧自以为明而不能以畜舜，舜自以为贤而不能以戴尧，汤、武自以为义而弑其君长，此明君且常与[5]而贤臣且常取也。故至今为人子者有取其父之家，为人臣者有取其君之国者矣。父而让子，君而让臣，此非所以定位[6]一教[7]之道也。臣之所闻曰："臣事君，子事父，妻事夫，三者顺则天下治，三者逆则天下乱，此天下之常道也，明王贤臣而弗易也。"则人主虽不肖，臣不敢侵也。今夫上[8]贤任智无常，逆道也；而天下常以为治，是故田氏夺吕氏于齐，戴氏夺子氏于宋[9]。此皆贤且智也，岂愚且不肖乎？是废常、上贤则乱，舍法、任智则危。故曰："上法而不上贤。"

记[10]曰："舜见瞽瞍，其容造[11]焉。"孔子曰："当是时也，危哉！天下岌岌，有道者，父固不得而子，君固不得而臣也。"臣曰：孔子本未知孝悌忠顺之

① 多，称赞。
② 审，慎重。
③ 曲，弯，引申为忤逆。
④ 法辟，法律。
⑤ 与，交出权力。
⑥ 定位，确定名位。
⑦ 一教，统一教化。
⑧ 上，崇尚。
⑨ 戴氏指子罕，即皇喜。此句指宋子罕劫杀宋桓侯，自立为君的事。
⑩ 历史典籍上的记载。
⑪ 造，通"蹙"，局促不安。

道也。然则有道者，进不为主臣[①]，退不为父子耶？父之所以欲有贤子者，家贫则富之，父苦则乐之；君之所以欲有贤臣者，国乱则治之，主卑则尊之。今有贤子而不为父，则父之处家也苦；有贤臣而不为君，则君之处位也危。然则父有贤子，君有贤臣，适足以为害耳，岂得利焉哉！所谓忠臣，不危其君；孝子，不非其亲。今舜以贤取君之国，而汤、武以义放弑其君，此皆以贤而危主者也，而天下贤之。古之烈士[②]，进不臣君，退不为家，是进则非其君，退则非其亲者也。且夫进不臣君，退不为家，乱世绝嗣之道也。是故贤尧、舜、汤、武而是烈士，天下之乱术也。瞽瞍为舜父而舜放之，象为舜弟而杀之。放父杀弟，不可谓仁；妻帝二女而取天下，不可谓义。仁义无有，不可谓明。《诗》云："普天之下，莫非王土，率土之滨，莫非王臣。"信若《诗》之言也，是舜出则臣其君，入则臣其父，妾其母，妻其主女也。故烈士内不为家，乱世绝嗣；而外矫[③]于君，朽骨烂肉，施[④]于土地，流于川谷，不避蹈水火，使天下从而效之，是天下遍死而愿夭[⑤]也，此皆释世而不治是也。世之所为烈士者，离众独行，取异于人，为恬淡之学而理[⑥]恍惚之言。臣以为恬淡，无用之教也；恍惚，无法之言也。言出于无法，教出于无用者，天下谓之察。臣以为人生必事君养亲，事君养亲不可以恬淡；治人必以言论忠信法术，言论忠信法术不可以恍惚。恍惚之言，恬淡之学，天下之惑术也。孝子之事父也，非竞取父之家也；忠臣之事君也，非竞取君之国也。夫为人子而常誉他人之亲曰："某子之亲，夜寝早起，强力生财以养子孙臣妾"，是诽谤其亲者也。为人臣常誉先王之德厚而愿[⑦]之，是诽谤其君者也。非

① 进，指上朝。主臣，主之臣。此句谓上朝不做君主之臣。

② 烈士，有气节有壮志的人。

③ 矫，违逆，顶撞。

④ 施（yì），散布。

⑤ 愿夭，不怕早死。

⑥ 理，治，钻研。

⑦ 愿，羡慕。

其亲者知谓之不孝，而非其君者天下皆贤之，此所以乱也。故人臣毋称尧、舜之贤，毋誉汤、武之伐[①]，毋言烈士之高，尽力守法，专心于事主者为忠臣。

古者黔首悗密[②]蠢愚，故可以虚名取也。今民儇诇[③]智慧，欲自用[④]，不听上，上必且劝之以赏，然后可进；又且畏之以罚，然后不敢退。而世皆曰："许由让天下，赏不足以劝；盗跖犯刑赴难，罚不足以禁。"臣曰：未有天下而无以天下为者，许由是也；已有天下而无以天下为者，尧、舜是也；毁廉求财，犯刑趋利，忘身之死者，盗跖是也。此二者，殆物也。治国用民之道也，不以此二者为量。治也者，治常者也；道也者，道常者也。殆物妙言，治之害也。天下太上之士[⑤]，不可以赏劝也；天下太下之士[⑥]，不可以刑禁也。然为太上士不设赏，为太下士不设刑，则治国用民之道失矣。故世人多不言国法而言从[⑦]横。诸侯言从者曰："从成必霸"，而言横者曰："横成必王"，山东之言从横未尝一日而止也，然而功名不成，霸王不立者，虚言非所以成治也。王者独行谓之王，是以三王不务离合[⑧]而正，五霸不待从横而察，治内以裁外而已矣。

① 伐，功伐，功绩。
② 悗（mèn）密：勤勉，质朴。
③ 儇诇（xuān xiòng）：机灵而善伺人意。
④ 自用，自行其是，不接受别人的意见。
⑤ 太上之士，大好人，像许由那样的人。
⑥ 太下之士，大坏蛋，像盗跖那样的人。
⑦ 从，同"纵"。
⑧ 不务离合，不搞纵横活动。

第五讲 人性之恶

一、人性之争

“人之初，性本善”，《三字经》中的这六个字对我们中国人来说可谓是耳熟能详。然而人性到底是善还是恶？古今中外思想家都将此作为一个值得探讨的核心命题。

西方的人性恶观念根深蒂固，其来有自。西方文明有“原罪”概念，《旧约·创世纪》载人类始祖亚当和夏娃在伊甸园里受蛇的引诱，违背上帝旨意，偷吃了智慧树上的禁果，从而犯下大罪。人类因之具有原罪，人人生而有罪，连刚出生的婴儿也不例外。原罪存在于人的内心深处，经外力驱使即可显露。所显露出来的原罪之具体表征可用“七宗罪”来概括：傲慢、嫉妒、暴怒、懒惰、贪婪、暴食、好色，这些实际上是对人性普遍弱点的一种概括。西方思想家在探讨人性时不能不受此影响，如英国思想家托马斯·霍布斯坚定地认为人的本性是恶的，“人对人是狼”。这种观点把人性置于自然状态之中考察，趋利避害以及自我保全的自然人性决定了人与人之间的敌对状态，人性之恶也就成为必然。当然，西方思想家中也不乏主张人性善者，如法国启蒙思想家卢梭就认为“人天生是善良的，只是由于种种制度才变恶”，在自然状态下的人天生具有自爱心和怜悯心，这种认识与孟子的“人性善”思想颇为接近。

孟子认为人生来就是善的，“恻隐之心，人皆有之；羞恶之心，人皆有之；恭敬之心，人皆有之；是非之心，人皆有之。恻隐之心，仁也；羞恶之心，义也；恭敬之心，礼也；是非之心，智也。仁义礼智，非由外铄我也，我固有之也，弗思耳矣。”（《孟子·告子上》）孟子的“人性本善”论并非出于论证，而是来自生活体验：“今人乍见孺子将入于井，皆有怵惕恻隐之心。非所以内交于孺子之父母也，非所以要誉于乡党朋友也，非恶其声而然也。”（《孟子·公孙丑上》）这样的论述很难达到逻辑上的自洽，因为我们可以很轻易地举出反例，比如“见财起意”“见色思淫”之类。孟子持人性之善，有言说上的便利处。齐宣王问齐桓晋文之事，孟子将话题转移到“王天下”，并认为齐宣王完全能够做到。他从齐宣王不忍见牛作牺牲祭祀而易以羊这一小事谈起，论证齐宣王具备“不忍人之心”，是为善端，推而行之，即能够成就王业。孟子宣扬儒家之道，推崇仁政，其游说对象通常是诸侯王公，对这些统治者进言，没有相当的言说技巧根本无从打动他们。孟子的高明之处即在于挖掘他们身上哪怕极细微的善端，从而推演出自己的理论主张来，纵然他们不能实际施行，至少还能倾耳以听。“恻隐之心，仁之端也；羞恶之心，义之端也；辞让之心，礼之端也；是非之心，智之端也。人之有是四端也，犹其有四体也。有是四端而自谓不能者，自贼者也；谓其君不能者，贼其君者也。凡有四端于我者，知皆扩而充之矣，若火之始然，泉之始达。苟能充之，足以保四海；苟不充之，不足以事父母。”（《孟子·公孙丑上》）

荀子针对孟子的观点提出“人之性恶”。人之性，“生而有好利焉”，“生而有疾恶焉”，“生而有耳目之欲”，因此这个世界不能无争夺、伤害、杀戮和淫乱。人与人要相安无事并且和谐共存，必须接受师长的教化、礼义的约束、法度的管制。虽说荀子也是儒家，但他所处时代已经到了战国后期，诸侯兼并战争达到白热化的程度，诸侯们对仁政王道之说怕连听听的兴趣都没有了。荀子因应时代需要，直面人性之恶，强调礼法并举，为乱世开出一帖切实可行的药方。比较起来，孟子处于言说之场，以人性善为言谈之饵，诱引诸侯俯身倾听；荀子则处学术之场，以人性恶为立论之基，论证礼法之治的必要性。荀子的人性论虽然似乎没有在后世的儒学中获得首肯，但其实早已融化进制度建设，在漫长的历史进程中隐然前行。

性善说肯定人性中的光辉，引人上进，予人温暖；性恶说揭露人性中的黑暗，引人深思，令人警醒。然则诚如王国维所说，“哲学上之说，大多可爱者不可信，可信者不可爱”。性善说作为言说策略犹可，作为制度建设的依据则容易导向人治。德治的理论基础就是性善说，然而德治依赖统治者的自我修养自我约束，其本质是人治，与现代政治理念实不相合。性恶说为现代学术与制度的理论前提，然而也只是一种前置的人性假设，并不意味着人性之争得到彻底解决。人性之恶只宜防范而不宜宣扬，任何视性恶为当然而准之以行者都偏离了正确的方向。

韩非正是在这里走偏了。他继承了荀子的性恶说，但与荀子的理路不同。他不是由人性之恶导向积极的礼法干预，而是要利用人性之恶，以法术手段来实施统治。人性有恶，通过法律的实施来防范和化解，本来无可非议；韩非强化了法的震慑作用，以至于无所不至，片面强调严刑峻法，乃至覆盖道德领域，这就显得其说已经剑走偏锋。尤其令人不安的是，韩非提出"术"来制约"恶"，一方面他对人性之恶有着深刻的观察，另一方面他所谓的"督察术""控御术"等不过以君王之私来对付臣下之私，实乃以恶制恶，其流弊不可胜言。在第七讲中，我们还将对此做详细的论述。

对人性的探讨和争议在文学作品中有着更形象的反映。经典作家对人性往往怀有积极乐观的态度，我们可以看到雨果的《悲惨世界》里冉·阿让精神的沉沦与奋起，善良终究战胜邪恶；托尔斯泰的《复活》里聂赫留多夫诱奸少女玛丝洛娃后道德的返归与自我的完善；狄更斯的《雾都孤儿》奥列佛的人生经历尤其有力地证明人性之善根是多么的坚牢。奥列佛生于孤儿院，长于相当不堪的环境之中——孤儿院、棺材店乃至以费金为首的"贼窝"，但是其善念和高贵的品性始终不曾泯灭，在经历重重磨难后终于过上幸福生活。作家们一方面对社会的黑暗、人情的冷暖有着敏锐的观察，另一方面则努力通过人物形象的刻画塑造来凸显人性的光辉，因此经典作家笔下的主人公就常常会让人看到希望之光。在这一点上，现代作家的思考就与前不同了。英国现代作家、诺贝尔文学奖获得者威廉·戈尔丁的长篇小说《蝇王》以虚拟的第三次世界大战中一群困于荒岛的儿童经历来揭示人性之恶，其视角与结论迥异于前人。孩子是最天真无邪的一群人；世外荒岛环境优美、食物丰足，按理说这应该是建设世外桃源的理想契机。然而以拉尔夫为首的讲究秩序和民主的一群孩子，却败给了以杰克为首的崇尚野蛮之力的群体。孩子们纷纷堕落为嗜血的“野兽”，拉尔夫最后成为荒岛上异化了的孩子们的猎捕对象，要不是故事结尾英国皇家海军舰艇的救助，他的结局将会怎样是不难想见的。童心的泯灭、人性的黑暗在这部小说里得到最形象的展现，整部小说可说是西方历史社会的寓言化表述。经历过两次血流成河的世界大战，作家们对人性的信心显然没有了前人的乐观。法西斯统治的教训让人深思，为什么那么多的普通人会被法西斯思想洗脑，做出残酷的行为而不自以为非？人性的幽暗处到底有多么可怕？

1971年美国心理学教授菲利普·津巴多主持的斯坦福监狱实验可谓人性的一次测试，电影《死亡实验》就以此为依据进行改编。一群善良的普通人被人为分成“狱警”和“囚犯”两组进入实验场景，模拟两周的真实监狱生活。“狱警”在实验中获得管制的权力，而“囚犯”则必须服从。随着实验的展开，我们看到“狱警”开始滥用权力，甚至运用私刑；而“囚犯”在受到虐待以后也展开报复，“监狱”秩序陷入失控。实验结束了，人们不禁要思考到底是什么驱使剧中人做出迥异常态的行为？不受约束的权力对人性会产生深刻的蚀害，“恶”的种子一旦萌发就不可收拾。这个实验并不能证明人性天生是善还是恶，不过它揭示了人性的黑洞有多幽深，因而完善的制度建设尤显必要。另一部著名的小说改编电影《浪潮》的主题与此相似，说的是一位德国老师通过课堂实验的形式带领学生体验法西斯独裁制度的故事。从某种意义上说，这类实验验证的正好是卢梭的观点：人的本性是善的，人能够“自爱”以及“爱人”，然而在失控的权力统制情况下人就会被异化，乃至走向疯狂。

笔者认为，关于人性善恶的讨论并没有什么终极答案，无论是思想家还是艺术家都只是在一偏之说中挖掘人性的内涵，其意或在引出一种理论，或求其发人深省。我们的目标，应当是在深刻了解人性的基础上拓展我们的眼界，提高自己的理论思辨能力。

二、人性弱点

对人性恶的体会，韩非也许要比他人更为痛切。从首章所述的韩非生平中，我们可知他作为“韩之诸公子”实际上长久处于失势的地位，他一定从小见惯了形形色色的“宫斗”，可说是严酷的环境才淬炼出这么一位冷峻的法家大师。现代心理学告诉我们，少年的经历对人格的塑造、性格的养成、思想的发展都有着重大的影响。我们虽然无法确知韩非小时候生活的具体细节，但从他的《备内》《亡征》等文章中可以看到他非常熟悉宫廷斗争内情并对此有极为敏感的反应，正是他的原生环境决定了他对人性之恶有着极为切近的观察和感受。我们不妨说韩非是偏激的天才，这决定了他的法家理论确实具有“刻礉寡恩”的残酷性，但他对人性之恶的深刻描写着实有助于我们认识社会，让我们对这个世界的阴暗多一份警惕。如果说韩非的理论作为制度设计已经完成其时代使命，那么他在人性上的观察与思考则更具有普遍的意义，既能为我们理解中国数千年王朝史提供思想依据，也能让我们在现实中对人性的黑洞可能带来的影响予以足够的重视。刘备临终前曾告诫儿子阿斗，要多读《韩非子》等著作，因为这类书“益人神智”。其道理正在于此。诚如李泽厚先生所说，“在后代社会的日常经验和人情世事中，为什么读韩非的书可以‘益人神智’，大抵也在于它可以帮助人们去冷静地揭穿、看透那包裹着层层漂亮外衣下的冷酷事实和‘世人的真面目’吧”[①]。

荀子所谓的人性恶，是好逸恶劳、贪图感官享受之类，从某种意义上说多属于自然人性，是由人的生物属性决定的。而这种自然人性之恶可以通过社会规范予以约制，故荀子倡导礼、法，引人向善。韩非所谓的人性恶，则是自私自利，人与人之间没有感情、没有信任，只有互相算计和利用之类，正是战国后期

---

① 李泽厚：《寻求中国现代性之路》，东方出版社2019年版。

社会秩序崩坏、礼法约制失效状态下人的极端表现之反映，也有点类似西方古典经济学者提出的“经济人”假设。韩非理论体系中的奖惩“二柄”，即是“胡萝卜加大棒”政策，其出发点不在于矫正人性之恶，而是利用人性之恶达到善治的目的。那么，韩非眼中有哪些人性恶端或曰人性弱点呢？

1. 逐利

“天下熙熙，皆为利来；天下攘攘，皆为利往。”此语出自《史记·货殖列传》，是司马迁作为俗语引用的，可见其来历甚古，真是道尽人的经济本质。韩非更将其归纳为一种政治经济规则：“利之所在，民归之。”知道什么是民众所趋，也就把握住了统治的根本。问题是把“利”绝对化，视作人的全部的或唯一的驱动力，不仅失之偏颇，还会因此形成一种以“算计”为中心的统治思路。

我们在生活中确实可以看到不少“利之所在”而“民归之”的现象。韩非就从生活经验出发，观察到了渔夫蚕妇的“勇敢”：

> 鳣似蛇，蚕似蠋，人见蛇，则惊骇；见蠋则毛起。渔者持鳣，妇人拾蚕，利之所在，皆为贲、诸。（《韩非子·说林下》第二十三）

“贲”是孟贲，据说是卫人，“能生拔牛角”；“诸”是专诸，吴国刺客，曾为公子光刺杀吴王僚，是青史留名的侠客。“贲诸”是勇士的代名词，渔夫蚕妇对人之所畏的黄鳝（像蛇）或蚕（像毛毛虫）无所畏惧，外人看来行如“贲诸”，很是勇敢，韩非认为是利益驱使的结果。但这一现象换个角度看，却是渔夫对黄鳝、蚕妇对蚕有精准的识别，不至于混同蛇和毛毛虫，自然无须畏惧。如果站在韩非的立场来举例，我们觉得用唐代柳宗元的《捕蛇者说》更能说明问题。永州之野所产的“异蛇”应该是五步蛇，又称蕲蛇、百花蛇等，至今仍是令人胆寒的毒蛇，古往今来却有那么多的捕蛇人冒着生命危险去捕捉它。尽管柳宗元的立意在于说明“赋敛之毒，有甚是蛇者”，但在某种角度上笔者认为也

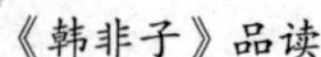

可以将其视作“利之所归”。因为即使在赋敛相对宽松的时期，也并不缺乏以捕毒蛇为业的人。毒蛇能给人带来厚利，在风险与收益的平衡中自然不乏走钢丝者。

只要社会有需求，即可产生相应的生产者，经济学中的供需定律即根基于人性中的逐利本质。在这种供需双方的博弈平衡中，确乎可以见到如下现象：

> 医善吮人之伤，含人之血，非骨肉之亲也，利所加也。故舆人成舆，则欲人之富贵；匠人成棺，则欲人之夭死也。非舆人仁而匠人贼也，人不贵则舆不售，人不死则棺不买。情非憎人也，利在人之死也。（《韩非子·备内》第十七）

医生对病人的无微不至的关怀与照顾是因为疗治病人能给其带来经济利益，而棺材店老板的生意兴隆则取决于疾疫死亡之人的增多。韩非的言外之意显然是，他们的行为是受其经济本性驱动的，无关乎道德。然而人之为人，还是需要在一定程度上超越经济本性的，为人有底线，职业有操守，我们需要强调以人为本的人文关怀。如医生作为职业工作者，当然有权取得相应的报酬；但是创收却不能成为医生的追求目标，社会之所以需要医生，是因为医生能够救死扶伤，解除人的病痛。同理，教师的任务是传道授业，也不能唯钱是图。甚至连以追求商业利润为主要任务的企业和公司，我们也强调要建立社会责任感。

在制度的层面上，通过利益分配的安排来调节社会资源是有其合理性的。韩非对此显然有很清醒的认识，比如雇佣关系中有这样的现象：

> 夫卖庸而播耕者，主人费家而美食，调布而求易钱者，非爱庸客也，曰：如是，耕者且深，耨者熟耘也。庸客致力而疾耘耕者，尽巧而正畦陌畦畤者，非爱主人也，曰：如是，羹且美，钱布且易云也。

此其养功力，有父子之泽矣，而心调于用者，皆挟自为心也。（《韩非子·外储说左上》第三十二）

“自为心”即自利心，庸客为自己谋利，但客观上给主人提供了优质服务；主人付出美食和金钱，但自己的土地得到深耕熟耘，保证了粮食的丰收。建立在以上观察和认识的基础上，韩非强调治国者应给予农民和战士充分的激励，因为耕战是一国之本，只有“禁游宦之民而显耕战之士”，才能保证国富兵强。否则，“所利非所用，所用非所利”，世道难免陷入混乱。

西方古典经济学有著名的“经济人假设”，经济人就是以完全追求物质利益为目的而进行经济活动的主体，人都希望以尽可能少的付出，获得最大限度的收获，并为此而不择手段。在著名的《国富论》中，亚当·斯密有这样的论述：我们每天所需要的食物和饮料，不是出自屠户、酿酒家和面包师的恩惠，而是出于他们自利的打算。这与韩非以上的论述可说十分相似。但是我们还要注意到，“经济人”只是人性的一方面，人除了有自利心，还有同情心、恻隐心、是非心等等，如果一味地用“自利”的眼光看待人，就无法理解侠客仗义行为，更不能理解仁人志士为救国而抛头颅洒热血，这个世界也就没有了温度，更无高尚可言了。遗憾的是，韩非正是以一种冰冷的眼光来察人观世的：

曾从子，善相剑者也。卫君怨吴王，曾从子曰：“吴王好剑，臣相剑者也。臣请为吴王相剑，拔而示之，因为君刺之。”卫君曰：“子为之是也，非缘义也，为利也。吴强而富，卫弱而贫。子必往，吾恐子为吴王用之于我也。”乃逐之。（《韩非子·说林上》第二十二）

曾从子要替卫君刺杀吴王，卫君认为他不过是个逐利之徒，吴国比卫国强大得多，搞不好反过来帮吴王来刺杀自己，因此就把他赶走了。若以此理推，那又该怎么理解专诸刺僚、荆轲刺秦等侠义之举呢？

即便如此，韩非对人性的这种冷峻观察还是有其积极意义的，尤其是对于涉世未深、对世界充满幻想的年轻人来说，有警醒其头脑的价值。即以前面这则故事为例，曾从子固然可能是个真正的侠客，但也有可能是个沽名钓誉之徒，卫君的做法有其合理之处。关键即在于，这个曾从子凭什么要来帮助卫君呢？我们不能不考察行为人的动机。曾从子平时为人如何，以前有何事迹，与其交往的是些什么人，谁来为其行为背书，这些都是值得考量的因素。只有知之慎，才能做出正确的决断。这世界没有无缘无故的爱，也没有无缘无故的恨，为人处世保持一定的警醒是有必要的。“贤主之所患，患人之博闻辩言而似通者。亡国之主似智，亡国之臣似忠。”（《吕氏春秋·疑似》）假冒之徒与真正的侠客在外在的表现上必定有诸多相似之处，《儒林外史》中张铁臂大开人头会，以“快意恩仇”为饵，哄得娄府两位公子乖乖掏出五百两银子。侠客不世出，骗子倒是时时而有。即如今日现实世界，推销保健品的小伙子小姑娘对空巢老人一口一个“阿姨”“叔叔”，问寒嘘暖，赛过亲生儿子闺女。一张嘴蜜里调油，其实盯着的却是老人口袋里的钱。骗子都精心揣摩过诈骗对象的心理，韩非这种冷峻风调恰可对症下药识破骗局。

人性是逐利的，然而逐利本身并不一定就是恶。以逐利为唯一目标才会产生恶，以逐利为唯一标准来看待事物则容易以“算计”之心衡量所有关系，导致人与人之间丧失基本的信任。韩非以当时社会中父母有“产男则相贺，产女则杀之”现象来证明“父母之于子也，犹用计算之心以相待也”，其实是以偏概全，杀女婴毕竟是个别的、局部的现象，否则整个社会就无以为继了。只有病态的社会或环境才会放大“逐利”的必然性，杀女婴的社会往往是生存状态特别恶劣或者其社会氛围处于非常蒙昧状态。再比如宫廷争斗中“利益”往往成为唯一的追逐目标，“后妃、夫人、太子之党成而欲君之死也，君不死则势不重。情非憎君也，利在君之死也。故人主不可以不加心于利己死者。”（《韩非子·备内》第十七）后世不断上演的一幕幕宫廷血腥斗争可以说进一步验证了韩非的论述。在绝对的利益面前，亲情撕裂，人性扭曲，生存是一场赤裸裸的利益竞争。这也提示我们反思其制度的弊端，专制统治在造成人间巨大的不公的同时也反噬着统治者自身。韩非视其为当然，就是走进了认识的误区，难怪他会得出荒谬的推断来：

霸王者，人主之大利也。人主挟大利以听治，故其任官者当能，其赏罚无私。使士民明焉，尽力致死，则功伐可立而爵禄可致，爵禄致而富贵之业成矣。富贵者，人臣之大利也，人臣挟大利以从事，故其行危至死，其力尽而不望。此谓君不仁、臣不忠，则不可以霸王矣。（《韩非子·六反》第四十六）

好个“君不仁、臣不忠，则不可以霸王”！一个建立在完全功利基础上而没有道德支撑的社会终究是难以为继的，秦王朝的短命即是其例。

2. 贪婪

如果说逐利不过是人性之常，难说其必恶，那么贪婪就毫无疑问属于人性中罪恶的渊薮之一。在西方的“七宗罪”中，贪婪与傲慢、嫉妒、暴怒、懒惰、暴食和色欲并列，成为人类的原罪表现之一。但丁的《神曲》中就有相关的表述，在地狱中犯七宗罪的人会受到相应的惩罚。而我们的儒圣孔子论从政需要具备的“五美”时说：“君子惠而不费，劳而不怨，欲而不贪，泰而不骄，威而不猛。”（《论语·尧曰》第二十）“贪”与“欲”相对，可见孔子对正常需要的“欲”持肯定态度。只有超越了人的正常需要，追求无底止的名、利、权等等欲望，所谓“欲壑难填”，才成为“贪”。贪念一起，人就会沦为欲望的奴隶，丧失理性的判断力，一叶障于前而不知森林，轻则害身，重则亡国。

在汉字中，“贪”字从“贝”，本义是贪财；“婪”字从“女”，本义是贪食。在生活条件大大改善的今天，贪食似乎算不上大罪过；但是因贪食而引起的肥胖问题也正困扰着许多人，以至于成为公众健康的焦点话题。说起来，贪食的本质是人对食物的欲望缺乏控制，即缺乏自制力。一般人对贪食的危害知之甚明，但对贪恋财物、权力等却往往缺乏自知之明，连精明的人也常堕于其中而不悟。我们会发现，随着财富的积累、权力的提升，欲望常会随之而膨胀，并最终沦为欲望的牺牲品。可以说，财富、权力具有异化人的本性的力量。哲人对此常抱警惕，如古罗马的贺拉斯就说，“随着财富的增加，忧虑和担心也接踵而来，对财富的渴求也越来越强烈”。

《韩非子·十过》篇列“顾小利”为“十过”（十种危害国家的行为）之一，“顾小利，则大利之残也”。贪图眼前的小利益，却伤害了根本的大利益。韩非所举的例子即著名的“唇亡齿寒”故事：晋献公想要假道于虞去讨伐虢国，以自己所乘的屈地产的良马以及垂棘之璧作为礼物来换取虞公的许可。屈产之乘与垂棘之璧的诱惑竟然使虞公拒绝宫之奇的谏言，借道给晋国灭了与自己辅车相依的虢国，最后自己也落得个亡国的下场，两件宝物则仍然归晋君所有。听故事的人只觉得虞公够蠢，竟然拿自己的国家命运去换取两件“奢侈品”，然而在虞公自己显然是把它们当作“天下至宝”的。晋君所珍爱的宝物竟然呈现在自己面前，虞公哪里想到收下这两件宝物会让自己失去国家呢？在贪婪的心理作用下，虞公只会让眼前的利益遮蔽根本的大利，从而做出错误的决断。

《十过》篇还列有“贪愎”，“贪愎喜利，则灭国杀身之本也”。所举的例子是春秋末晋国的智氏灭亡的故事：

昔者，智伯瑶率赵、韩、魏而伐范、中行，灭之。反归，休兵数年，因令人请地于韩。韩康子欲勿与，段规谏曰：“不可不与也。

> 夫知伯之为人也，好利而骛愎。彼来请地而弗与，则移兵于韩必矣。君其与之。与之，彼狃，又将请地他国，他国且有不听，不听则知伯必加之兵。如是，韩可以免于患而待其事之变。”康子曰：“诺。”因令使者致万家之县一于知伯。知伯说，又令人请地于魏。宣子欲勿与，赵葭谏曰：“彼请地于韩，韩与之，今请地于魏，魏弗与，则是魏内自强，而外怒知伯也。如弗予，其措兵于魏必矣。”宣子曰：“诺。”因令人致万家之县一于知伯。知伯又令人之赵请蔡、皋狼之地，赵襄子弗与。知伯因阴约韩、魏，将以伐赵。……号令已定，守备已具，三国之兵果至。至则乘晋阳之城，遂战，三月弗能拔。因舒军而围之，决晋阳之水以灌之，围晋阳三年。城中巢居而处，悬釜而炊，财食将尽，士大夫羸病。……张孟谈见韩、魏之君曰：“臣闻唇亡齿寒。今知伯率二君而伐赵，赵将亡矣。赵亡，则二君为之次。”二君曰：“我知其然也。虽然，知伯之为人也，粗中而少亲，我谋而觉，则其祸必至矣，为之奈何？”张孟谈曰：“谋出二君之口而入臣之耳，人莫之知也。”二君因与张孟谈约二军之反，与之期日。夜遣孟谈入晋阳以报二君之反。襄子迎孟谈而再拜之，且恐且喜。……至于期日之夜，赵氏杀其守堤之吏而决其水灌知伯军。知伯军救水而乱，韩、魏翼而击之，襄子将卒犯其前，大败知伯之军而擒知伯。知伯身死军破，国分为三，为天下笑。

智伯（瑶）身为晋六卿之首，联合韩、赵、魏三家灭了范氏、中行氏后不知收敛，继续向韩、魏索地并且如愿以偿，却在赵氏这里碰了钉子，于是故技重施，联合韩、魏向赵氏开战。就在赵氏破亡前夕，赵氏派张孟谈游说韩、魏二君，指出殷鉴未远，赵如灭亡则韩、魏继之，说服韩、魏二军反水，消灭了智氏。从此三家独大，瓜分了晋国，开启战国时代。我们如果了解下智伯生平，会发现他并非无能之辈，其为人勇毅，在军事上颇具天才，在智氏家族中堪称翘楚。他的贪愎好利特点是随着其政治军事的一步步成功而强化起来的，最终导致自我灭亡。由此可见，犯下致命错误的未必关乎智商，更多的是来自人性的弱点，而贪婪显然是人性弱点中相当致命的一种。

古今中外对人性贪婪的警示可谓多矣，毁于贪婪的人却一代代并未减少。我们熟知的普希金寓言叙事诗《渔夫和金鱼的故事》，讲述了一个贪婪的老太婆欲壑难平、得陇望蜀，最终仍然回归于一无所有。柳宗元有一篇短小的寓言《蝜蝂传》，借以批判贪婪的官员：

> 蝜蝂者，善负小虫也。行遇物，辄持取，卬其首负之。背愈重，虽困剧不止也。其背甚涩，物积因不散，卒踬仆不能起。人或怜之，为去其负。苟能行，又持取如故。又好上高，极其力不已，至坠地死。
>
> 今世之嗜取者，遇货不避，以厚其室，不知为己累也，唯恐其不积。及其怠而踬也，黜弃之，迁徙之，亦以病矣。苟能起，又不艾。日思高其位，大其禄，而贪取滋甚，以近于危坠，观前之死亡，不知戒。虽其形魁然大者也，其名人也，而智则小虫也。亦足哀夫！

明代散曲家朱载堉写过一首《山坡羊·十不足》，表现贪婪者的心态，与《渔夫和金鱼的故事》中的老太婆有异曲同工之妙：

> 逐日奔忙只为饥，才得有食又思衣。
> 置下绫罗身上穿，抬头又嫌房屋低。
> 盖下高楼并大厦，床前缺少美貌妻。
> 娇妻美妾都娶下，又虑出门没马骑。
> 将钱买下高头马，马前马后少跟随。

家人招下十数个，有钱没势被人欺。
一铨铨到知县位，又说官小职位卑。
一攀攀到阁老位，每日思想要登基。
一日南面坐天下，又想神仙下象棋。
洞宾与他把棋下，又问哪是上天梯？
上天梯子未做下，阎王发牌鬼来提。
若非此人大限到，上到天上还嫌低。

这些写尽了“人心不足蛇吞象”的世态人情。面对贪婪这一人性之陋，且慢嘲笑与感慨，我们也应直面自己内心深处的“小”，时时提醒自己在前进道路上不可贪心，所谓“知足常乐”，以幸福为人生根柢，而不是片面地追求所谓的“成功”。

3. 好色

西方的“七宗罪”中又有“好色”之罪。从宗教禁欲的观点看好色是万恶之源，然而男女之事实发天性，也是事关嗣续的大事，无法禁绝。“饮食男女，人之大欲存焉。”（《礼记·礼运》）“知好色，则慕少艾。”（《孟子·万章上》）我们的儒家先贤肯定人的正常欲望，只有后世理学家才鼓吹“存天理，灭人欲”。当孔子说出“吾未见好德如好色者”时，并未否定“好色”，反而是希望人们追求德义也能够像“好色”那样自然真诚。然而“色字头上一把刀”“英雄难过美人关”，“好色”既是人的自然本性，何以令无数哲人惕然生惧？

如果抽离社会性因素，“好色”只是人的一种本能反应，所以“饮食”与“男女”并列，为人的基本欲望。在社会分化不太明显的时期，比如原始社会中，因美色而引起的争端无非就是斗殴，持续时间不长，后果不会严重到哪里去。随着阶级社会的出现，美色作为稀缺资源受到经济政治等多方面的影响。古希腊著名的特洛伊战争，据说就是由漂亮女人海伦引起的；中国西周末周幽王

"烽火戏诸侯"，只为博美人褒姒一笑，导致了王朝的倾覆……当然这其中真正在起作用的还是王朝内部的政治逻辑，"美色"不过是事件的诱因。"红颜祸水"之说从女性角度看是个伪命题，不过在历史中"红颜"或曰"美色"是斗争焦点之一，"红颜祸水"倒是有其历史规律性在的。权力漩涡中"美色"毕竟不是冷冰冰的物，而是活生生的人，与诸种因素结合以后就会极大地释放其负面影响。在财富和地位作用下，对美色的不断占有形成"贪"；由此美与彼美的竞争而形成"妒"；因争夺美色而生出"怒"……"好色"之所以能够成为一股毁灭性力量，首先在于"美色"的物化，"美色"成为金钱与权力的追逐目标；其次在于"美色"的异化，"美色"之人参与到权力角逐游戏中，扭曲了游戏规则；再次则是"美色"有着高消耗性特点，耽于"美色"实能戕害性命，这在一定程度上也会改变权力游戏中的人物命运。

一般人的"好色"不过是一段感情或一段关系的纽结力量，可以十分美好浪漫；但是在权力场中"好色"的负面影响不容小觑。韩非对"好色"造成的政治失衡有着非常清楚的认识，他有个著名的"太子未生"论断：

> 郑君问郑昭曰："太子亦何如？"对曰："太子未生也。"君曰："太子已置而曰'未生'，何也？"对曰："太子虽置，然而君之好色不已，所爱有子，君必爱之，爱之则必欲以为后，臣故曰'太子未生'也。"（《韩非子·内储说下》第三十一）

在明知太子已置的情况下却说"太子未生"，就是因为君王好色，难免出现废立王后之举，则太子之位并非稳固不移。我国古代社会一般对于废立之事（废君、废后、废太子）极为慎重，权力继承基本采用"嫡长子继承制"，目的就是避免出现权力纷争，对政权造成威胁。只是在韩非所生活的战国后期，祖宗礼法处于崩溃状态，各国的政治生态大多相当混乱，君王也少能自我约束，"太子未生”之类的现象较为普遍。

说到底，造成权位震荡、威胁政权命运的还是当权者自己的人性之恶。韩非说得很清楚：“丈夫年五十而好色未解也，妇人年三十而美色衰矣。以衰美之妇人事好色之丈夫，则身死见疏贱，而子疑不为后。”（《韩非子·备内》第十七）男女的生理差异本来是适应人类族群的繁衍而存在的：女性负责生育，需要在身体状态最佳时候为后代提供母体；男性提供“种子”，要在最大范围内延续自己的基因。这种生理上的差异到宫廷中恰恰成为潜在的不安定因素。“孽有拟适之子，配有拟妻之妾，廷有拟相之臣，臣有拟主之宠，此四者国之所危也。”（《韩非子·说疑》第四十四）“拟适之子”与“拟妻之妾”的产生其实都是君王本身“好色”不止的结果。韩非竭力为专制制度张本，欲为终结乱世提供一个方案，却不知被他置于最高地位的君王恰恰最容易受人性之恶侵蚀，君王好色不已又处于权力链的顶端，一系列问题乃得以产生。《韩非子》中因色乱国的典型例证有骊姬谗杀太子申生。骊姬是春秋时期晋献公之妃，妖艳而阴险。为让自己生的儿子奚齐立为太子，她在献公面前挑拨离间，迫使太子申生自杀，公子重耳和夷吾被迫逃亡。晋国陷入长期的政局混乱，直到重耳回国继位为晋文公才告结束。战国时期此类事例甚多，《韩非子》中记载的有楚怀王宠妃郑袖干乱朝政、春申君妾余谗杀正妻及子等等。也有个别事例缺乏细节，无法在正史中稽考，如在（《韩非子·内储说下》第三十一）中记录了骊姬之事后，接着就有如下一条：“郑君已立太子矣，而有所爱美女，欲以其子为后。夫人恐，因用毒药贼君，杀之。”基于这些历史观察，韩非才得出“万乘之主，千乘之君，后妃、夫人、适子为太子者，或有欲其君之蚤死者”的结论。战国以降，因后妃太子之乱而造成政局动荡的例子时有所闻，我们不能不佩服韩非对人性的洞察之深，同时也不得不认识到韩非在制度设计上的漏洞。

4. 恐惧

恐惧是人类的一种心理状态，也可以说是一种情绪体验，是人们面临某种

危险时担惊受怕的压抑性情绪，体现了安全感缺失状态下人的保护性反应。恐惧能算是人性之恶吗？从以上的定义来看应该不算。然而在现实中，因恐惧而释放出的恶常常是不可估量的。且看韩非讲的一则故事：

子圉见孔子于商太宰。孔子出，子圉入，请问客。太宰曰："吾已见孔子，则视子犹蚤虱之细者也。吾今见之于君。"子圉恐孔子贵于君也，因谓太宰曰："君已见孔子，亦将视子犹蚤虱也。"太宰因弗复见也。（《韩非子·说林上》第二十二）

子圉向商太宰推荐孔子，太宰见完孔子很兴奋，在子圉面前直言"你这种人跟孔子比起来渺小如蚤虱"，表示要向国君推荐孔子。子圉想不到自己是这种结果，便用太宰的逻辑警告他："国君要是见到了孔子，恐怕看你也会渺小得如同蚤虱了吧。"太宰觉得有理，便断了引荐孔子的念头。这则故事实在妙极，道尽小人心思！贤人为何得不到重用？原因在于"武大郎开店"，只招比自己矮的。当某人只在意自己的权位时，他最担心的就是有人威胁到他的利益，于是想方设法将有可能超越他的能人压制在下面。这种由恐惧产生的恶有时能够犯下令人发指的罪行，比如曹操逃亡途中投奔故交吕伯奢，因怀疑对方图谋自己而杀其全家。原因即在于曹操处于草木皆兵的心理状态中，安全感极度缺失，很容易产生过激反应。

恐惧和贪婪其实经常是交相为用的。贪于利益故求索无已，而财富权位积累得越多，就越害怕失去，恐惧心使其贪婪行为愈益无法控制。这大概也是贪官们共同的心理逻辑吧！孔子对此有着精准的论述："其未得之也，患得之；既得之，患失之；苟患失之，无所不至矣。"（《论语·阳货》第十七）"患得患失"这一成语即出于此，在这一心理状态下是难于保持清醒的头脑的。如股市，按理说其规则至为简明，"买低卖高"即可。但是炒股的人少有始终清明者。盖其中人的行为逃不脱“贪婪”和“恐惧”两极心理，上涨时获利已然可观，在贪婪心理作用下往往企盼更高收益，从而坐失良机；在市场下跌时生怕踏空，踩踏式出逃，则是恐惧的心理在起作用。

韩非是很擅长于利用人性弱点来施行其统治术的，比如从人们逐利的特点出发施行奖励制度。他自然也深知恐惧之妙用，通过各种手段来让臣下心生恐惧，从而巩固君王的统治。所谓“明君无为于上，群臣竦惧乎下”（《韩非子・主道》第五），韩昭侯就善于故弄玄虚，“吏以昭侯为明察，皆悚惧其所而不敢为非”（《韩非子・内储说上》第三十）。在他看来，人有恐惧心，方能以刑治乱。否则的话，“民不畏死，奈何以死惧之？”（《老子》第七十四章）可惜韩非不曾看到，自己主张的严刑重罚政策被秦王朝运用到极致，出现“民不堪命”的局面，真的走向了刑治的反面：过严的刑法激起人民的强烈反抗，一个个豁出命来反暴政，强大的秦王朝居然在数年间灭亡。

5. 偏听偏信

谚云：“兼听则明，偏信则暗。”偏听偏信可以说是人情之常，我们在生活中经常可以观察到。比如韩非所讲的这个故事：

> 宋有富人，天雨墙坏，其子曰：“不筑，必将有盗。”其邻人之父亦云。暮而果大亡其财。其家甚智其子，而疑邻人之父。（《韩非子・说难》第十二）

同样一件事，只相信自己亲近的人所说，却不愿相信别人的明智之言，这在心理学上属于“确认偏误”。人有一种选择性地注意和吸收信息的本能，依凭这种本能建立起来的事实或真相往往是片面而武断的。明哲之人都会努力避免这种“确认偏误”造成的偏信，通过“兼听”的方式使自己走出误区，从而做出正确的判断。对于执政者来说，这种明哲的兼听尤为重要，因为所涉及的事项通常是关乎国家利益的大事，极需全面而审慎的考虑。

造成偏听偏信的因素有两个。一是当事者的认识水平。由于我们前面提到的“确认偏误”，人总是倾向于看见（听见）自已想看（听）的世界，并且进而以自己看见的世界来想象别人。以上“智子疑邻”的故事即是典型例证，宋富人在听到关于坏墙的议论前已经有了对儿子和邻居的“定见”，同样的话听在耳里就起了完全不同的效果。二是制度性的症结。普通人当然一样会偏听偏信，然而掌权者由于其高高在上的地位，总有人会刻意地迎合他，这就相当于强化了他的“确认偏误”，出现偏听偏信的可能性就大大增加了。又如春申君偏信爱妾而弃妻杀子的事：

> 楚庄王之弟春申君有爱妾曰余，春申君之正妻子曰甲，余欲君之弃其妻也，因自伤其身以视君而泣，曰：“得为君之妾，甚幸。虽然，适夫人非所以事君也，适君非所以事夫人也。身故不肖，力不足以适二主，其势不俱适，与其死夫人所者，不若赐死君前。妾以赐死，若复幸于左右，愿君必察之，无为人笑。”君因信妾余之诈，为弃正妻。余又欲杀甲而以其子为后，因自裂其亲身衣之里以示君而泣，曰：“余之得幸君之日久矣，甲非弗知也，今乃欲强戏余，余与争之，至裂余之衣，而此子之不孝莫大于此矣。”君怒，而杀甲也。故妻以妾余之诈弃，而子以之死。（《韩非子·奸劫弑臣》第十四）

春申君被爱妾所欺，偏听偏信导致弃正妻杀亲子，酿成一场人伦惨剧，与其单方面地指责妾余的谗险，不如反思婚姻制度的不合理。正是由于妻妾制度的存在导致妻妾利益的冲突，才使此类悲剧一再上演。如果说春申君之祸还只限于家内，则“骊姬之乱”就及于国家了，而其实质是一样的，晋献公宠幸骊姬，才使骊姬谗言得进。他们都是听了单方面的谗言，不做进一步的深入调查，感情用事，做出愚不可及的傻事来。

三、人伦世道

在韩非的人性恶预设下，人与人的关系面临着严峻的挑战，无论是夫妻之间、父母子女之间、还是君臣之间，都呈现出与儒家描绘图景完全不同的样貌。儒家信奉的是“爱”，由此而推衍为敬爱、慈爱、忠爱、仁爱等等，人伦关系讲究秩序分明和谐统一。韩非信奉的是“利”：君臣之间不过以利益相合；夫妻之间就算有爱也不持久，尤其经不得利益的冲击；父母子女总该讲爱了吧，韩非还是看到其中仍有“计算之心”。这样的人伦图景显然是冰冷彻骨的，不过我们还是不必对其一棍子打死，韩非对人伦关系的分析和处理，仍有其清醒洞明的一面，值得我们借鉴。

1. 夫妻关系

“夫妻者，非有骨肉之恩也，爱则亲，不爱则疏。”（《韩非子・备内》第十七）韩非一语道尽夫妻关系的本质。古代社会夫妻之间的结合虽然并不以“爱”为前提，但是家庭生活的融洽和谐程度仍然取决于爱的多少。在底层的家庭关系中，夫妻由于命运与共、休戚相关，“爱”的滋生也是自然而然的事。即便这样，还有“夫妻本是同林鸟，大难来时各自飞”的俗谚，说明夫妻关系在某种程度上确实比较脆弱，其紧密与否完全取决于爱的程度。《韩非子・内储说下》记载了一则“夫妻祷者”的故事：

> 卫人有夫妻祷者而祝曰：“使我无故，得百束布。”其夫曰：“何少也？”对曰：“益是，子将以买妾。”

这是一则让人哑然失笑的夫妻趣事。夫妻二人求神道保佑，妻子的愿望是平平安安无灾无祸，最好再发一笔小财（百束布）。丈夫觉得求一次神，这要求也太低了。妻子说：“要是再多点，你就会去买妾了。”看来这妻子对自己丈夫

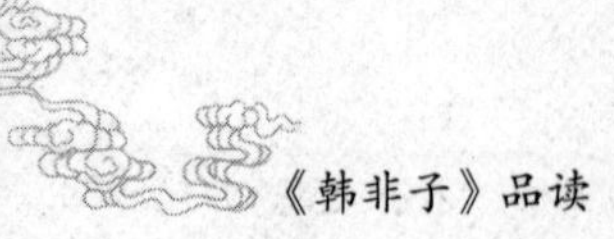

的德性深为了解，所以宁可穷一点也不愿失去夫妻对等的地位。

在古代家庭中伤害夫妻感情最深的就是这纳妾制度。在名义上，纳妾为的是承续宗祧，但事实上给男人增添了合法增加性伴侣的机会，是男女地位不平等的典型表现。在这种情况下，夫妻之爱尤其显得不可靠，难怪卫人妻宁愿受穷也不愿丈夫纳妾了。在封建婚姻关系中，妾虽无妻那样的社会与经济地位，但妾多年轻漂亮，这是妾相对于妻的最大优势，足以对夫妻感情构成致命威胁。在上文春申君被妾余所欺而致弃妻杀子的人伦悲剧中，妾余凭借的就是自己对春申君情感的控制力。如果春申君与正妻的感情足够好，妾自然就无从进谗。如果说普通家庭里妻妾并存可能造成家庭秩序失衡甚至人伦悲剧的话，那么帝王之家这一矛盾更容易激化为政治悲剧，而这才是韩非最为关注的。

君王的至高无上地位决定了其后宫佳丽三千的现实处境，她们用韩非的术语来说就是“同床”：“贵夫人，爱孺子，便僻好色，此人主之所惑也。托于燕处之虞，乘醉饱之时，而求其所欲，此必听之术也。为人臣者内事之以金玉，使惑其主，此之谓‘同床’。”（《韩非子·八奸》第九）君有所爱，即有所溺，很容易让奸人乘隙而入。这种缺口的打开往往就是国家陷入混乱、政治趋于昏暗的开始。韩非认为“八奸”之一的“同床”是一种后或妃挟私向君王施加影响的方式，其实围绕后妃的斗争存在数种力量博弈：君与后、君与妃、后与妃、妃与妃、君与外戚等，在不同时代不同历史条件下呈现出纷繁的乱局。前文我们已经提过春秋时期的骊姬之乱，是由于君王偏爱宠妃而易置太子造成的大乱；而外戚干政则在许多朝代都是政治上的痼疾，即在号称封建盛世的汉唐时代也不能幸免。君王的一己爱恶居然成为时代盛衰的转捩点，专制者最终因专制而遭反噬，不能不说是制度的死结，并非像韩非认为的那样加以防范即可解决。“人主之患在于信人。信人，则制于人。……为人主而大信其子，则奸臣得乘于子以成其私，故李兑传赵王而饿主父。为人主而大信其妻，则奸臣得乘于妻以成其私，故优施傅丽姬，杀申生而立奚齐。夫以妻之近与子之亲而犹不可信，则其余无可信者矣。”（《韩非子·备内》第十七）连最亲近的妻与子都不可信任，君王称为“孤家寡人”真是名副其实的了。可是君王并非机器人，根本不可能做到无嗔无喜；就算真要决绝到一无信任——且不说能不能做到——距众叛亲离也就不远了。

韩非曾经用夫妻关系来说明专制的必要：“一家二贵，事乃无功。夫妻持政，子无适从。”（《韩非子·扬权》第八）如果我们抛开制度利弊的考虑，仅仅从家庭生活角度来看其论述的话，其实还是挺有生活智慧蕴含在内的。套用俄国文豪托尔斯泰的话，“幸福的家庭都是相似的，不幸的家庭各有各的不幸”。相似的幸福家庭不外乎夫妻和睦，子女孝顺，而做到这一点的关键应该是家庭民主，凡事有商量。但这是理想的状态，实际上现实中的幸福家庭往往是夫妻双方中有人善于容让，避免争执升级，才最终得保太平和睦。在现实生活中，追求家庭生活中夫妻的绝对平等常常不切实际，除了要恪守夫妻双方人格平等的底线，在家庭事务上一般总得有人作主，“拿大梁”。只要在家庭中达成默契，“夫唱妇随”也可，“妇唱夫随”也可，最忌讳的就是“一家二贵”。夫妻对一件事持不同意见，如果不能本着民主原则好好商量讨论，却是互不容让，相互指责，这样的家庭难免鸡飞狗跳，生活一地鸡毛。

2. 亲子关系

我们常常说，这个世界上最伟大、最无私的爱就是父母对子女之爱，尤其是母爱，更令古往今来无数作家为之歌咏赞叹。然而在韩非看来，亲子关系也并非那么纯洁无瑕，其实处处渗透着利益的计算。韩非让人感觉冷酷之处，莫此为甚。我们设身处地地想想，也许韩非在童年受到过来自家庭的伤害？这也并非不可能，他所成长的环境远非常人之所处。他对亲子关系的观察又由其时代的历史文化特点决定，并非全出于偏激之言。比如，由于物质生活的贫乏、生存压力极大，底层民众在子女问题上会考虑得比较现实；又如，古代多子女的家庭结构形式难免会产生父母偏爱现象，重男轻女是由古代的经济文化因素决定的，疼爱少子则与人的心理发展规律分不开……有偏爱就有利益的分配不均，韩非从功利角度分析亲子关系，也算是一种独特视角吧。

韩非说："父母之于子也，产男则相贺，产女则杀之。此俱出父母之怀衽，然男子受贺，女子杀之者，虑其后便，计之长利也。"（《韩非子·六反》第四十六）杀女婴的陋俗由来已久，但终究是极少数现象，也可说是重男轻女的极致表现。确实，同样是父母所生，厚此薄彼的原因在哪里？还不是功利心在作怪！传统社会里的所谓"养儿防老"，不也是一种功利的计算吗？与杀女婴现象相比，也只是五十步与一百步的差距罢了。"人为婴儿也，父母养之简，子长而怨；子盛壮成人，其供养薄，父母怒而诮之。子、父，至亲也，而或谯或怨者，皆挟相为而不周于为己也。"（《韩非子·外储说左上》第三十二）亲子间的这种互相责怨，在今天的社会里也并未绝迹。这自然也算人性恶的一种表现。对此，我们不妨这样说，亲子间有着骨肉联系，爱是很自然的感情，亲子之爱确实是纯粹的天性。但这种天性在受到外界因素干扰下，也会扭曲变形。最重大的干扰就是生存压力，这在古代社会尤为严峻。当卖子鬻女也成为普遍现象之时，就是社会到了极端不公濒临崩溃的地步。父母对子女的爱固然是无私的，但总要受到物质条件的限制，也会受社会文化环境的影响，甚至也与父母自身的道德水平、心理状态等相关联，这就呈现出种种"功利"状态。但是不管怎样，父母之爱明显强过子女对父母的爱，这或许可从生物学的角度得到解释。出于基因延续的原因，父母对子女的爱可以是单向度的、不求回报的，这也正是父母之爱的无私、伟大之处。我们再反过来看，子女对父母的感情当然也有发乎天性的部分，却更容易受"功利"的影响而变形。儒家倡导"孝"，从某种意义上说恰恰反证"孝"之难，如果"孝"是轻而易举的，也就不需要大力弘扬了。有些谚语如"久病床前无孝子"反映出令人心酸的人伦悲哀，其实多数病根还是在功利层面上。用现代人的理念来看，通过制度建设来实现"老有所养""幼有所教"，不让功利因素成为阻碍亲情的推手，反而更容易让亲子实现无羁绊的相亲相爱。试想，在一个福利完备的养老无忧、抚幼无压力的社会里，人们或许能够释放出最大的善来。

韩非不遗余力地否定攻击儒家的“仁治”，而儒家“仁治”的发源在于人伦中的亲子之爱，韩非不可避免地会对亲子之爱进行连带攻击。儒家讲的是“推爱而治”，所谓“老吾老以及人之老，幼吾幼以及人之幼”，于是韩非就讲即使爱如父母也无法保证家庭永远和睦，甚至还会培养出逆子来。可见从根本上说，韩非并不否认父母对子女的爱，他否定的是只用爱并不能有效治家：

> 母之爱子也倍父，父令之行于子者十母；吏之于民无爱，令之行于民也万父母。父母积爱而令穷，吏用威严而民听从，严爱之策亦可决矣……故母厚爱处，子多败，推爱也；父薄爱教笞，子多善，用严也。（《韩非子·六反》第四十六）

世人有“严父慈母”之说，而社会上确实常见溺爱出败子现象，倒是严格的家教能够培养出有出息、懂感恩的孩子来。韩非拿“爱”比儒家的仁政，拿“严”比法家的“法治”，孰高孰下，一目了然：

> 今有不才之子，父母怒之弗为改，乡人谯之弗为动，师长教之弗为变。夫以父母之爱，乡人之行，师长之智，三美加焉而终不动，其胫毛不改；州部之吏，操官兵、推公法而求索奸人，然后恐惧，变其节，易其行矣。故父母之爱不足以教子，必待州部之严刑者，民固骄于爱，听于威矣。（《韩非子·五蠹》第四十九）

“不才之子”就是不孝之子、败家子，通常是溺爱的产物，父母对这样的孩子往往束手无策。乡里的谴责、师长的教诲对他也不起作用，但面对法律惩罚

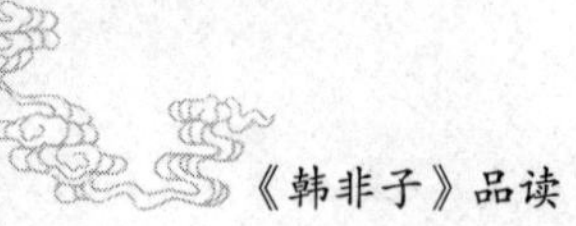

时却改行易节了。既然父母之爱未必能够教育好子女，自然也不可能用仁爱来治国："夫以君臣为如父子则必治，推是言之，是无乱父子也。人之情性，莫先于父母，皆见爱而未必治也，虽厚爱矣，奚遽不乱？"（《韩非子·五蠹》第四十九）

韩非的这套理论立足于治国，有其合理处，也自有其局限。我们在此仅将眼光局限于亲子关系，还是值得听取韩非的意见的。用现代的理念来看亲子关系，仍然会把"爱"置于首位，父母之爱是孩子安全感的保证，也是孩子成长的精神养料。但是爱要得法，无节制的爱只会摧毁孩子。爱之就要为之计长远，严于习惯培养、严于纪律约束，恰恰是爱孩子的表现。当然，用打、用吼的方式来管教孩子，其实不能算是"严"，而是家长情绪的失控。这样的方式也许能够一时奏效，却会有严重的后遗症。我们以之来反观韩非的理论，就可以发现他的"严刑酷法"也许更接近于父母的这种打骂式管教，收效只在一时。

3. 朋友关系

《韩非子·说林下》记载着这么一则故事：

> 晋中行文子出亡，过于县邑。从者曰："此啬夫，公之故人。公奚不休舍，且待后车？"文子曰："吾尝好音，此人遗我鸣琴；吾好珮，此人遗我玉环：是振我过者也。以求容于我者，吾恐其以我求容于人也。"乃去之。果收文子后车二乘而献之其君矣。

中行文子在逃亡中路过一位老朋友家，从者提醒他可以在此稍做休整，他却果断地率车离开了。因为这位朋友当初对他献媚，他喜欢什么就送什么，是一位以利相交的朋友。当年为了利益可以向他献媚，现在当然也可以为了利益出卖自己。果然，这人截住了文子最后两辆车，向国君邀功去了。

这则故事很有韩非的独特韵味。首先是他将利益作为观察一切关系的根本，朋友关系自不例外。世上应有真友谊，他看到的偏偏是利禄之交。见真友谊者必然看重共同的信仰与道义，若视世间尽为利禄之徒，就不免过于愤世嫉俗。而这正是韩非的特色，人为财死，鸟为食亡，是他对这个世界的基本判断。基于此，他对人际关系的观察有一种冷冽的清醒。落难时刻投故人，这是一般人的自然选择，而韩非则看到其中潜伏着危险。“君子之交喻于义，小人之交喻于利”，后半句在韩非这里得到极清晰的说明，韩非对小人的种种勾当实在是太清楚了。像他这样的人注定会孤独，“荷戟独彷徨”。即使幽独如庄子，尚有惠施这样的道不同却能敞怀论道的友人，而韩非所见唯有陷阱、暗箭乃至明枪。他自己不就是最终倒在老同学李斯的谗口之下吗？我们当然不必跟着韩非亦步亦趋，但他对人性的这种不信任还是提醒着我们要警惕世路险峻。我们相信友谊，相信真爱，不妨碍我们欣赏韩非的清醒。世上尽有披着友谊画皮的鬼蜮，尽有号称真爱的蛇蝎，我们拒绝沦为他人掌中物，保护好我们自己，是我们继续善良的前提。

4. 君臣关系（上下关系）

在专制社会里，君臣关系是最大的上下关系，在君臣关系中适用的原则当然也可以应用在上下关系中。臣服于君、下从于上，这种似乎天经地义的规则有什么合法性正当性？儒家是以家庭为中心，从亲子关系的血肉相连出发来强调子孝于亲的必要性，以此推论臣忠于君的正当性，“君父”之称连用，便是一例。君仁臣忠，为君者仁爱御下、为臣者忠爱于君，是儒家眼中理想的君臣关系。韩非要破儒家的仁爱之说，连亲子间的爱都要加以嘲讽（总算没有完全否定），更不信君臣之间可以用什么“爱”来联结。然而他所鼓吹的专制制度恰恰最需要君臣之间的紧密配合——没有臣的扶持帮衬，君将寸步难行，其号令无从执行。韩非把“利”视作君臣之间的纽结点，所谓“无利不起早”，臣图君之利，君图臣之力。韩非在此提出一个重要的判断：君臣不同利，即君臣之间不存在共同的利益。且看韩非的阐述：

臣主之利相与异者也。何以明之哉？曰：主利在有能而任官，臣利在无能而得事；主利在有劳而爵禄，臣利在无功而富贵；主利在豪杰使能，臣利在朋党用私。（《韩非子·孤愤》第十一）

这显然与主流儒家观点极其相左。在儒家那里，君臣有共同的使命和任务，或是“安天下”，或是“利万民”。而在韩非看来，“霸王者，人主之大利也”“富贵者，人臣之大利也”（《韩非子·六反》第四十六），“君臣之利异，故人臣莫忠，故臣利立而主利灭”（《韩非子·内储说下》第三十一）。没有一个臣子是真正忠于国君的，他们只会谋求私利。君臣各怀其利，又怎么能够走到一起去呢？韩非的逻辑非常清奇，“主卖官爵，臣卖智力”，君臣就是一种交易关系。这正是韩非对人性逐利本质的政治化推论，他解构了儒家政治的崇高，还之以赤裸裸的经济本质。

君凭借什么来与臣子交易呢？曰权柄，曰势重。“君执柄以处势，故令行禁止。柄者，杀生之制也；势者，胜众之资也。”（《韩非子·八经》第四十八）“明主之治国也，任其势。”（《韩非子·难三》第三十八）君王拥有权柄、势重，才得以用官爵来羁縻、笼络天下士人。对君王来说，一方面要认识到自己的这种地位优势，另一方面更要利用自己的优势主动地向臣子“开价”。在韩非眼里，善于“开价”的君王才是懂得治国的。“圣人之所以为治道者三：一曰利，二曰威，三曰名。”（《韩非子·诡使》第四十五）“利”放在第一位，用“利”来诱引天下人为其服务，是君王的基本统治之道。反之，“有土之君，说人不能利，恶人不能害，索人欲畏重己，不可得也”（《韩非子·八说》第四十七）。韩非以君臣交易为说，可是如果臣不愿意与君交易怎么办呢？韩非说：

> 夫驯乌者断其下翎焉。断其下翎，则必恃人而食，焉得不驯乎？夫明主畜臣亦然，令臣不得不利君之禄，不得无服上之名。夫利君之禄，服上之名，焉得不服？（《韩非子·外储说右上》第三十四）

他以“驯乌者”为喻，把“利君之禄”的臣子驯得服服帖帖才是君王的追求，臣子连选择“不利”的权利都没有。当然，总是会有人不愿受君王羁勒，“夫见利不喜，上虽厚赏无以劝之；临难不恐，上虽严刑无以威之；此之谓不令之民也”（《韩非子·说疑》第四十四）。对于这些“不令之民”，韩非认为无用于世，不如杀之，暴露出专制制度的残酷性。

在韩非看来，不怕臣子贪婪，倒怕士人无欲无求。在我国的专制王朝史上，倒是颇多这样的例子。比如宋太祖赵匡胤“杯酒释兵权”，劝石守信等功臣宿将多置歌儿舞女“享受人生”。贪官不足惧，一时不至于影响他赵家王朝基业；骄将却很可能随时要了他的命。难怪他在丞相赵普家意外发现外地进贡来的一坛瓜子金（也就是贿金），完全不以为意，轻蔑地说，人家还真以为天下事决定在你们这些书生之手？尽管放心收下好了。我们读中国历史，会发现一些功勋卓著者为避免引起帝王猜忌，采取疯狂敛财的方式来“自污”，反而获得善终，汉初萧何就曾运用过这一自保策略。

当然，臣子贪婪，并不必然有利于君。从某种意义上说，贪官是在与君王“争利”。如果不至于影响王朝稳固，君王可以不理会臣子的贪贿之行；一旦构成威胁，自然不会再加容忍。君王可以容忍某几个自己偏爱的人饭碗里丰盛些，却绝不容忍他人从自己的碗里抢走酒肉。既然君臣以利相交，注定他们之间要互相算计。所以，“君以计畜臣，臣以计事君”（《韩非子·饰邪》第十九），就是天经地义的事。其实这话主要还是说给君王听的，韩非的意思是臣子无时不刻在谋私利，君王需要时时提防。我们应注意，韩非并非赞同臣子贪贿，他只是说臣子贪贿不足惧，或者说贪婪是人的本性，予以重视并加以扼制就好。如果真从臣子角度考虑，既然“人臣之情非必能爱其君也，为重利之故也”（《韩非子·二柄》第七），那么作为人臣应该守护好自己的那份利益。韩非主张“处官者毋私，使其利必在禄”（《韩非子·八经》第四十七），也就是官员不能谋取私利，他们的利益只能表现在俸禄上。官员是冲着利益来为君王服务的，君王给的利益只能局限于俸禄，那么这份俸禄就得有足够的吸引力。韩非说过一个“公仪休嗜鱼”的故事，经常被人引用来作为官员戒贪的教材：

> 公仪休相鲁而嗜鱼，一国尽争买鱼而献之，公仪子不受。其弟谏曰：“夫子嗜鱼而不受者，何也？”对曰：“夫唯嗜鱼，故不受也。夫受鱼，必有下人之色，有下人之色，将枉于法；枉于法，则免于相。虽嗜鱼，此不必致我鱼，我又不能自给鱼。即无受鱼而不免于相，虽嗜鱼，我能长自给鱼。”（《韩非子·外储说右下》第三十五）

公仪休喜欢吃鱼，却不接受别人送鱼给他。凭他的地位和收入，满足这一嗜好毫无问题；倒是收了鱼后不免“吃人家的嘴软”，说不定连自己的地位都不保，那可真的连鱼也吃不成了。这个故事可以说很能够体现韩非的思想，因为他倡廉的着眼点不是廉洁自律的精神，而是权衡利益，守法才能让官员保有最大利益，那么贪贿就是一件愚蠢的事了。今天的官员确实可以从这则故事中明白为官的原则：不取利于民。如果官员能够牢记“手莫伸，伸手必被捉”的告诫，权衡掂量利弊得失，也就能够守住底线了。

再延伸之，既然“学成文武艺，货与帝王家”，为臣子者的利益来源只能是帝王，臣子为自身利益着想也必须全心全意地服务于君王。《韩非子·外储说右下》载田鲔教其子田章曰：“欲利而身，先利而君；欲富而家，先富而国。”先国后家、先君后己，在韩非这里不是什么崇高的精神，而是利益计算的自然结果。这对我们今天的反腐也是有启示意义的，即要让腐败成本大到贪官无法承受，使他们断绝侥幸之念。

四、文章选读

说明：《韩非子·八奸》是揭露臣子为谋私利可能采取的八种手段，在韩非思想体系中当属“治奸术”部分，从中也反映了韩非对人性的深刻观察。“同床”之夫人爱妾、“在旁”之宠优近习乃至“父兄”之类血缘近亲，都成为威胁君王的力量。利之所在，亲情荡然，则人性之幽暗可知。《韩非子·备内》篇将此意发挥得更为淋漓尽致，后妃、夫人乃至亲生骨肉，竟至于“欲其君之早死”，不能不说是专制体制下的残酷人伦。韩非基于政治斗争实践和历史观察得出人性恶结论，虽然难免偏颇，但自有其血淋淋的教训意义。

《韩非子·八奸》

凡人臣之所道成奸者有八术：一曰同床。何谓同床？曰：贵夫人，爱孺子①，便僻②好色，此人主之所惑也。托于燕处之虞③，乘醉饱之时，而求其所欲，此必听之术也。为人臣者内事之以金玉，使惑其主，此之谓“同床”。二曰在旁。何谓在旁？曰：优笑侏儒④，左右近习⑤，此人主未命而唯唯，未使而诺诺，先意承旨⑥，观貌察色，以先主心⑦者也。此皆俱进俱退，皆应皆对，一辞同轨以移主心者也。为人臣者内事之以金玉玩好，外为之行不法，使之化其主，此之谓“在旁”。三曰父兄。何谓父兄？曰：侧室公子，人主之所亲爱也；大臣

---

① 孺子，贵妾。

② 便僻，谄媚逢迎的人。

③ 燕，通“晏”，虞，通“娱”。燕处之虞，指君王退朝后的生活安逸快乐。

④ 优笑，以歌舞、诙谐供统治者取乐的人，其中也包括侏儒。

⑤ 近习，君主宠爱亲信的侍从。

⑥ 在君主的意思没有表达出来前就按他的意图去办事。

⑦ 先主心，事先摸到君主的心意。

廷吏，人主之所与度计也。此皆尽力毕议，人主之所必听也。为人臣者事公子侧室以音声子女[①]，收大臣廷吏以辞言，处约言事[②]，事成则进爵益禄以劝其心，使犯其主[③]，此之谓“父兄”。四曰养殃。何谓养殃？曰：人主乐美宫室台池，好饰子女狗马以娱其心，此人主之殃也。为人臣者尽民力以美宫室台池，重赋敛以饰子女狗马，以娱其主而乱其心，从其所欲而树私利其间，此谓“养殃”。五曰民萌[④]。何谓民萌？曰：为人臣者散公财以说民人，行小惠以取百姓，使朝廷市井皆劝誉己，以塞其主而成其所欲，此之谓“民萌”。六曰流行。何谓流行？曰：人主者固壅[⑤]其言谈，希于听论议，易移以辩说。为人臣者求诸侯之辩士，养国中之能说者，使之以语其私，为巧文之言，流行之辞，示之以利势，惧之以患害，施属虚辞以坏其主，此之谓“流行”。七曰威强。何谓威强？曰：君人者，以群臣百姓为威强者也。群臣百姓之所善则君善之，非群臣百姓之所善则君不善之。为人臣者聚带剑之客，养必死之士，以彰其威，明为己者必利，不为己者必死，以恐其群臣百姓而行其私，此之谓“威强”。八曰四方。何谓四方？曰：君人者，国小则事大国，兵弱则畏强兵，大国之所索，小国必听；强兵之所加，弱兵必服。为人臣者重赋敛，尽府库，虚其国以事大国，而用其威求诱其君；甚者举兵以聚边境而制敛于内，薄者数内[⑥]大使以震其君，使之恐惧，此之谓“四方”。凡此八者，人臣之所以道成奸，世主所以壅劫[⑦]，失其所有也，不可不察焉。

明君之于内也，娱其色而不行其谒，不使私请。其于左右也，使其身必责[⑧]

① 子女，美貌的少女。
② 处在事情的关键时刻叫他们向君主进言。约，紧要，关键。
③ 犯，触犯，干扰。犯其主，指影响君主的决策。
④ 民萌，即民氓，指民众。
⑤ 固壅，闭塞。
⑥ 内，通“纳”。
⑦ 壅劫，指被蒙蔽挟持。
⑧ 责，责求，引申为考察。

其言，不使益辞[①]。其于父兄大臣也，听其言也必使以罚任于后[②]，不令妄举。其于观乐玩好也，必令之有所出，不使擅进擅退，不使群臣虞[③]其意。其于德施也，纵禁财[④]，发坟仓[⑤]，利于民者必出于君，不使人臣私其德。其于说议也，称誉者所善，毁疵者所恶，必实其能，察其过，不使群臣相为语。其于勇力之士也，军旅之功无逾赏，邑斗之勇无赦罪，不使群臣行私财。其于诸侯之求索也，法则听之，不法则距之。

所谓亡君者，非莫有其国也，而有之者皆非己有也。令臣以外为制于内，则是君人者亡也。听大国，为救亡也，而亡亟[⑥]于不听，故不听。群臣知不听，则不外诸侯；诸侯之不听，则不受之臣诬[⑦]其君矣。

明主之为官职爵禄也，所以进贤材、劝有功也。故曰：贤材者处厚禄，任大官；功大者有尊爵、受重赏。官贤者量其能，赋禄者称其功。是以贤者不诬能[⑧]以事其主，有功者乐进其业，故事成功立，今则不然，不课[⑨]贤不肖，不论[⑩]有功劳，用诸侯之重，听左右之谒，父兄大臣上请爵禄于上，而下卖之以收财利及以树私党。故财利多者买官以为贵，有左右之交者请谒以成重[⑪]。功劳之臣不论，官职之迁失谬。是以吏偷[⑫]官而外交，弃事而财亲。是以贤者懈怠而不劝，有功者隳而简其业，此亡国之风也。

---

① 益辞，夸大其词。

② 任，担保。“任于后”指对后果进行担保。

③ 虞，猜度。

④ 禁财，君主府库中的财物。纵禁财，即发放公府财物。

⑤ 坟仓，大仓库。

⑥ 亟（jí），急，快。

⑦ 诬，欺骗。

⑧ 诬能，虚夸其才能。

⑨ 课，考核。

⑩ 论，评定。

⑪ 重，权势。

⑫ 偷，苟且，惰慢。

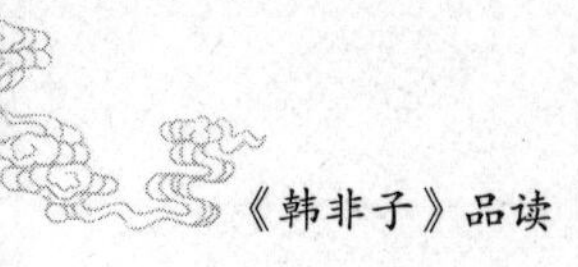

《韩非子·备内》

人主之患在于信人。信人，则制于人。人臣之于其君，非有骨肉之亲也，缚于势[1]而不得不事也。故为人臣者，窥觇其君心也无须臾之休，而人主怠傲处其上，此世所以有劫君弑主也。为人主而大信其子，则奸臣得乘[2]于子以成其私，故李兑傅赵王[3]而饿主父。为人主而大信其妻，则奸臣得乘于妻以成其私，故优施傅丽姬，杀申生而立奚齐。夫以妻之近与子之亲而犹不可信，则其余无可信者矣。

且万乘之主、千乘之君，后妃、夫人、適[4]子为太子者，或有欲其君之蚤死者。何以知其然？夫妻者，非有骨肉之恩也，爱则亲，不爱则疏。语曰："其母好者其子抱。"然则其为之反也，其母恶者其子释。丈夫年五十而好色未解也，妇人年三十而美色衰矣。以衰美之妇人事好色之丈夫，则身见疏贱，而子疑不为后，此后妃、夫人之所以冀其君之死者也。唯母为后而子为主，则令无不行，禁无不止，男女之乐不减于先君，而擅万乘[5]不疑，此鸩毒扼昧[6]之所以用也。故《桃左春秋》曰："人主之疾死者不能处半。"人主弗知，则乱多资[7]。故曰：利君死者众，则人主危。故王良爱马，越王勾践爱人，为战与驰。医善吮人之伤，含人之血，非骨肉之亲也，利所加也。故舆人成舆，则欲人之富贵；匠人成棺，则欲人之夭死也。非舆人仁而匠人贼[8]也，人不贵则舆不售，人不死则棺不买。情非憎人也，利在人之死也。故后妃、夫人、太子之党成而欲君之死也，君不死则势不重。情非憎君也，利在君之死也。故人主不

① 缚于势，迫于权势。
② 乘，凭借，利用。
③ 赵王指赵惠文王，赵武灵王的小儿子。
④ 適，通"嫡"。
⑤ 擅，专，独掌。擅万乘，指独掌国家的权力。
⑥ 扼昧，暗害。
⑦ 资，凭借。
⑧ 贼，狠毒。

可以不加心于利己死者。故日月晕围于外，其贼在内，备其所憎，祸在所爱。是故明王不举不参[①]之事，不食非常之食；远听而近视，以审内外之失；省[②]同异之言，以知朋党之分；偶[③]参伍之验，以责陈言之实；执后以应前，按法以治众，众端以参观[④]。士无幸赏，无逾行[⑤]；杀必当，罪不赦；则奸邪无所容其私矣。

徭役多则民苦，民苦则权势起，权势起则复除[⑥]重，复除重则贵人富。苦民以富贵人，起势以藉人臣，非天下长利也。故曰：徭役少则民安，民安则下无重权，下无重权则权势灭，权势灭则德在上矣。今夫水之胜火亦明矣，然而釜鬵[⑦]间之，水煎沸竭尽其上，而火得炽盛焚其下，水失其所以胜者矣。今夫治之禁奸又明于此，然守法之臣为釜鬵之行[⑧]，则法独明于胸中，而已失其所以禁奸者矣。上古之传言，《春秋》所记，犯法为逆以成大奸者，未尝不从[⑨]尊贵之臣也。然而法令之所以备，刑罚之所以诛，常于卑贱，是以其民绝望，无所告愬。大臣比周[⑩]，蔽上为一，阴相善而阳相恶，以示无私，相为耳目，以候主隙。人主掩蔽，无道[⑪]得闻，有主名而无实，臣专法而行之，周天子是也。偏借其权势，则上下易位矣，此言人臣之不可借权势也。

① 参，参伍之验，用事实加以验证。
② 省（xǐng），察看，检查。
③ 偶，并列，对比。
④ 考察多方面的情况以对照察看。
⑤ 逾行，指违反法制的行为。
⑥ 复，免除徭役；除，免除赋税。
⑦ 鬵（xín），古代的一种锅。
⑧ 指执法的臣子起了锅鼎那样的阻隔水火的作用。
⑨ 从，出于。
⑩ 比周，紧密勾结，结党营私。
⑪ 道，由，从。

以法治国

春秋以降，中国社会渐入乱境，以周公礼乐为核心的社会秩序面临严峻考验。孔子毕其生为恢复周礼而奔走不暇，终究难阻历史车轮滚滚向前。进入战国，乱局有增无已，周天子名存实亡，列国战争此起彼伏，规模越来越大。战国七雄混战，谁能并天下而治之，一时无法定论。这是生灵涂炭的黑暗时代，却也是中国思想的黄金时代。激烈的社会变化打破了贵族阶层固有的一成不变局面，士阶层遂崛起于其中。他们既需要紧紧依附各国权贵以图生存发展，又目睹沧海横流朝不保夕，他们在思考：理想的社会究竟该是怎样的？乱世为战国之士提供了自由的思想空间，古国文明的积累至此获得精神上的爆发，形成“百家争鸣”的格局。思想在碰撞中升华，各家都交出了自己为这一世界设计的理想社会图景。

儒家有感于礼乐的崩坏，统治者的残暴，民生的凋敝，提出以“仁爱”为核心的统治理念。足食养民，修德养君，国富而兵强，四方来朝，可不战而屈人。他们显然是一群理想主义者。道家对社会不抱乐观态度，他们惩于人欲之无底止，提出想要终结纷争，当回归小国寡民状态。民心朴拙，君德归厚，政治以无为至上，天下可不治而治。他们在社会观上是倒退论者，多立足于旁观而不屑厕身于政治实践，以出世身保持精神之完足、头脑之清醒，却不能挽狂澜于既倒。墨家是热诚的入世者，尚兼爱，非攻伐，主张思想统一，重用贤人，崇尚节俭，反对厚葬。他们愿做现世的侠客，也建立起自己的严密组织，却不自觉地站到了统治者的对立面，在政治环境中的声音越来越弱。纵横家讲合纵连横，积极参与政治外交活动，宜有所为，却只知为个人衣食谋而至于朝秦暮楚，又兼言辞浮夸，不堪承担真正的家国之任。其他如农家立足农业生产发展、提倡君子与民并耕，兵家在实践中发展军事理论、讲究克敌制胜，名家研究名实关系，阴阳家以术数与阴阳之说建构宇宙图式……多为专门之学，甚至是纯粹的思辨之学，不足以论及社会制度的全面建构。在政治变革、治国方略上始终保有热情、堪与儒家比肩的先秦学派非法家莫属。他们不是以信仰、道德为基点而是以政治实践为根基，从管仲、子产等杰出政治家的实践中淬炼出若干法家思想精髓，再经法家的思想家、实践家李悝、吴起、商鞅、慎到、申不害等的发展，至韩非而集大成。凡治国所涉之法律、经济、军事以及行政管理种种无不详备，为社会治理提供了一个可行性很强的方案，而揆其要义，则在于以法治国。

一、法治要义

当代社会的法治是以民主为前提和基础的，用宪法规定国家的根本制度和国家生活的基本原则，法律在国家政治中占据主导地位，政府权力受到法律制约，社会活动严格依法运行，法律面前人人平等。当代法治的思想源泉主要在西方古希腊哲学家的经典论述中：

> 古希腊哲学家亚里士多德在其《政治学》一书中最早提出“法治”思想。认为在法治社会中所有治者与被治者都是自由公民，都是平等的，都享有法律上的平等权利，即使是统治者也不敢为所欲为，也要受到法律的监督。因此法治是最好的统治。他还揭示了“法治”一词的三项规定：一、为了公众的利益或普遍的利益而实行的统治；二、是守法的统治；三、法治意味着对自愿的臣民的统治。资产阶级的思想家和政治家强调“法治”，并将法治与民主联系在一起，用来反对封建君主统治和封建等级特权，主张“法律至上”、“法律面前人人平等”。[①]

先秦法家标举的“法治”显然与我们今天讲的法治并不一样。其根基不是民主而是专制，其目标主要是制约臣民而不是君主。法家的“法治”是作为儒家

① 卢之超主编:《马克思主义哲学大辞典》，中国和平出版社1993年版。

“礼治”“德治”的对立面而出现的，是春秋以来周代传统治理模式失效以后法家人士在政治活动中摸索得出的治国理念。他们重视法的作用，主张“任法而不任智”，要求“以法为教”“以吏为师”，强调“民一于君，事断于法”，以此来维护统治秩序，建设强盛的专制国家。相对于以往封邦建国、靠宗族血缘来维系统治的模式，法家的法治理念适应时代的需求，为迎接大一统的帝国积累了思想和制度经验，有其时代的进步性。我们不可能要求这些法家前贤也具备今人的民主意识，但他们的立法之“意”，却仍有与今相通之处，值得我们借鉴思考。

1. 公开性

君主设法，为的是使民众知所趋避，依据法律来调整自己的行为。法律应向民众公开，这是韩非坚持的法治原则之一：

> 法者，编著之图籍，设之于官府，而布之于百姓者也。……故法莫如显，……是以明主言法，则境内卑贱莫不闻知也。（《韩非子·难三》第三十八）

“法莫如显”，只有让社会上每一个人都清楚地知晓法律的规定，才能最大程度地发挥法律的效用。公开性的另一表现是必须以成文法的形式存在，即所谓“编著之图籍”。口头告谕百姓当然也是一种“公开”，事实上在民智未开的古代社会里对底层民众几乎只能通过口头方式来让其了解国家的法律规定，但是成文法的形式仍然极有必要。这不仅因为社会阶层的分布是层级式的，一地的百姓总有与之密切接触的识文断字的人，可能是吏，也可能是落魄士人；更因为成文法的形式给予民众一种信心，他们会视成文法为来自官府（或君王）的契约，法律不仅约束民众，也在约束官府，约束那些执行法律的人。文字自诞生以来即被赋予一种魔力，事物一经书写即获得某种意义上的“永恒”，即后世所谓的“白纸黑字”。成文法的意义即在于以一种确定不变的姿态昭告天下，不仅民众受其约束，法律的执行者乃至制定者都在一定程度上受到约束。

法的公开性对今人来说是不言而喻的，但在先秦时代并非不证自明的铁律。在中国法制史上，成文法的正式颁布是以公元前536年郑国“铸刑书”和公元前513年晋国“铸刑鼎”这两个历史事件为标志的。此前的商周社会“议事以制，不为刑辟”，奴隶主贵族沿袭传统的“议事”方式，依据的是习惯和成法，几乎与原始氏族社会处理纠纷的方式并无二致。它能满足生产力低下、生产关系简单的社会之组织管理，却无法适应日渐复杂纷乱之社会。春秋晚期两次铸刑鼎的事件充分说明成文法的颁布受到相当强的阻力，同时又说明历史发展的趋势无法改变。在郑国子产第一次“铸刑书”时，晋国叔向提出了严厉的质询，然而二十多年后晋国也终于在赵鞅等主持下铸起了刑鼎。这次同样招致孔子、蔡史墨等人的批评，认为是晋国将亡的先兆。我们比较下这两次颁布成文法所受到的批评，就更容易理解法的公开性之必要。先看看晋叔向对郑子产的质难：

> 昔先王议事以制，不为刑辟，惧民之有争心也……民知有辟，则不忌于上。并有争心，以徵于书，而徼幸以成之，弗可为矣！……“国将亡，必多制”，其此之谓乎？①

公开法令会让百姓知道何为可何为不可，不必时时仰贵族之鼻息，且可能引用法令来反质贵族，客观上降低了贵族的权威性。法律条文不可能巨细无遗地规定一切，一旦公开确实存在解释的空间，而这解释的权力却因法律的公开而不再为贵族所独擅。我们再看孔子对郑国“铸刑鼎”的非议：

> 晋其亡乎！失其度矣。夫晋国将守唐叔之所受法度，以经纬其

① 《春秋左传注》“昭公六年”，中华书局1990年版，第1276页。

民，卿大夫以序守之，民是以能尊其贵，贵是以能守其业。贵贱不愆，所谓度也。文公是以作执秩之官，为被庐之法，以为盟主。今弃是度也，而为刑鼎，民在鼎矣，何以尊贵？贵何业之守？贵贱无序，何以为国？[①]

所谓“民在鼎”，即“民察鼎以知刑”。这对贵贱秩序产生冲击，导致“贵贱无序”。从局部来看，这种成文法的颁布对旧有秩序具瓦解作用，确实可能导致国家的“乱亡”；但从大势而言，成文法的颁布对旧贵族增强了制约能力，相当程度解放了民众身上无形的束缚，有利于生产力发展，因而是一种历史的必然。

我国古代又有“悬法象魏”之说。据《周礼·秋官·大司寇》载：“正月之吉，始和布刑于邦国都鄙，乃县刑象之法于象魏，使万民观刑象，挟日而敛之。”象魏本是指古代宫廷门外的阙门。周制，天子、诸侯宫门皆筑台，台上起屋，谓之台门。台门两旁有双观巍然高立，即为象魏。大司寇于正月初一将法令悬挂在象魏，供万民观看学习，十日之后收走。“悬法象魏”之制始于成周，看来比“铸刑书（鼎）”要早得多，为什么不把它视作正式颁布的成文法呢？事实上，高悬的“刑象之法”的意义主要在于宣示，而非普遍告知，也就谈不上有多少公开性，仪式感强过实际价值。而且在叔向那里明明已经说过先王“议事以制，不为刑辟”，所以“悬法象魏”不能作为正式颁布的成文法来看待。

法令既然要公开，就要尽可能地翔实。韩非说：“书约而弟子辩，法省而民讼简。是以圣人之书必著论，明主之法必详事。”（《韩非子·八说》第四十七）各家经典如果书写得太简约，弟子尚且要争论不休；法律如果过于简省，老百姓就会聚讼不已，轻慢法律。前文我们论述到法的公开带来解释的空

① 《春秋左传注》“昭公二十九年”，中华书局1990年版，第1504页。

间，这空间在专制时代是不可能像现代一样供律师驰骋的，韩非认为应尽可能通过翔实的规定来补足法律的疏漏。虽然其实可能挂一漏万，但也是韩非面对法律公开可能产生的问题的一种应对之道。

2. 公正性

追求公平公正是法律的基本价值取向，但是何为公正？每个时代的理解却并不一样。今天我们都接受“法律面前人人平等”这样的法律公正观，不管一个人的地位有多高、财富有多大，触犯法律就要受到制裁。但是在先秦奴隶制时代里，贵族阶层显然不可能与庶人来讲“平等”。“礼治”的核心在于宗法等级制度，不同的阶层有相应的行为规范和典章礼法，一丝也错乱不得。春秋以降，以周天子为核心的“周纲”渐趋崩解，所谓“礼崩乐坏”是也。以管仲、子产为首的一批政治家在实践中逐渐意识到法律在治理中的作用应予加强，并最终在战国形成一派讲求法治、强化集权统治的学说即法家学说。在原来的宗法礼治格局里，层级虽分明，但上下间仅维持松散的联系，横向的软性礼法约束要强过纵向的硬性管制，讲究的是“各守其分”；而在新兴的诸侯争霸氛围里，国与家皆变灭无常，强大如秦等诸侯国意识到集权的重要，逐渐将层级松散的控制改为君主直接派出官僚管理地方郡县的集权统治。在以君主为中心的集权政治格局下，号令全国（天下）的只有代表君主意志的法令，这一法令自君主以下都得遵守，不得有例外。这就是法家所推崇的以法治国，它对法律的公正性提出了崭新的要求：

> 法不阿贵，绳不挠曲。法之所加，智者弗能辞，勇者弗敢争。刑过不避大臣，赏善不遗匹夫。故矫上之失，诘下之邪，治乱决缪，绌羡齐非，一民之轨，莫如法。属官威名，退淫殆，止诈伪，莫如刑。（《韩非子·有度》第六）

韩非提出了他那个时代最大限度的“公正观”：法不阿贵。除了君主外，任何地位的人都应接受法律制约。也许有人会质疑，为什么君主可以高高在上不受法律制约呢？原因即在于韩非不可能解决法律的权力来源问题，在他那个时代君主就是权力之源，而我们现代人则视人民为权力之源。君主据“势”，依仗的就是其至高无上的地位，因此是唯一的权力中心。我们所能知道的我国古代最公正的执法原则要数“王子犯法，与庶民同罪”，却不可能出现“天子犯法与庶民同罪”的说法。王子说到底还是“臣”，哪怕将来会变成“君”，在父王面前也只能俯首称臣。类似的事例在《韩非子·外储说右上》中有记载：

> 楚王急召太子。楚国之法，车不得至于茆门。天雨，廷中有潦，太子遂驱车至于茆门。廷理曰：“车不得至茆门。非法也。”太子曰：“王召急，不得须无潦。”遂驱之。廷理举殳而击其马，败其驾。太子入为王泣曰：“廷中多潦，驱车至茆门，廷理曰‘非法也’，举殳击臣马，败臣驾。王必诛之。”王曰：“前有老主而不逾，后有储主而不属，矜矣！是真吾守法之臣也。”乃益爵二级，而开后门出太子。勿复过。

楚王不因太子哭诉而处罚秉公执法的廷理，已经算是难得的贤君了，即使“开后门出太子”，也算是在尊重法律。不过此例于史无证，倒是在秦国主持变法的商鞅确实对太子运用过法律武器。太子在守旧派诱使下破坏新法，商鞅便依法处理。太子不能直接受罚，商鞅便惩处了太子的老师公子虔和公子贾。如此一来，新法在秦国就扎住了根。法家提倡的这一公正原则在历史上很少能彻底贯彻实施，但作为法治的基本原则，至少在舆论层面得到了肯定。我们可以《史记》上的一则记载再作说明：

> 顷之，上行出中渭桥，有一人从桥下走出，乘舆马惊。于是使骑捕，属之廷尉。释之治问。曰："县人来，闻跸，匿桥下。久之，以为行已过，即出，见乘舆车骑，即走耳。"廷尉奏当，一人犯跸，当罚金。文帝怒曰："此人亲惊吾马，吾马赖柔和，令他马，固不败伤我乎？而廷尉乃当之罚金！"释之曰："法者天子所与天下公共也。今法如此而更重之，是法不信于民也。且方其时，上使立诛之则已。今既下廷尉，廷尉，天下之平也，一倾而天下用法皆为轻重，民安所措其手足？唯陛下察之。"良久，上曰："廷尉当是也。"（《史记·张释之列传》）

汉文帝在出巡时抓捕了一位犯惊驾之罪的乡下人，交给廷尉张释之处理。张释之依据律令，犯跸之罪处罚金若干。汉文帝不满，意欲处死其人。张释之的辩解很耐人寻味。他认为如果在那人犯驾之时，天子在盛怒中下令处死也就罢了；既然交给廷尉按法律处理，就应遵循法律的公正性原则，"法者天子所与天下公共也"，必须秉公处理，不能凭天子的喜怒来加减赏罚。上引这句加了着重号的话，有人理解为"法律是天子和天下人都要共同遵守的"，法律规定犯惊驾之罪处以罚金，天子就不应擅作更改。但如此理解的话就无法解释"方其时，上使立诛之则已"的说法。因此"法者天子所与天下公共也"中的"与"字不可解为"和"，而应解释为"给予"，法律是天子制定出来交给天下人去共同遵守的，法律面前人人平等，但不包括天子。我们理解专制时代的法律公正性，不能脱离时代局限去无限发挥，同时又可从其法意获得对我们时代有益的启示。

坚持法律的公平公正，不仅可以保障守法者的利益，违法者亦将心服口服。韩非说："有罪者必诛，诛者不怨上，罪之所生也。"（《韩非子·难三》第三十八）他还说过这样一个故事：

> 孔子相卫，弟子子皋为狱吏，刖人足，所跀者守门。人有恶孔子于卫君者，曰："尼欲作乱。"卫君欲执孔子。孔子走，弟子皆逃。子皋从出门，跀危引之而逃之门下室中，吏追不得。夜半，子皋问跀危曰："吾不能亏主之法令而亲跀子之足，是子报仇之时也，而子何故乃肯逃我？我何以得此于子？"跀危曰："吾断足也，固吾罪当之，不可奈何。然方公之狱治臣也，公倾侧法令，先后臣以言，欲臣之免也甚，而臣知之。及狱决罪定，公憱然不悦，形于颜色，臣见又知之。非私臣而然也，夫天性仁心固然也。此臣之所以悦而德公也。"（《韩非子·外储说左下》第三十三）

"有罪者必诛"，犯罪的人就会认为自己是罪有应得，不会将仇恨投向判决自己的法官。孔子的弟子子皋依法断案，能够设身处地为被判决的人着想，心怀怜悯，在公正判决的前提下表现出人性的温度，这位犯人跀危感知到了，于是在子皋受难之时予以庇护。这则故事出自《韩非子·外储说左下》篇，是韩非收集的写作资料，可能是未经其笔削的缘故，还保留着儒家的色彩，然而亦不失法家的原则。这一则故事说明，法律的公平公正也是维护社会稳定的定海神针，很值得我们今天的法律工作者铭记。

3. 规范性

法律的规范性是指法律具有规范作用，它可以为人们的行为提供行为规范，何为可何为不可，同时能够评价人们的行为是否合法或违法及其程度，人们可据此来确定并预测自己的行为及其法律后果。法律的规范性当然也指法律具有规范人们行为的强制性以及引导和影响人们思想的教育作用。韩非对法的规范性已有基本的朴素认识，他说："夫悬衡而知平，设规而知圆，万全之道也。"（《韩非子·饰邪》第十九）法家之所以异于其他学派选择"法"来作为治国利器，就在于"法"正是一种"万全之道"，能够为国家管理带来事半功倍的效率。把“以法治国”作为国家治理的根本方针，乃是适应社会发展时代变化的明智之举。

商周以来的奴隶制社会长期处于松散的社会组织结构中，周公“制礼作乐”完善了宗法制度，但礼乐行于贵族阶层而不及于庶民，即所谓“礼不下庶人，刑不上大夫”。贵族阶层讲究宗法纽带、礼制约束；对底层民众则以刑相慑、以法畏众。《击壤歌》描述的“帝力于我何有哉”画面，比较符合底层庶民日常的简朴生活场景，在“国—家”的层层分割之后，庶民的生活状态接近于《老子》所说的“小国寡民”，“鸡犬之声相闻，民至老死不相往来”。“万国仰宗周”的实质是分封的各级贵族自成小王国，各受其命各安其分，贵族之间有繁复的礼制规定，庶民之间则在分割下的小团块里“日出而作，日入而息”，整体社会维持了相当长时间的松散而稳定状态。进入春秋时代，“礼崩乐坏”的趋势越来越明显，周天子失去权威的同时也是礼乐制度解体的过程。孔子对周制怀有极大的敬意，认为“周监于二代，郁郁乎文哉！吾从周”（《论语·八佾》第三）。我们不可简单地认为孔子复古，相反的，他是欲集商周以来的文明之力，扭转春秋以后的乱局。孔子不遗余力地从事教育，是要将贵族的礼乐推而广之，道德礼法不仅行于贵族，也应行于百姓。他有句著名的论述：“道之以政，齐之以刑，民免而无耻；道之以德，齐之以礼，有耻且格。”（《论语·为政》第二）用政令法律等外在规范来约束民众，虽然也能有收效但缺乏内在的自觉；用道德礼法来引导约束民众，则能从根本上改变民众的思想行为，从而将国家真正建设成“礼仪之邦”。

孔子“有教无类”，扩大教育的受众面，倡导礼乐于普通民众，其社会基础在于民众在国家治理体系中的地位上升了。在“小国寡民”状态下，民众是分散的，天下的治乱系于各级贵族的行为。随着春秋晚期诸侯兼并的加剧，作为战略物资的生产者以及兼并战争的浴血者，民众本身成为衡量国力的一个重要因素，“治民”成为当政者要务。儒家以教化为追求，道家以不治为治，法家则以“法”为抓手。比较起来，在战国那样的乱世里，还真是法家的方案最奏效。我们可以看到战国实力最强的国家基本上都有“变法”的经历，如秦有孝公时的商鞅变法，楚有悼王时的吴起变法，魏有文侯时的李悝变法，韩有昭侯时的申不害变法，齐有威王时的邹忌变法……这些法家人物的变法活动不同程度地增强了所在国的实力，也为韩非总结法家思想提供了实践依据。

以法治国的好处在于为君王提供了治国的最简捷的工具，也为民众提供了最直接明了的行为规范，易于操作，收效显著。儒家的教化之说诚然有长利，但在急功近利的时代不免被视作迂腐之论。况且依儒家之法以德治国，如何来衡量评价众人的行为？用韩非的话说，这只能是一种“心治”。以法治国好比有了规矩尺寸，凡事有规范，则无须圣人出世也可任法而治：

> 释法术而任心治，尧不能正一国；去规矩而妄意度，奚仲不能成一轮；废尺寸而差短长，王尔不能半中。使中主守法术，拙匠执规矩尺寸，则万不失矣。君人者能去贤巧之所不能，守中拙之所万不失，则人力尽而功名立。（《韩非子·用人》第二十七）

用现代说法来讲，以法治国相当于一种标准化操作，法度定则智巧无所施，君王不必有多高明，一切按部就班、照章办事就行。儒家推崇圣人，而圣人不世出；法家现实许多，韩非已经认识到大部分人都是中智之士，上圣与下愚其实是极少数，同理，大部分君王也只能说是“中主”，尧舜那样的圣人或桀纣那样的暴君都极为少见。为“中主”计，一整套的“标准化”操作——以法治国是最合理的选择。

在现代，社会的正常运转需要法律、政治、经济、教育等等因素协同发挥作用。而韩非显然把“法”当作包治百病的万能法宝，他说：

> 故明主之国，无书简之文，以法为教；无先王之语，以吏为师；无私剑之捍，以斩首为勇。是境内之民，其言谈者必轨于法，动作者归之于功，为勇者尽之于军。是故无事则国富，有事则兵强，此之谓王资。既畜王资而承敌国之亹，超五帝，侔三王者，必此法也。（《韩非子·五蠹》第四十九）

废弃“书简之文”，抛弃“先王之语”，禁止“私剑之捍”，法律成为唯一的衡量标准。我们当然不能期望身处战国之世的韩非具备现代人的意识，但法家的偏颇性在此也是一览无余了。秦用法家之言而兴，统一六国后不能改弦更张，依旧用那一套严刑酷法来绳束天下之民，法的规范性力量转而成单一性的羁勒，秦王朝之灭亡也就理所当然了。

4. 强制性

强制性是法律的重要本性，现代国家的暴力机器——警察、法院、监狱等等正是依据法律来运行的。古代国家同样需要法律的强制性来维护统治秩序。法家钟爱用法律手段来治国，就是在于其铁面无情的强制力量，足以让民众的行为统一到统治者要求的规范中来。这一点与儒家形成鲜明对比，因为儒家认为强制手段压得了一时，却会使社会风气败坏；强力控制下的民众若不心服，甚至可以成为反噬统治者的力量。因此儒家重视教化民众，而法家则强调以“威严”驱民：

> 父母积爱而令穷，吏用威严而民听从，严爱之策亦可决矣。且父母之所以求于子也，动作则欲其安利也，行身则欲其远罪也；君上之于民也，有难则用其死，安平则尽其力，亲以厚爱关子于安利而不听，君以无爱利求民之死力而令行。明主知之，故不养恩爱之心而增威严之势。故母厚爱处，子多败，推爱也；父薄爱教笞，子多善，用

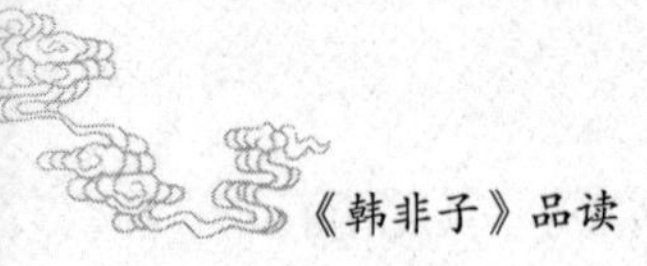

严也。（《韩非子·六反》第四十六）

我们理解韩非的思想，一定要放在战国时期百家争鸣的语境中理解，才能真正明白韩非的意旨所在。法律的强制性恰恰与儒家的仁爱之说相对立。儒家当然并不否定法律、否定强制手段的必要性，但作为方向性的选择，还是强调仁者无敌，德治天下。（《论语·尧曰》第二十）中有句话叫作“不教而杀谓之虐；不戒视成谓之暴；慢令致期谓之贼”。“不教而杀”，是不行教化，唯以杀戮为禁；“不戒视成”，是不管手段，只问结果；“慢令致期”，是不看过程，只限期完成。在儒家眼中的这种“苛政”恰恰是法家眼里的致治法宝。尤其是所谓的“不教而杀”，就是法家强调的重刑严罚思想。通过严刑峻法来强力改变民众的不法行为，在法家就是“不教之教”，这是一种结果导向的统治模式。而后面的“不戒视成”“慢令致期”，也都是以法律的强制性为后盾。儒家无法容忍这样的情况出现，孟子说：“不教民而用之，谓之殃民。殃民者，不容于尧舜之世。”（《孟子·告子下》）韩非则把儒家的这种仁爱之说比作妇人之仁，“母厚爱处，子多败，推爱也；父薄爱教笞，子多善，用严也”。生活中严父慈母的现象最为常见，慈爱往往变成溺爱，逆子就是这样生成的，爱之适足害之；严父基于理性，为儿女计长利，倒能成就孝子贤孙。父母无论是严还是慈，当然都有一片拳拳爱子之心，却还常常会遇到“油盐不进”的逆子；君王对民众并无血肉关联，却要使唤民众出生入死、予取予求，凭的就是暴力的国家机器。韩非由此相信仁爱之说无济于治道，以法治国才是正道。

正如我们在第三、四讲中阐述的那样，韩非以儒家为靶的，在批判中建立起自己的法家思想大厦。我们虽然赞赏儒家的民本立场，但是正所谓“乱世用重典”，韩非这套以强制性为基础的法家理论是更切于战国之世用的：

夫施与贫困者，此世之所谓仁义；哀怜百姓，不忍诛罚者，此世之所谓惠爱也。夫有施与贫困，则无功者得赏；不忍诛罚，则暴乱者不止。国有无功得赏者，则民不外务当敌斩首，内不急力田疾作，皆欲行货财，事富贵，为私善，立名誉，以取尊官厚俸。故奸私之臣愈众，而暴乱之徒愈胜，不亡何时？夫严刑者，民之所畏也；重罚者，民之所恶也。故圣人陈其所畏以禁其邪，设其所恶以防其奸，是以国安而暴乱不起。吾以是明仁义爱惠之不足用，而严刑重罚之可以治国也。无棰策之威、衔橛之备，虽造父不能以服马；无规矩之法、绳墨之端，虽王尔不能以成方圆；无威严之势、赏罚之法，虽尧、舜不能以为治。今世主皆轻释重罚严诛，行爱惠，而欲霸王之功，亦不可几也。（《韩非子·奸劫弑臣》第十四）

仁义惠爱之政固然是下民之福，却不一定符合国家整体利益，尤其是在强敌环伺、局势动荡之时，无雷霆之手段不足以维护社会稳定。而没有社会稳定为保障的仁爱之政，恰如无源之水，并不能够真正为民众带来福祉。韩非在其书中举过徐偃王、宋襄公等行仁义而败的例子，国既不存，仁义焉用？换过来看，严刑重罚下的法治之国，保障了民众的基本生存权，在乱世中还是有积极意义的。而汉朝建立以后，统治者有鉴于秦王朝的二世而亡，作了适当的调整，儒法兼济，保障了汉王朝的长治久安。据《汉书·元帝纪》载，宣帝时太子“柔仁好儒”，他看到宣帝“所用多文法吏，以刑名绳下”，建言“陛下持刑太深，宜用儒生”。而宣帝作色曰:“汉家自有制度，本以霸王道杂之，奈何纯任德教，用周政乎！”汉宣帝的回答可谓意味深长。法家之治重强制之力，是为“霸道”；儒家之治重礼教之化，是为“王道”。两者相因相生，事实上成为中国古代专制王朝治国的两大重器。

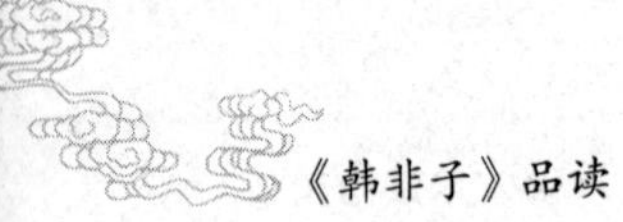

二、明法思想

韩非确立了以法治国的根本方略，指示了法治的一些基本原则，然则法何以明？其要在于社会各阶层都能循法而行，服法而后动；同时统治者也要执法必公必严。上下勠力同心，整个社会才能昌明法纪，才能收国富兵强之效。

1. 以法服民

古代法律的最主要的管制对象是民众。对于民众，韩非的认识既有基于人性的冷峻，又有植根实践的理性：

> 古者黔首悗密蠢愚，故可以虚名取也。今民儇诇智慧，欲自用，不听上，上必且劝之以赏，然后可进；又且畏之以罚，然后不敢退。而世皆曰："许由让天下，赏不足以劝；盗跖犯刑赴难，罚不足以禁。"臣曰：未有天下而无以天下为者，许由是也；已有天下而无以天下为者，尧、舜是也；毁廉求财，犯刑趋利，忘身之死者，盗跖是也。此二者，殆物也。治国用民之道也，不以此二者为量。治也者，治常者也；道也者，道常者也。殆物妙言，治之害也。天下太上之士，不可以赏劝也；天下太下之士，不可以刑禁也。然为太上士不设赏，为太下士不设刑，则治国用民之道失矣。（《韩非子·忠孝》第五十一）

他认为古代人比较质朴，容易被虚名所惑，而他所处的战国之世人就变得机灵聪明，不那么容易被统治者所用。君主只有依据人性弱点设赏罚以进退人，通过法度的建立来调动人的能动性，同时抑制人的作恶冲动。我们知道事实情况是，在西周社会秩序长期稳定状况下，固有的道德观念与礼制规范能对绝大部分人产生有效的约束；而战国之世人们见惯了尔虞我诈的手段和风雨如晦的残酷，自然不那么容易被统治者摆布。这时候儒家来提倡恢复周礼，试图回到周王朝的礼仪之轨，显然是不合时宜的。统治者对付百姓的手段在新的时代必须加以改变，唯有“劝之以赏”“畏之以罚”，也即法治的方式才能有效巩固统治。

与儒家强调得民心不同，韩非论治是不以民众意志为转移的。“人主者，明能知治，严必行之，故虽拂于民心，立其治。”（《韩非子·南面》第十八）在法令面前，民众从来只有慑服的份，而不能有丝毫的异议。以商鞅变法来说，一开始遭遇极大阻力，上下皆言不便；改革出了成效，“秦民初言令不便者有来言令便者，卫鞅曰‘此皆乱化之民也’，尽迁之于边城。其后民莫敢议令”（《史记·商君列传》）。

韩非也承认赏罚并非万能。许由之类的隐逸之民，视权位如粪土，视富贵如敝屣，自然无法赏劝；而像盗跖之类的暴乱之民，赴难如归，奋不顾命，同样无法罚禁。他强调“治也者，治常者也；道也者，道常者也”，法律为大部分人而设，管住了绝大多数人，这“太上之士”与“太下之士”也就不足为虑。“太下之士”用我们今天的话来说就是具有“犯罪人格”的暴徒，无论在哪种社会都是被严打的对象；“太上之士”则是道德远高于常人的圣徒，按说是该受尊崇的，但在韩非的思想体系里却也容不得他们，原因就是他们“不以赏劝”，不愿接受法定奖赏，被看作是对法律的藐视。韩非思想的偏颇之处，正在于此等地方。

2. 禁奸于未萌

设立法律的目的当然是要打击违法行为。在韩非的语境中，违法行为及不法之徒可以用一个“奸”字来概括。没有哪个人类社会可以杜绝违法犯罪行为的产生，对此，韩非是这样认识的：

> 人有欲，则计会乱；计会乱，而有欲甚；有欲甚，则邪心胜；邪心胜，则事经绝；事经绝，则祸难生。由是观之，祸难生于邪心，邪

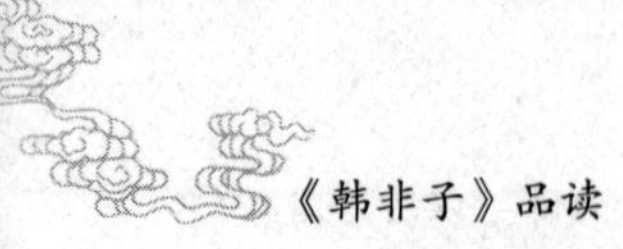

心诱于可欲。可欲之类，进则教良民为奸，退则令善人有祸。奸起，则上侵弱君；祸至，则民人多伤。然则可欲之类，上侵弱君而下伤人民。夫上侵弱君而下伤人民者，大罪也。故曰："祸莫大于可欲。"（《韩非子·解老》第二十）

这是韩非对《老子》"祸莫大于可欲"一句的解说，是从人性恶的角度解释"奸"之所生的原因。奸邪行为"上侵弱君而下伤人民"，自然是国家应予重点防范的。我们在《韩非子》一书中，仅目录可见就有《八奸》《奸劫弑臣》等篇章，另外如《备内》《说疑》《六反》等篇也重点阐述了辨奸、防奸的思想。综观韩非对奸邪行为和人物的分析，可以看到韩非所谓的"奸邪"固然存在于各阶层之中，但来自官员特别是重臣，甚至是君王身边亲近之人的威胁更为可怕。我们先看韩非笔下的"奸伪之民"：

畏死远难，降北之民也，而世尊之曰"贵生之士"；学道立方，离法之民也，而世尊之曰"文学之士"；游居厚养，牟食之民也，而世尊之曰"有能之士"；语曲牟知，伪诈之民也，而世尊之曰"辩智之士"；行剑攻杀，暴憿之民也，而世尊之曰"磏勇之士"；活贼匿奸，当死之民也，而世尊之曰"任誉之士"；此六民者，世之所誉也。（《韩非子·六反》第四十六）

世俗称赏的"贵生之士""文学之士""有能之士""辩智之士""磏勇之士""任誉之士"，恰恰是韩非眼中的"奸伪之民"；韩非欣赏的是"力作而食"的农民和"赴险殉诚"的战士，无益于耕战的民众在他排斥之列。在《韩非子·五蠹》篇中，他更是直接把儒生、侠士、说客、商工之民与逃避征役的人并列，称为危害国家的蠹虫。对待这些奸伪之民，只要君王下定决心予以严惩，像前述的商鞅对待“乱化之民”那样，“尽迁之于边城”或加以其他惩罚手段即可。韩非曾说：

> 故明主之治国也，适其时事以致财物，论其税赋以均贫富，厚其爵禄以尽贤能，重其刑罚以禁奸邪，使民以力得富，以事致贵，以过受罪，以功致赏而不念慈惠之赐，此帝王之政也。（《韩非子·六反》第四十六）

此处的“治国”主要是指“治民”，所用手段主要是法律，对付“奸邪之民”有此光明正大的律令就足够了。

韩非认为对国家真正构成严重威胁的，倒是来自近臣、重臣或者太子后妃之类腹心人物。可以说，辨奸、禁奸、治奸在韩非的论述中占据了相当大的篇幅，而其中相当一部分归于“术”的范畴。原因在于君王身边的腹心人物具有极大的迷惑性，他们常以或忠或贤的面目出现，君王只能与其斗“智”，在暗中进行较量。当然，法的手段也不可或缺。“服虎而不以柙，禁奸而不以法，塞伪而不以符，此贲、育之所患，尧、舜之所难也。”（《韩非子·守道》第二十六）法律是禁奸的最坚实的屏障，是威慑奸人奸行的最强大的武器。以法禁奸的好处首先在于“禁奸于未萌”，即通过法律的震慑使人消除邪心歪念。关于禁奸之法，韩非有一句经典的论述：

> 禁奸之法：太上禁其心，其次禁其言，其次禁其事。（《韩非子·说疑》第四十四）

“禁奸于未萌”即“禁其心”，这是法律最能取效之处。那么如何“禁其言”“禁其事”呢？韩非也开了药方：

> 人主将欲禁奸，则审合刑名者，言与事也。为人臣者陈而言，君以其言授之事，专以其事责其功。功当其事，事当其言，则赏；功不当其事，事不当其言，则罚。故群臣其言大而功小者则罚，非罚小功也，罚功不当名也；群臣其言小而功大者亦罚，非不说于大功也，以为不当名也，害甚于有大功，故罚。（《韩非子·二柄》第七）

所谓“审合刑名”，就是考察言论和事实，只有“功当其事，事当其言”，才予以法定的奖赏，反之则予以法律制裁。比较有意思的是，韩非认为“言小而功大者”亦当罚，因为名实不符，其害超过功利本身。建言者怎么可能完全预料事后成效呢？实际功效没有获得预期状况或者产生预料不到的效益都是可能发生的，韩非之论未免太胶柱鼓瑟。当然，就其原则而言，通过“审合刑名”来考察臣子，使其不能作奸耍科，实为法治之正道。

3. 治吏不治民

一个国家的法治好坏很大程度上取决于它的官僚系统的有效性。一方面官吏是国家法令的具体执行者，另一方面官吏本身又是法律重点监管的对象。韩非提出“明主治吏不治民”的主张：“人主者，守法责成以立功者也。闻有吏虽乱而有独善之民，不闻有乱民而有独治之吏，故明主治吏不治民。”（《韩非子·外储说右下》第三十五）这一主张是对君主而言的，他认为君主的主要精神应该放在吏治上，而无须过多考虑底层百姓的治理。百姓由官僚队伍来管理，作为君王只要管好这支官僚队伍就好。所谓的人主“守法责成以立功”，并非指君主需要遵守法令，而是指君主要守护好法令这一治国重器，通过指令官员完成相应任务来成就功业。君主治吏，手段不一，后面一章将重点讲述用“术”的方式来约束官吏；这里主要讲君主利用公开的法律手段来管理官吏。

“明主治吏不治民”作为一个重要的治国原则，首先来自韩非推崇的老子思想。老子推崇“无为而治”，而韩非引申之为“明君无为于上，群臣竦惧乎下”（《韩非子·主道》第五）。这种“无为”既有“术”的内容，还有法治路径的考虑。“明主治吏不治民”也更合乎“纲举目张”的治国策略需要：

> 摇木者一一摄其叶，则劳而不遍；左右拊其本，而叶遍摇矣。临渊而摇木，鸟惊而高，鱼恐而下。善张网者引其纲，若一一摄万目而后得，则是劳而难；引其纲，而鱼已囊矣。故吏者，民之本纲者也，故圣人治吏不治民。（《韩非子·外储说右下》第三十五）

“圣人不亲细民，明主不躬小事”显然是作为统治者“抓大放小”的必要修养，吏为民之本纲，管住了吏，也就治理好了天下。那怎么用法律手段管治官吏呢?

首先是严明法纪，任何官吏都不得以任何借口逾越法律。韩非说：“人主使人臣虽有智能不得背法而专制；虽有贤行不得逾功而先劳，虽有忠信不得释法而不禁：此之谓明法。”（《韩非子·南面》第十八）他敏锐地意识到真正对君主构成威胁的不是官吏那种明目张胆违法乱纪的行为，而是那种假借“智能”“忠信”等名义而行篡逆之实的行为，因此不容许臣子擅自主张，顶着“忠信”的名头为所欲为：

> 夫人臣之侵其主也，如地形焉，即渐以往，使人主失端、东西易面而不自知。故先王立司南以端朝夕。故明主使其群臣不游意于法之外，不为惠于法之内，动无非法。（《韩非子·有度》第六）

这就是韩非貌似苛刻的“臣不得越官而有功，不得陈言而不当”（《韩非子·二柄》第七）之论的根本原因。

其次是严肃吏治，杜绝贪污受贿行为。从人性恶的角度来看，官吏贪污受贿是一种必然趋向，君王不能依赖道德说教来令官吏洁身自好，必须依赖法律的力量使官吏不敢作恶。“明主之国，官不敢枉法，吏不敢为私，货赂不行，是境内之事尽如衡石也。”（《韩非子·八说》第四十七）我们之前提到过韩非所说的“公仪休嗜鱼”的故事，官吏想要长保利益，必须谨记“伸手必被捉”的道理。我们反过来看的话，如果官吏的贪污纳贿行为不一定受到严惩，那么就无法杜绝这一罪恶。这恰恰说明严明法纪的重要性。

最后是要通过法定化的考核来衡量和评价官吏的实际功绩。韩非一直对“虚辞”“巧辩”保持高度的警惕，“有道之主听言，督其用，课其功。功课而赏罚生焉，故无用之辩不留朝”（《韩非子·八经》第四十八）。通过考课制度来管理官员，事实上为历代统治者所采纳，秦汉以来对在职官吏的官箴政绩和功过的考核就已经高度制度化。韩非曾用兒说之例来说明考核的重要性：

> 兒说，宋人，善辩者也，持“白马非马也”服齐稷下之辩者。乘白马而过关，则顾白马之赋。故籍之虚辞，则能胜一国，考实按形，不能谩于一人。（《韩非子·外储说左上》第三十三）

“白马非马”论是中国逻辑史上的著名论辩，但在韩非看来，兒说再能辩，也不可以逃避他过关时的白马之税。这就是法律之用，巧言虚辞应为官吏所戒。我们今天常说“听其言而观其行”，某些官员善于作秀，言必称廉洁奉公，其实质如何，还是要经得起审查。

4. 赏罚之道

韩非把赏罚作为治国的利器，这是他基于人性趋利避害的认识而得出的。他说：“凡治天下，必因人情。人情者，有好恶，故赏罚可用；赏罚可用则禁令可立而治道具矣。”（《韩非子·八经》第四十八）因此韩非对“赏罚”看得极重，多次说到“赏罚”之用：“赏罚者，邦之利器也，在君则制臣，在臣则胜君。”（《韩非子·喻老》第二十一）“赏罚者，利器也，君操之以制臣，臣得之以拥主。”（《韩非子·内储说下》第三十一）“夫赏罚之为道，利器也。”（《韩非子·内储说上》第三十）在韩非笔下，“赏罚”经常与“法术”“法数”“法禁”并举：

> 夫为人主而身察百官，则日不足，力不给。且上用目，则下饰观；上用耳，则下饰声；上用虑，则下繁辞。先王以三者为不足，故舍己能而因法数，审赏罚。（《韩非子·有度》第六）
>
> 治国之有法术赏罚，犹若陆行之有犀车良马也，水行之有轻舟便楫也，乘之者遂得其成。（《韩非子·奸劫弑臣》第十四）
>
> 寄治乱于法术，托是非于赏罚，属轻重于权衡。（《韩非子·大体》第二十九）
>
> 圣人之治也，审于法禁，法禁明著则官法；必于赏罚，赏罚不阿则民用。（《韩非子·六反》第四十六）

因此“赏罚”几乎就是“法术”本身，赏善罚恶是法律的具体运用，同时也是君主控制臣下的重要手段。赏罚之道兼“法”与“术”于一身，难怪韩非会特别予以重视。其“术”的一方面，我们在下一讲中再予论述；而“法”的一方面，则在此稍做展开。

如果说“法令”是著于图籍的明文，“赏罚”就是法令的实施之道。赏罚当以何为标准？韩非明确告诉我们当“审合刑名”，即循名责实：

> 符契之所合，赏罚之所生也。故群臣陈其言，君以其言授其事，事以责其功。功当其事，事当其言则赏；功不当其事，事不当其言则

诛。明君之道，臣不得陈言而不当。是故明君之行赏也，暧乎如时雨，百姓利其泽；其行罚也，畏乎如雷霆，神圣不能解也。故明君无偷赏，无赦罚。赏偷，则功臣堕其业；赦罚，则奸臣易为非。是故诚有功则虽疏贱必赏，诚有过则虽近爱必诛。疏贱必赏，近爱必诛，则疏贱者不怠，而近爱者不骄也。（《韩非子·主道》第五）

“疏贱必赏，近爱必诛”，则“刑过不避大臣，赏善不遗匹夫”（《有度》第六），“不辟亲贵，法行所爱”（《韩非子·外储说右上》第三十四），法律的尊严得到保障。作为推崇君主专制的思想家，韩非在此实际上对君主的专制提出了一定的限制，即君主不可随心所欲地施行赏罚，尤其是身边的“亲贵”和朝中的大臣，万不可心存偏袒。君主是法令的制定者，从自身利益出发就需要“法不阿贵”，正如申不害对韩昭侯说的那样：“法者，见功而与赏，因能而受官。今君设法度而听左右之请，此所以难行也。”（《韩非子·外储说左上》第三十三）

与赏罚对应的是功过，有功则赏，有过则罚，即所谓“爵禄生于功，诛罚生于罪”（《韩非子·外储说右下》第三十五）。这个意思，在《韩非子》一书得以反复强调，如：

善为主者，明赏设利以劝之，使民以功赏而不以仁义赐；严刑重罚以禁之，使民以罪诛而不以爱惠免。（《韩非子·奸劫弑臣》第十四）

吾秦法，使民有功而受赏，有罪而受诛。（《韩非子·外储说右下》第三十五）

今有功者必赏，赏者不得君，力之所致也；有罪者必诛，诛者不怨上，罪之所生也。（《韩非子·难三》第三十八）

赏功罚过有两方面的意义：一是使臣民“自为力”，行为的驱动力来自利己的本性，更易竭力尽智地为君主效力；二是君王不必把恩德挂在心上，这也就驳斥了儒家仁义爱惠论调。在韩非看来，仁义惠爱的本质是“无功者受赏”“有罪者免”，而其结果是导致“败法”。极端之，韩非甚至否定任何赈灾慈善：“且夫发囷仓而赐贫穷者，是赏无功也；论囹圄而出薄罪者，是不诛过也。夫赏无功则民偷幸而望于上，不诛过则民不惩而易为非，此乱之本也，安可以雪耻哉！”（《韩非子·难二》第三十七）这就会得出“生而乱，不如死而治”的荒谬结论来：

> 秦大饥，应侯请曰：“五苑之草著：蔬菜、橡果、枣栗，足以活民，请发之。”昭襄王曰：“吾秦法，使民有功而受赏，有罪而受诛。今发五苑之蔬果者，使民有功与无功俱赏也。夫使民有功与无功俱赏者，此乱之道也。夫发五苑而乱，不如弃枣蔬而治。”一曰：“令发五苑之蓏、蔬、枣、栗，足以活民，是使民有功与无功互争取也。夫生而乱，不如死而治，大夫其释之。”（《韩非子·外储说右下》第三十五）

赏罚还应与社会舆论配合，赏则辅以誉，罚则辅以毁：

> 民之重名与其重赏也均。赏者有诽焉，不足以劝；罚者有誉焉，不足以禁。明主之道，赏必出乎公利，名必在乎为上。赏誉同轨，非诛俱行，然则民无荣于赏之内。有重罚者必有恶名，故民畏。罚所以禁也，民畏所以禁则国治矣。（《韩非子·八经》第四十八）

只有“赏誉同轨，非诛俱行”，才能使臣民彻底服法。而如果赏罚与毁誉不一致，就会使法律效能大打折扣，事实上确实经常存在两者背离的情况：

> 斩敌者受赏，而高慈惠之行；拔城者受爵禄，而信廉爱之说；坚甲厉兵以备难，而美荐绅之饰；富国以农，距敌恃卒，而贵文学之士；废敬上畏法之民，而养游侠私剑之属。举行如此，治强不可得也。（《韩非子·五蠹》第四十九）

这是那个时代诸子竞相游说、宣扬自己思想观点的现实表现，社会动乱导致思想混乱，整个社会难有统一的认识。韩非此处所指主要是君主的思想混乱，导致出现“法之所非，君之所取”的矛盾。

韩非清楚地认识到，赏罚的意义并不仅止于法律得到保障，还有着更为深远的影响，即“劝禁”功能。赏则劝善，罚则禁恶，其效最速，比如厚赏之功：“若夫厚赏者，非独赏功也，又劝一国。受赏者甘利，未赏者慕业，是报一人之功而劝境内之众也，欲治者何疑于厚赏！”（《韩非子·六反》第四十六）《韩非子》中曾记载这样一则故事：

> 宋崇门之巷人，服丧而毁，甚瘠，上以为慈爱于亲，举以为官师。明年，人之所以毁死者岁十余人。子之服亲丧者，为爱之也，而尚可以赏劝也，况君上之于民乎？（《韩非子·内储说上》第三十）

中国历史上向来多标榜孝道，后世遂有“二十四孝”之类故事，其中不乏“郭巨埋儿”“王祥卧冰”等不合情理的事出现。明清时期过分强调妇女贞节，亦随之出现许多“烈女殉夫”的人间惨剧。赏誉之效一至于此！同理，毁罚之效亦复如斯。

韩非显然知道赏罚并非永远有效，有人天性恬淡不慕荣利，重赏之下仍能无动于衷；也有人生性邪恶人格乖张，虽有重罚而仍然铤而走险。后者固然是法律重点打击对象，前者则以其难能一般都受到社会舆论的尊崇。韩非则提出自己的看法，把不慕荣利不畏重诛者一视同仁，看作是国家的“无益之臣”“不令之民”：

古有伯夷、叔齐者，武王让以天下而弗受，二人饿死首阳之陵。若此臣者，不畏重诛，不利重赏，不可以罚禁也，不可以赏使也，此之谓无益之臣也。（《韩非子·奸劫弑臣》第十四）

若夫许由、续牙、晋伯阳、秦颠颉、卫侨如、狐不稽、重明、董不识、卞随、务光、伯夷、叔齐，此十二人者，皆上见利不喜，下临难不恐，或与之天下而不取，有萃辱之名，则不乐食谷之利。夫见利不喜，上虽厚赏无以劝之；临难不恐，上虽严刑无以威之；此之谓不令之民也。此十二人者，或伏死于窟穴，或槁死于草木，或饥饿于山谷，或沉溺于水泉。有民如此，先古圣王皆不能臣，当今之世，将安用之？（《韩非子·说疑》第四十四）

韩非从专制立场出发，对这些人必欲除之而后快，显示出专制统治的残酷性。

我们以前学习《曹刿论战》，知道曹刿把“小大之狱，虽不能察，必以情”作为“可以一战”的保证。韩非则把“信赏必罚”作为战争胜利的保证：

晋文公问于狐偃曰：“寡人甘肥周于堂，卮酒豆肉集于宫，壶酒不清，生肉不布，杀一牛遍于国中，一岁之功尽以衣士卒，其足以战民乎？”狐子曰：“不足。”文公曰：“吾弛关市之征而缓刑罚，其足以战民乎？”狐子曰：“不足。”文公曰：“吾民之有丧资者，寡人亲使郎中视事，有罪者赦之，贫穷不足者与之，其足以战民乎？”狐子对曰：“不足。此皆所以慎产也；而战之者，杀之也。民之从公也，为慎产也，公因而迎杀之，失所以为从公矣。”曰：“然则何如足以战民乎？”狐子对曰：“令无得不战。”公曰：“无得不战奈何？”狐子对曰：“信赏必罚，其足以战。”公曰：“刑罚之极安至？”对曰：“不辟亲贵，法行所爱。”文公曰：“善。”明日令田圃陆，期以日中为期，后期者行军法焉。于是公有所爱者曰颠颉，后期，吏请其罪，文公陨涕而忧。吏曰：“请用事焉。”遂斩颠颉之脊以徇百姓，以明法之信也。而后百姓皆惧曰：“君于颠颉之贵重如彼甚也，而君犹行法焉，况于我则何有矣。”文公见民之可战也，于是遂兴兵伐原，克之。伐卫，东其亩，取五鹿。攻阳。胜虢。伐曹。南围郑，反之陴。罢宋围。还与荆人战城濮，大败荆人。返为践土之盟，遂成衡雍之义。一举而八有功。所以然者，无他故异物，从狐偃之谋，假颠颉之脊也。（《韩非子·外储说右上》第三十四）

从消极意义上说，“周灭于纵，卫亡于衡”，繁辞巧说无益于国，赏罚严明才可避免受制于人。而从积极意义上说，赏罚无私才能成就霸王之业：

圣人之治也，审于法禁，法禁明著则官治；必于赏罚，赏罚不阿则民用。民用官治则国富，国富则兵强，而霸王之业成矣。霸王者，人主之大利也。人主挟大利以听治，故其任官者当能，其赏罚无私。使士民明焉，尽力致死，则功伐可立而爵禄可致，爵禄致而富贵之业成矣。（《韩非子·六反》第四十六）

法治是王霸之基，赏罚就是这基座上最坚固的石块。“至治之国，有赏罚而无喜怒，故圣人极，有刑法而死，无螯毒，故奸人服。发矢中的，赏罚当符，故尧复生、羿复立。”（《韩非子·用人》第二十七）

5. 执法必严

再好的法律，如果没有严格的执法保证也将成为空言。我们在上文中已经讲过，赏罚是韩非理论中最重要的治国手段。从执法的角度说，韩非主张信赏必罚，才能保证法律的严肃性和有效性，如此才能“明法”：

> 诚有功则虽疏贱必赏，诚有过则虽近爱必诛。疏贱必赏，近爱必诛，则疏贱者不怠，而近爱者不骄也。（《韩非子·主道》第五）

这相当于我们今天讲的“执法必严”吧。但我们今天的法律规定的是最低行为准则，偏于“必罚”的内容，而把“赏誉”放到道德、经济、政治、管理等领域中。韩非则是以赏罚为法治之“二柄”，不可偏废。信赏必罚，实际上是讲君主治国要有信用，在执法时做到不偏不倚，不因为君主个人好恶而改变法令的行使。“信赏”，则人尽其能；“必罚”，则明法之威。

从“信赏”方面来看，君王若能“赏厚而信”，则可得百姓死力。韩非在《韩非子·内储说上》中讲了好几个关于“信赏”的故事。比如下面的这则吴起攻秦之小亭的故事：

> 吴起为魏武侯西河之守。秦有小亭临境，吴起欲攻之。不去，则甚害田者；去之，则不足以征甲兵。于是乃倚一车辕于北门之外而令之曰：“有能徙此南门之外者，赐之上田、上宅。”人莫之徙也。及有徙之者，遂赐之如令。俄又置一石赤菽于东门之外，而令之曰：“有能徙此于西门之外者，赐之如初。”人争徙之。乃下令曰：“明

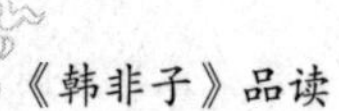

日且攻亭，有能先登者，仕之国大夫，赐之上田上宅。”人争趋之。于是攻亭，一朝而拔之。

这一则故事可与商鞅的“徙木立信”相比观。只不过商鞅是为变法的顺利实施，而吴起是为攻下秦之小亭。由此也可见，政令要得到百姓的信赖支持，施行起来才能收到实效。

从“必罚”方面来看，所谓“刑罚不必，禁令不行”，法律的威严无从体现。也是在《韩非子·内储说上》里，韩非讲了董阏于见深涧有感的故事：

董阏于为赵上地守。行石邑山中，见深涧峭如墙，深百仞，因问其旁乡左右曰：“人尝有入此者乎？”对曰：“无有。”曰：“婴儿、痴聋、狂悖之人尝有入此者乎？”对曰：“无有。”“牛马犬彘尝有入此者乎？”对曰：“无有。”董阏于喟然太息曰：“吾能治矣。使吾法之无赦，犹入涧之必死也，则人莫之敢犯也，何为不治？”

“法之无赦，犹入涧之必死”，一个“必”字道出执法的要领。人只要有侥幸心理，就难保其不犯法，就像上引故事的后文里提道：

荆南之地，丽水之中生金，人多窃采金。采金之禁，得而辄辜磔于市。甚众，壅离其水也，而人窃金不止。大罪莫重辜磔于市，犹不止者，不必得也。故今有于此，曰：“予汝天下而杀汝身。”庸人不为也。夫有天下，大利也，犹不为者，知必死。故不必得也，则虽辜磔，窃金不止；知必死，则有天下不为也。

当然，“法之无赦”行使到极点，同样会走到另一极端，即把百姓逼入绝路，左右都是死，反而会让人铤而走险，这又是韩非始料未及的了。

“信赏必罚”的最大障碍，倒是在于君主溺于个人的爱恶，随手而赏，因恶生罚，自乱法纪。虽然照韩非之说，以法治国，不必仰赖上圣，中智之主即可治理得井井有条；但是他既把君主推上专制之位，又要求君主摒弃七情六欲，当真是太为难君主了。专制之君，赏罚任己，而其个人性情或偏宽柔或偏褊急，都可能导致法律施行过程中的偏斜：或“纵”或“枉”。在韩非看来，“仁人在位，下肆而轻犯禁法，偷幸而望于上；暴人在位，则法令妄而臣主乖，民怨而乱心生。故曰：‘仁、暴者，皆亡国者也。’”（《韩非子·八说》第四十七）“仁君”的治理过于宽大，臣民容易放肆妄为，希冀君上开恩免罪，是为“纵”；“暴君”的治理过于轻妄，以致君臣背道而行，民怨沸腾变乱不已，是为“枉”。看来韩非眼里的“暴君”，不在于法令的严苛，而在于法令的妄施，即随心所欲，朝令夕改，使百姓无所适从。

三、重刑理论

重刑主义精神的思想源头显然在于法家的重刑理论。所谓的重刑主义，仔细剖析可发现三个层面的意思：一，以“重”为“倚重”，“刑”为刑法，重刑主义就是指治理国家倚重刑法，即法典刑法化；二，以“重”为程度深，“刑”为刑罚，重刑主义是指刑罚偏重，即重罪较多；三，以“重”为分量大，“刑”指行刑方式，重刑主义是指行刑方式较残酷，即酷刑多，刑事连带，执行不人道。总括之，则是治理国家以刑为主，法典刑法化，重罪较多且刑罚奇重，酷刑众多且执行不人道的一种法律思想[①]。

追溯法家的重刑思想，一般会上推至商鞅的“以刑去刑”之说。但我们其

① 上述重刑主义的分剖来自黄瑞敏：《反思中国古代重刑主义》，《学术研究》2012年第10期。

实还可以在春秋后期的子产那里找到法家重刑思想的萌芽：

郑子产有疾，谓子大叔曰：“我死，子必为政。惟有德者能以宽服民，其次莫如猛。夫火烈，民望而畏之，故鲜死焉；水懦弱，民狎而玩之，则多死焉，故宽难。”疾数月而卒。大叔为政，不忍猛而宽，郑国多盗，取人于萑苻之泽。大叔悔之，曰：“吾早从夫子，不及此。”兴徒兵以攻萑苻之盗，尽杀之，盗少止。仲尼曰：“善哉！政宽则民慢，慢则纠之以猛；猛则民残，残则施之以宽。宽以济猛，猛以济宽，政是以和。《诗》曰：‘民亦劳之，汔可小康。惠此中国，以绥四方。’施之以宽也。‘毋从诡随，以谨无良，式遏寇虐，惨不畏明。’纠之以猛也。‘柔远能迩，以定我王。’平之以和也。又曰：‘不竞不絿，不刚不柔，布政优优，百禄是遒。’和之至也。”（《左传·昭公二十年》）

《韩非子·内储说上》则记载为：

子产相郑，病将死，谓游吉曰：“我死后，子必用郑，必以严莅人。夫火形严，故人鲜灼；水形懦，故人多溺。子必严子之形，无令溺子之懦。”子产死。游吉不忍行严刑，郑少年相率为盗，处于雚泽，将遂以为郑祸。游吉率车骑与战，一日一夜，仅能克之。游吉喟然叹曰：“吾蚤行夫子之教，必不悔至于此矣。”

比较《左传》与《韩非子》的记载，我们会发现子产对为政的表述包括两个方面：首先是有德者能“以宽服人”，其次才是“猛政”（也即严刑）服人。他还以火喻刑，以水喻仁，人畏火而玩水，死于火者少而溺于水者多。如果没有足够的德行，不如用猛政更易收效。子产对后来执政者的忠告是建立在对后者的性情之熟悉的基础上的，并未将猛政作为执政的普遍原则。但是韩非显然将其论述片面化为重刑主义，也算是典型的古为今用了。《左传》所引孔子的话是持平之论，“政宽则民慢，慢则纠之以猛；猛则民残，残则施之以宽。宽以济猛，猛以济宽，政是以和”。宽政与猛政都会产生弊端，宽严相济才是王道。这也符合孔子的中庸思想。当然韩非所取也有其时代因素：首先是身处乱世，重刑治人更切实际；其次是当世确实难以找到有德之人来推行宽缓之政，时势也不容人来推行宽缓之政。

商鞅明确提出重刑主张：

> 所谓壹刑者，刑无等级。自卿相将军以至大夫庶人，有不从王令，犯国禁，乱上制者，罪死不赦。有功于前，有败于后，不为损刑。有善于前，有过于后，不为亏法。忠臣孝子有过，必以其数断。守法守职之吏，有不行王法者，罪死不赦，刑及三族。同官之人，知而讦之上者，自免于罪。无贵贱，尸袭其官长之官爵田禄。故曰：“重刑连其罪，则民不敢试。”民不敢试，故无刑也。夫先王之禁刺杀，断人之足，黥人之面，非求伤民也，以禁奸止过也。故禁奸止过，莫若重刑。刑重而必得，则民不敢试，故国无刑民。国无刑民，故曰：“明刑不戮。”（《商君书·赏刑》）

重刑的目的是“禁奸止过”，通过严酷的刑罚来恐吓人，使其不敢为非，这就是“以刑去刑”。“行罚，重其轻者，轻者不至，重者不来，此谓以刑去刑，刑去事成。”（《商君书·靳令》）轻罪重罚，在我们现在看来是违背了罪刑相当原则，而商鞅则以为致治之道。这背后有着“无刑”“无讼”的心理基础，其逻辑起点倒是与儒家主张相通。孔子就说过：“听讼，吾犹人也，必也使

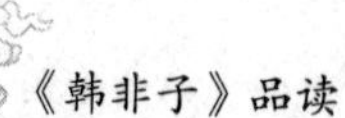

无讼乎！”（《论语·颜渊》第十二）孔子的理想正是天下无讼。法家与儒家都致力于“天下无讼”，只是路径不同而已。事实上社会情况纷繁复杂，在社会活动中人与人之间的矛盾摩擦在所难免，有所“讼”乃是常态，正视它、接受它并予以各种规范，才是解“讼”的正道。期于“无讼”，不是陷入道德主义的虚空，就是蹈于重刑主义的恐吓，这是历史给我们的经验教训。

韩非在重刑思想上可谓全盘继承了商鞅的主张。主要内容包括以下几个方面：

1. 轻罪重罚

人们犯了较轻的罪，却要予以较重的处罚，商鞅对这一套做法已有种种说辞。从动机上看，这么做是要使人畏惧，轻罪尚且不敢犯，重罪就更不敢触碰了；从效率上看，轻罪重罚使民众犯法的数量减少，提高了官员的行政效率。轻罪重罚的心理基础还是利益的计算：

> 古之善守者，以其所重禁其所轻，以其所难止其所易，故君子与小人俱正，盗跖与曾、史俱廉。何以知之？夫贪盗不赴溪而掇金，赴溪而掇金则身不全。贲、育不量敌，则无勇名；盗跖不计可，则利不成。（《韩非子·守道》第二十六）

既然人性以逐利为本，那么任何行为都会以利益来衡量。如果一个人的违法行为带来的收益远低于法律惩罚所带来的损失，那么有谁会去违法犯罪呢？而重刑带来的效果却是“罚一而惩万”的：

> 重刑者，非为罪人也。明主之法揆也。治贼，非治所揆也；治所揆也者，是治死人也。刑盗，非治所刑也；治所刑也者，是治胥靡也。故曰：重一奸之罪而止境内之邪，此所以为治也。重罚者，盗贼

> 也；而悼惧者，良民也；欲治者奚疑于重刑！（《韩非子·六反》第四十六）

说这是“恐吓性”法治并不过分。但是韩非显然对人性的理解过于简单化了，轻罪重罚固然能够吓唬住民众，然而一方面“民不畏死，奈何以死惧之”，当死亡不可避免，百姓反而就豁出去了；另一方面，轻罪重罚，反正左右都是一样的结果，索性就干大的。秦末陈胜、吴广等人被征调，“会天大雨，道不通，度以失期。失期，法皆斩。陈胜、吴广乃谋曰：‘今亡亦死，举大计亦死；等死，死国可乎？’”（《史记·陈涉世家》）正是严刑峻法敲响了秦王朝的丧钟，轻罪重罚之弊于斯可见。

2. 同里连坐

连坐制度也是商鞅发明的。最早可能是出于战争时期控制士兵战斗力的考虑：

> 强国之民，父遗其子，兄遗其弟，妻遗其夫，皆曰：“不得，无返。”又曰：“失法离令，若死我死，乡治之。”行间无所逃，迁徙无所入。行间之治，连以五，辨之以章，束之以令，拙无所处，罢无所生。是以三军之众，从令如流，死而不旋踵。（《商君书·画策》）

战士若有逃亡或违反军令，其家人也要被处死；而在行伍之中战士也以五人为单位组织起来，使个人不得擅自行动。秦军的战斗力之强由此跃居诸侯国之首。这一制度迁移至社会管理，正式形成绵延两千多年的连坐制度：

> 令民为什伍，而相牧司连坐。不告奸者腰斩，告奸者与斩敌首同赏，匿奸者与降敌同罚。民有二男以上不分异者，倍其赋。（《史

记·商君列传》）

在连坐制下，不仅自身要遵守国家法令，还要监视邻里的一举一动，否则自己就可能被牵连入罪。封建社会的族灭之刑，即是连坐制的典型表现。民众互相检举揭发，“不能相为隐”，一定程度上提高了行政效率，但也毒化了社会风气，使人与人互相猜忌，人性的阴暗面暴露无遗。

韩非显然对连坐制度颇为青睐。作为一个冷酷的现实主义者，韩非重实效，讲功利，而连坐制的效果极为明显，因此他在著作中再三言及商鞅的历史功绩：

> 商君教秦孝公以连什伍，设告坐之过，燔诗书而明法令，塞私门之请而遂公家之劳，禁游宦之民而显耕战之士。孝公行之，主以尊安，国以富强，八年而薨，商君车裂于秦。（《韩非子·和氏》第十三）
>
> 公孙鞅之治秦也，设告相坐而责其实，连什伍而同其罪，赏厚而信，刑重而必，是以其民用力劳而不休，逐敌危而不却，故其国富而兵强。（《韩非子·定法》第四十三）

在韩非的时代，秦国已经成为“超级大国”，其成功的经验不能不为韩非所关注。就连坐制而言，韩非更在理论上予以阐发，认为其“通人情”“关治理”：

> 是故夫至治之国，善以止奸为务。是何也？其法通乎人情，关乎治理也。然则去微奸之道奈何？其务令之相规其情者也。则使相窥奈何？曰：盖里相坐而已。禁尚有连于己者，理不得相窥，惟恐不得免。有奸心者不令得忘，窥者多也。如此，则慎己而窥彼，发奸之

密，告过者免罪受赏，失奸者必诛连刑。如此，则奸类发矣。奸不容细，私告任坐使然也。（《韩非子·制分》第五十五）

看起来韩非对连坐制的发挥较商鞅有过之而无不及，“奸不容细”，连一丝一毫的错谬都不容许发生，刻礅之极，其实很容易激起民变。

3. 刑主赏辅

韩非把赏罚作为治国的两大法宝，我们在前面已经加以论列。但是在法家的理论体系中，赏罚并不是等量齐观的，而是以罚（刑）为主，以赏为辅，甚至提倡“赏一刑九”。平心而论，韩非在这一问题上不如商鞅偏激，他更多坚持的是“信赏必罚”，而商鞅才强调“赏一刑九”：

重罚轻赏，则上爱民，民死上；重赏轻罚，则上不爱民，民不死上。兴国，行罚，民利且畏；行赏，民利且爱。行刑重其轻者，轻者不生，重者不来。……王者刑九赏一，强国刑七赏三，削国刑五赏五。（《商君书·去强》）

治国刑多而赏少，乱国赏多而刑少。故王者刑九而赏一，削国赏九而刑一。（《商君书·开塞》）

极端之，商鞅甚至提出：

故善治者，刑不善，而不赏善，故不刑而民善。不刑而民善，刑重也。刑重者，民不敢犯，故无刑也。而民莫敢为非，是一国皆善也。故不赏善，而民善。（《商君书·画策》）

为什么应该罚多而赏少？揆以情理，一方面是赏由君出，需要国君拿出真金白银或爵禄来，而国君之财富是有限的，彼增则此损；另一方面是赏之效不如罚之功来得快，就像韩非所设的这一情景：

> 鲁人烧积泽。天北风，火南倚，恐烧国，哀公惧，自将众趣救火。左右无人，尽逐兽而火不救，乃召问仲尼。仲尼曰："夫逐兽者乐而无罚，救火者苦而无赏，此火之所以无救也。"哀公曰："善。"仲尼曰："事急，不及以赏；救火者尽赏之，则国不足以赏于人。请徒行罚。"哀公曰："善。"于是仲尼乃下令曰："不救火者，比降北之罪；逐兽者，比入禁之罪。"令下未遍而火已救矣。（《韩非子·内储说上》第三十）

但是韩非毕竟也知道赏的作用有时候还是无法取代的，特别是臣民有功，不赏不足以劝。厚赏之下，人人可为贲、诸那样的勇士，利于国者多矣，何必矜吝？当然他也说过："刑胜而民静，赏繁而奸生，故治民者，刑胜，治之首也，赏繁，乱之本也。"（《韩非子·心度》第五十四）他指的主要应该是"滥赏"。刑胜则威加，威加则君王权势得到保障；赏繁则利众，求利之徒纷沓而至，誉君谀君之言熏陶下国君不免昏昏然，冒滥者得以欺君获利。

从历代封建统治的实践来看，也确实存在刑主赏辅的情况。刑更有普适性，全面地起到威慑震服臣民的作用；赏则是选择性的，近于君者受赏机会更多，老百姓则难以得到君王"恩泽"。

4. 反对赦免

历代统治者都会在特定的时间节点发布大赦令，比如帝王登基、确立太子、更换年号、确立皇后等等时候，普遍赦免或减轻所有罪犯的刑责。

在封建王朝中，大赦是显示帝王恩德的重要表现。而作为一个坚定的法治主义者，韩非对赦免采取了断然否定的态度。在他看来，赦免罪犯就意味着其罚不当罪，会让人产生侥幸心理，犯了法可以不受惩处。韩非说：

> 赦死宥刑，是谓威淫。（《韩非子·爱臣》第四）
>
> 明君无偷赏，无赦罚。赏偷，则功臣堕其业；赦罚，则奸臣易为非。（《韩非子·主道》第五）
>
> 杀必当，罪不赦；则奸邪无所容其私。（《韩非子·备内》第十七）
>
> 知微之谓明，无赦之谓严。（《韩非子·难四》第三十九）

韩非的“不赦不宥”立足于“有罪必罚”，而尤其强调“杀无赦”，有将死刑扩大化的倾向（与轻罪重罚相联系），具有明显的重刑主义色彩。前文所举韩非讲的董阏于故事里，董阏于为赵上地守，见深涧有感，“法之无赦，犹入涧之必死”，形象地说明涧之峭（严刑）与必死（无赦）的关系，强调了死刑的威慑力。

四、法治伦理

在韩非的法治思想体系中，君、臣、民各有其行为原则，这与儒家倡导的“君君臣臣父父子子”有相通之处，即等级观念森严；但其逻辑起点与具体内容有着鲜明的法家色彩，一切都是围绕着“法”来安排布置的。我们即从君、臣、民三个角度来认识韩非法治理论中的伦理关系。

1. 君为法治之本

韩非眼中的君，是国家的象征、权力的化身、法令的源泉，乃至道之所在。在儒家理论中，“天”是高于君的存在，君权天授，君固然神圣，却需要得到“天”的垂爱才具合法性。夏桀商纣虽贵为天子，只因倒行逆施，遂致天命转移到商汤周武这边来。天命不可违，天意会通过星象、灾异等表现出来，君王也

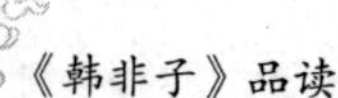

不能为所欲为。这就相当于给君王上了“紧箍咒”。韩非承荀学，在“天”的观念上具有朴素的唯物主义倾向，否定“天命论”的存在。偶尔言及“天命”，如《韩非子·大体》篇中的“澹然闲静，因天命，持大体”，指的实为自然法则。检索《韩非子》中的“天”字，主要是“天子”“天下”“天地”这类可以指实的名词，偶有单用者，一般也是指自然或自然规律：

> 因天之道，反形之理，督参鞠之，终则有始。（《韩非子·扬权》第八）
>
> 聪明睿智，天也；动静思虑，人也。（《韩非子·解老》第二十）
>
> 知治人者，其思虑静；知事天者，其孔窍虚。（《韩非子·解老》第二十）
>
> 故明主之行制也天，其用人也鬼。天则不非，鬼则不困。（《韩非子·八经》第四十八）

人间权力不来自天，以韩非的认识也不可能将权力来源归于人民，他自然把“君”作为权力的天然来源。在春秋战国之世，君权的更迭常常是国家动乱的原因，韩非要为乱世开药方，找到的方子便是“维护君权”。“君”在韩非的理论体系中因此占据了核心的位置。即使是汤、武讨伐桀、纣这样的暴君，韩非也认为是“人臣弑其君”，不该称誉，因为这样就破坏了他心目中的法治秩序。要注意的是，韩非并非赞成暴君，他承认暴君会导致亡国，但这不等于臣民有权去推翻暴君统治。

作为至高无上的君王，权自君出，法亦自君出，君王超越于法律而存在。君王是不是可以为所欲为了呢？这又不然。韩非把君看作是与“道”同在的本体，某种程度上赋予君以“天”的性质。比如为君讲究“虚静”，“无见其所欲”“无见其意”“无为于上”，又说“人主之道，静退以为宝。不自操事而知拙与巧，不自计虑而知福与咎”（《韩非子·主道》第五），事实上要求君主去除七情六欲，更不能凭一时喜怒福祸于人。虽说法由君出，君不受法制，君的自我约束要求倒是比法的约束还要高，因为它已经超出人性的常态。在《韩非子·外储说右上》篇中，韩非还引用申不害的话说明君主专制的要求：“独视者谓明，独听者谓聪。能独断者，故可以为天下主。”这样理想的君主哪里能够找到呢？

从前文我们对韩非法治思想的剖析中可以看到，君主立法要守信、执法要坚决，而作为君主最重要的是全力守护好自己的法令，不让他人染指操纵法令（赏罚）的权力。“有术之主，信赏以尽能，必罚以禁邪，虽有驳行，必得所利。”（《韩非子·外储说左下》第三十三）“驳行”是指驳杂不纯的德行，意味着君王好色好货之类的缺点。韩非认为君王有缺点不要紧，最要紧的就是能做到“信赏”“必罚”，使法令得到不折不扣的执行。作为君主，权力固然不可与他人分享，还不能信赖身边的臣子，需要时时提防着臣下的觊觎。君主所可依赖的，只能是自己的权势和法术。东郭牙不赞成齐桓公独相管仲的事，很能说明韩非的这一理念：

> 齐桓公将立管仲，令群臣曰：“寡人将立管仲为仲父。善者入门而左，不善者入门而右。”东郭牙中门而立。公曰：“寡人立管仲为仲父，令曰：‘善者左，不善者右。’今子何为中门而立？”牙曰：“以管仲之智，为能谋天下乎？”公曰：“能。”“以断，为敢行大事乎？”公曰：“敢。”牙曰：“君知能谋天下，断敢行大事，君因专属之国柄焉。以管仲之能，乘公之势以治齐国，得无危乎？”公曰：“善。”乃令隰朋治内、管仲治外以相参。（《韩非子·外储说左下》第三十三）

管仲智能谋天下，断敢行大事，如果再独掌齐国权柄，齐桓公本人的地位就岌岌可危了。在东郭牙的建议下，齐桓公让隰朋与管仲分权而治，达到互相制约的目的。这种权力架构模式对今人来说是非常熟悉的，可以说至今仍在被运用。

总之，在韩非的法术思想体系中，君主处于金字塔的顶端，凭借权势运用法术，牢牢掌控国家。强力的君主对于一个国家来说犹如定海神针，但是能否保证代代君主都强力呢？韩非也知道这是不现实的，他认为有了法术，“中主”就能治理好国家：

> 释法术而任心治，尧不能正一国；去规矩而妄意度，奚仲不能成一轮；废尺寸而差短长，王尔不能半中。使中主守法术，拙匠执规矩尺寸，则万不失矣。（《韩非子·用人》第二十七）

但是在专制统治的框架里，法术还得靠君主去运用，其中微妙之处恐怕是“中主”难以领会的。

2. 大臣与法治

在韩非法治理论体系中，臣既是君主法令的执行者又是法令重点规范的对象。理想的臣子应该谨守职分，执法不苟。他特别欣赏历史上的名相伊尹、管仲和商鞅：

> 治国之有法术赏罚，犹若陆行之有犀车良马也，水行之有轻舟便楫也，乘之者遂得其成。伊尹得之，汤以王；管仲得之，齐以霸；商君得之，秦以强。此三人者，皆明于霸王之术，察于治强之数，而不以牵于世俗之言。（《韩非子·奸劫弑臣》第十四）

这三个人掌握了治国的诀窍（法术赏罚），辅佐商汤、齐桓公和秦孝公成就王霸。然而有这般大本领的人，往往也能对君主构成威胁，韩非对此抱有警惕之心：

> 人臣称伊尹、管仲之功，则背法饰智有资；称比干、子胥之忠而见杀，则疾强谏有辞。（《韩非子·饰邪》第十九）

他明白居伊尹、管仲之功很容易走向违背法制、玩弄智巧之路，所以理想的臣子是这样的：

> 若夫后稷、皋陶、伊尹、周公旦、太公望、管仲、隰朋、百里奚、蹇叔、舅犯、赵衰、范蠡、大夫种、逢同、华登，此十五人者为其臣也，皆夙兴夜寐，卑身贱体，竦心白意，明刑辟、治官职以事其君，进善言、通道法而不敢矜其善，有成功立事而不敢伐其劳，不难破家以便国，杀身以安主，以其主为高天泰山之尊，而以其身为壑谷鬴洧之卑，主有明名广誉于国，而身不难受壑谷鬴洧之卑。如此臣者，虽当昏乱之主尚可致功，况于显明之主乎？此谓霸王之佐也。（《韩非子·说疑》第四十四）

既能“明刑辟、治官职”“进善言、通道法”“有成功立事”，又能“卑身贱体”，不敢“矜其善”“伐其劳”，甚至“破家以便国，杀身以安主”，这样的臣子遭逢昏乱的国君也可以成就功业，如果遇上英明之主就更能发挥作用了。问题是，按照韩非君臣之间只有交易关系的理论，精明之臣怎么能够服服帖帖地受昏乱之主管制呢？这是韩非治国理论中不能自洽的矛盾，说到底是由其学说的专制性质所限的。

臣子作为法令的执行者，应该遵循“不得越官而有功，不得陈言而不当”的原则。功赏对臣子构成巨大的诱惑，要谨防官员偏离职守，滥邀宠赏；也要防止臣子大言炎炎，不切实际。就后者来说，战国时期的纵横家中不乏大言欺世者，他们凭借三寸不烂之舌在君王面前海吹夸口，似乎能够坐定乾坤，其真实目的无非是让君王拿出财宝来供其驱驰，一旦风声不妙就脚底抹油溜之大吉。对他们实行“形名参同”，可以有效预防君王上当受骗。就前者而言，官员取得职守外的意外之功，似乎应该予以奖赏，但事实上这种奖赏会鼓励官员贪得法外之功，不利于法治秩序的建立。韩非的表达虽然似乎比较极端，其实在这点上与儒家相去不远，孔子说“不在其位，不谋其政”，就是同样的意思。

由于君臣不同利，臣很容易成为君的对立面，是所谓“奸臣”。奸臣的特征包括：浮说淫词，以惑其主；交众与多，外内朋党；损公肥私，安利无功；阿顺人主，取信幸之势；爵禄贵重，成专断之形。《韩非子》中对防范奸臣的论述甚多，因为春秋战国时代实在太多奸臣篡权、犯上作乱的例子，可以说奸臣是韩非以法治国道路上的“头号敌人”。他对“重臣”尤为忌讳：

> 明主之国，有贵臣无重臣。贵臣者，爵尊而官大也；重臣者，言听而力多者也。明主之国，迁官袭级，官爵受功，故有贵臣。言不度行，而有伪必诛，故无重臣也。（《韩非子·八说》第四十七）

贵臣与重臣的区别在于前者的爵禄都是依法立功而由君王赏赐得来，后者则借君之势成只手蔽天的局面，很可能会取君而代之。因此贵臣可以有，重臣则必须加以清理。历代所谓的“功高震主”，正是这一理论的表现。

3. 民众与法治

在古代社会里，作为沉默的大多数，民众既是国家财富的创造者，同时又是国家法令规范的主要对象。历经春秋战国数百年的纷乱，统治者深知民众是国家实力的组成部分，无论是对外征战还是对内赋敛，民众是战时兵士的来源、平时劳作的主力。相对说来，儒家比较重视人本身的价值，具有朴素的民本思想。《尚书》中就有“民惟邦本，本固邦宁”之说，战国时期孟子更提出“民为贵，君为轻，社稷次之”之说，民众的安宁幸福程度成为衡量国家治理水平的标志。韩非为专制制度立言，不可能赞成儒家的观点，但也并非漠视民众的价值。在他看来，国富兵强，人民安居乐业，是法治成功的自然产物：

> 徭役少则民安，民安则下无重权，下无重权则权势灭，权势灭则德在上矣。（《韩非子·备内》第十七）
>
> 故当今之时，能去私曲就公法者，民安而国治；能去私行行公法者，则兵强而敌弱。（《韩非子·有度》第六）
>
> 圣人之治民，度于本，不从其欲，期于利民而已。（《韩非子·心度》第五十四）
>
> 夫国治则民安，事乱则邦危。（《韩非子·制分》第五十五）

但从总体上说，韩非视民众为无法自觉的“群氓”，有待上位者的督责。如前之引文所谓圣人治民应“度于本，不从其欲”，认为民众的需求不值得去迎合，而要着眼于长远利益。他轻视民智，“民智之不可用，犹婴儿之心也”（《韩非子·显学》第五十）。把民众的认识水平等同于婴儿，当然也就不会把得民心当作治政的目标。“人主者，明能知治，严必行之，故虽拂于民心，立其治。”（《韩非子·南面》第十八）这也是他与儒家观念针锋相对之处。儒家讲仁政，讲得民；韩非则置法度于一切之上，视仁爱为赘疣，民心为乱源，说什么“适民心者，恣奸之行也”。他这些认识的根源，既在于其高高在上的贵族地位，也源于他对人性本质为恶的看法。

在韩非看来，民众的天性就是“恶劳而乐佚”的，如果不用法令加以约束和诱引，只会荒怠本业，导致社会失序。由于“利之所在，民归之”，趋利避害是人的本能，只有赏罚能让人民循规蹈矩：

今民儇诇智慧，欲自用，不听上。（《韩非子·忠孝》第五十一）

夫严刑重罚者，民之所恶也，而国之所以治也；哀怜百姓，轻刑罚者，民之所喜，而国之所以危也。（《韩非子·奸劫弑臣》第十四）

夫严刑者，民之所畏也；重罚者，民之所恶也。（《韩非子·奸劫弑臣》第十四）

夫民之性，喜其乱而不亲其法。故明主之治国也，明赏则民劝功，严刑则民亲法。（《韩非子·心度》第五十四）

在韩非的表述中，时见“愚民”“奸民”“猾民”“乱民”之称，只要有机会，民众就会“比周”上欺其主。“民者固服于势，寡能怀于义。”（《韩非子·五蠹》第四十九）治理之道只有法术一途。在《韩非子·六反》篇中，他把“奸伪无益之民”与“耕战有益之民”做了一个对比：

畏死远难，降北之民也，而世尊之曰“贵生之士”；学道立方，离法之民也，而世尊之曰“文学之士”；游居厚养，牟食之民也，而世尊之曰“有能之士”；语曲牟知，伪诈之民也，而世尊之曰“辩智之士”；行剑攻杀，暴憿之民也，而世尊之曰“磏勇之士”；活贼匿奸，当死之民也，而世尊之曰“任誉之士”；此六民者，世之所誉也。赴险殉诚，死节之民，而世少之曰“失计之民”也；寡闻从令，全法之民也，而世少之曰“朴陋之民”也；力作而食，生利之民也，

> 而世少之曰“寡能之民”也；嘉厚纯粹，整穀之民也，而世少之曰“愚戆之民”也；重命畏事，尊上之民也，而世少之曰“怯慑之民”也；挫贼遏奸，明上之民也，而世少之曰“谄谗之民”也；此六者，世之所毁也。奸伪无益之民六，而世誉之如彼；耕战有益之民六，而世毁之如此；此之谓六反。

能“赴险殉诚”的勇敢之民、“寡闻从令”的恭谨之民、“力作而食”的生产之民、“嘉厚纯粹”的正派之民、“重命畏事”的谨慎之民、“挫贼遏奸”的护法之民，都是合乎法治需要的民众，依韩非之说，他们并非天然如此，实为赏罚法术引导之下的理想民众。

韩非把民众当作是可以加以利用、需要引导的力量，因此不可能看到民众自身的意志。他记录孔子的话说：“为人君者，犹盂也；民，犹水也。盂方水方，盂圜水圜。”（《韩非子·外储说左上》第三十二）怎样的君主，就有怎样的人民，人民是随君主而变的。比如“越王好勇，而民多轻死”（《韩非子·二柄》第七），越王勾践为复仇而刻意引导民众，使之赴汤蹈火。在《韩非子·内储说上》中记载了“越王式怒蛙”的故事：

> 越王勾践见怒蛙而式之。御者曰：“何为式？”王曰：“蛙有气如此，可无为式乎？”士人闻之曰：“蛙有气，王犹为式，况士人之有勇者乎！”是岁，人有自刭死以其头献者。故越王将复吴而试其教：燔台而鼓之，使民赴火者，赏在火者；临江而鼓之，使人赴水者，赏在水也；临战而使人绝头刳腹而无顾心者，赏在兵也。又况据法而进贤，其助甚此矣。

勾践装模作样对挡车的青蛙行礼，表示对其勇气的嘉奖，从而鼓励民众上

了战场有勇敢的品质。

韩非在论述民众的时候，常常是从君上的角度立言：

故有道之主，远仁义，去智能，服之以法。是以誉广而名威，民治而国安，知用民之法也。（《韩非子·说疑》第四十四）

赏莫如厚而信，使民利之；罚莫如重而必，使民畏之；法莫如一而固，使民知之。（《韩非子·五蠹》第四十九）

设民所欲以求其功，故为爵禄以劝之；设民所恶以禁其奸，故为刑罚以威之。（《韩非子·难一》第三十六）

周合刑名，民乃守职。（《韩非子·扬权》第八）

设法度以齐民，信赏罚以尽民能。（《韩非子·八经》第四十七）

这是一种居高临下的单向治理思路，不可能去倾听民声、关注民意，反而是强调统治者师心自用，不要被民众的呼声所左右："举士而求贤智，为政而期适民，皆乱之端，未可与为治也。"（《韩非子·显学》第五十）

当然，韩非也不是不知道无道暴君伤民害民的恶果。在《韩非子·解老》篇中有数则论述涉及统治者对人民造成的伤害：

人君者无道，则内暴虐其民，而外侵欺其邻国。

民犯法令之谓民伤上，上刑戮民之谓上伤民。民不犯法，则上亦不行刑；上下不行刑之谓上不伤人，故曰："圣人亦不伤民。"

治大国而数变法则民苦之。是以有道之君贵虚静，而重变法。

这些论述的归宿还是落在君主的治理方式上，目的当然是维护国家的法治秩序。只有在良好的统治秩序下，才会出现“言谈者必轨于法，动作者归之于功，为勇者尽之于军”（《韩非子·五蠹》第四十九）的良民，这样的良民又会推动国家的强盛，形成良性循环。韩非还从老子的“小国寡民”思想中吸取意见，提出“民不越乡而交，无百里之感”（《韩非子·有度》第六）的理念，驯良的民众应该是谨守乡土、行不妄交的。这也可以说是一种愚民之政，因为一旦民众互相的联系增多，必然对统治秩序构成威胁，只有分而治之，使其“老死不相往来”，才能保证国家的稳定运行。

五、文章选读

说明：韩非的法治思想散见于许多篇章中，《韩非子·有度》是比较集中地讨论法治的，“有度”意即治国要有法度，其中尤以尊君为核心内容。此篇首以历史上的楚庄王、齐桓公、燕昭王、魏安釐王之例说明“国无常强，无常弱”，关键因素在于有无法治。有了法治可以做到“使法择人”“使法量功”，臣子就不能欺君罔上。但在现实政治中君主经常被臣子的虚名所迷惑，奸臣得以结党营私。韩非提出了“法不阿贵，绳不挠曲”“刑过不避大臣，赏善不遗匹夫”等著名论断，说明运用法度打击奸臣，才能保证国家的强盛。此篇中部分内容与《管子·明法》篇相同，因此有人怀疑此篇不是韩非所作。《韩非子·守道》篇说明保国之道在于赏罚。从赏的方面说，有爵位、名声以及实际的好处；从罚的方面说，则在于轻罪重罚。赏罚并行，恩威兼施，达到臣民不得不忠心、奸邪不得不归正的效果。如此则君不至于亡国、臣不至于遭祸，上下相安，天下太平。

《韩非子·有度》

国无常强，无常弱。奉法者[①]强，则国强，奉法者弱，则国弱。荆庄王并

① 奉法者，指执法的国君。

国二十六，开地三千里，庄王之氓社稷[①]也，而荆以亡。齐桓公并国三十，启地三千里，桓公之氓社稷也，而齐以亡。燕襄王以河为境，以蓟为国[②]，袭[③]涿、方城，残齐，平中山，有燕者重，无燕者轻，襄王之氓社稷也，而燕以亡。魏安釐王攻燕救赵，取地河东；攻尽陶、魏之地，加兵于齐，私[④]平陆之都；攻韩拔管，胜于淇下；睢阳之事，荆军老而走[⑤]；蔡、召陵之事，荆军破；兵四布于天下，威行于冠带之国[⑥]；安釐王死而魏以亡。故有荆庄、齐桓则荆、齐可以霸，有燕襄、魏安釐则燕、魏可以强。今皆亡国者，其群臣官吏皆务所以乱而不务所以治也。其国乱弱矣，又皆释国法而私其外[⑦]，则是负薪而救火也，乱弱甚矣！

故当今之时，能去私曲[⑧]就公法者，民安而国治；能去私行[⑨]行公法者，则兵强而敌弱。故审得失有法度之制者，加以群臣之上，则主不可欺以诈伪[⑩]；审得失有权衡之称[⑪]者，以听远事，则主不可欺以天下之轻重。今若以誉进能，则臣离上而下比周；若以党举官，则民务交而不求用于法。故官之失能者，其国乱。以誉为赏[⑫]，以毁为罚也，则好赏恶罚之人释公行[⑬]、行私术，比周以相为[⑭]也。忘主外交，以进其与[⑮]，则其下所以为上者薄矣。交众与多，外内朋党，虽

① 氓，通“泯”，灭，死。氓社稷，死于社稷。
② 国，国都。
③ 袭，重叠，围绕。
④ 私，占为己有。
⑤ 老而走，因长期作战疲困而逃跑。
⑥ 冠带之国，指中原地区文化发达的各国。
⑦ 私其外，于国法之外谋其私利。
⑧ 私曲，偏私阿曲，不公正。
⑨ 私行，任凭己意行事。
⑩ 此句谓君主不会被臣下的狡诈虚伪所欺骗。
⑪ 权衡，秤也；称，衡量。权衡之称喻指以法度为标准。
⑫ 此指以虚假的名声作为奖赏的依据。
⑬ 公行，为国家谋利的行为。
⑭ 相为，互相包庇利用。
⑮ 与，党羽。

有大过，其蔽[①]多矣。故忠臣危死于非罪，奸邪之臣安利于无功。忠臣危死而不以其罪，则良臣伏矣；奸邪之臣安利不以功，则奸臣进矣。此亡之本也。若是则群臣废法而行私重[②]，轻公法矣。数至能人之门，不一至主之廷；百虑私家之便，不一图主之国。属数[③]虽多，非所以尊君也；百官虽具，非所以任国也。然则主有人主之名，而实托于群臣之家也。故臣曰：亡国之廷无人焉。廷无人者，非朝廷之衰也。家务相益，不务厚国；大臣务相尊，而不务尊君；小臣奉禄养交，不以官为事。此其所以然者，由主之不上断于法，而信下为之也。故明主使法择人，不自举也；使法量功，不自度也。能者不可弊[④]，败者不可饰，誉者[⑤]不能进，非者[⑥]弗能退，则君臣之间明辩[⑦]而易治，故主雠法[⑧]则可也。

贤者之为人臣，北面委质[⑨]，无有二心。朝廷不敢辞贱，军旅不敢辞难，顺上之为，从主之法，虚心以待令，而无是非也。故有口不以私言，有目不以私视，而上尽制之。为人臣者，譬之若手，上以修[⑩]头，下以修足；清暖寒热，不得不救；镆铘傅体，不敢弗搏。无私[⑪]贤哲之臣，无私事能之士。故民不越乡而交，无百里之感[⑫]。贵贱不相逾，愚智提衡[⑬]而立，治之至也。今夫轻爵禄，易

① 蔽，掩盖，指为其掩盖“大过”的党羽。
② 私重，私人的权势。
③ 属数，徒属的数目。
④ 弊，通“蔽”，遮蔽，此指埋没。
⑤ 誉者，徒有虚名的人。
⑥ 非者，被恶意诽谤的人 。
⑦ 辩，通“辨”。
⑧ 雠法，即用法。
⑨ 质，通“贽”，拜见尊长时的礼物。委质，在这里指向君主献礼，表示忠心。
⑩ 修，修治，修饰。
⑪ 私，偏爱。此处主语为“君”。
⑫ 感，指吊死问疾。此句指不越百里而吊死问疾，与“不越乡而交”义同。
⑬ 提衡，提秤，喻以法为衡量标准保持公平。

去亡[①]，以择其主，臣不谓廉。诈说逆法，倍[②]主强谏，臣不谓忠。行惠施利，收下为名，臣不谓仁。离俗隐居，而以诈非上，臣不谓义。外使诸侯，内耗其国，伺其危险之陂以恐其主，曰“交非我不亲，怨非我不解”，而主乃信之，以国听之，卑主之名以显其身，毁国之厚以利其家，臣不谓智。此数物者，险世之说也，而先王之法所简[③]也。先王之法曰：“臣毋或作威，毋或作利，从王之指；毋或作恶，从王之路。”古者世治之民，奉公法，废私术，专意一行，具[④]以待任。

夫为人主而身察百官，则日不足，力不给。且上用目，则下饰观；上用耳，则下饰声；上用虑，则下繁辞。先王以三者为不足，故舍己能而因法数[⑤]，审赏罚。先王之所守要，故法省而不侵。独制四海之内，聪智不得用其诈，险躁不得关[⑥]其佞，奸邪无所依。远在千里外，不敢易其辞；势在郎中[⑦]，不敢蔽善饰非；朝廷群下，直凑单微[⑧]，不敢相逾越。故治不足[⑨]而日有余，上之任势使然之。

夫人臣之侵其主也，如地形焉，即渐以往，使人主失端，东西易面而不自知。故先王立司南以端朝夕。故明主使其群臣不游意于法之外，不为惠于法之内，动无非法。法，所以凌过游外[⑩]私也；严刑，所以遂令[⑪]惩下也。威不贰

① 随便流亡。
② 倍，通“背”。
③ 简，轻视。
④ 具，通“俱”，完全，全部。
⑤ 法数，即法术。
⑥ 关，施展。
⑦ 指处于近臣侍卫的地位。
⑧ 单微，微贱。此句指群臣把个人微薄的力量汇聚给君主。
⑨ 治不足，要办的事情不够做，即有余力。
⑩ 外，弃。
⑪ 遂令，贯彻命令。

错[①]，制[②]不共门。威制共，则众邪彰矣；法不信，则君行危矣；刑不断，则邪不胜矣。故曰：巧匠目意中绳，然必先以规矩为度；上智捷举中事，必以先王之法为比[③]。故绳直而枉木斫，准夷而高科[④]削，权衡县[⑤]而重益轻，斗石设而多益少。故以法治国，举措而已矣。法不阿贵，绳不挠曲[⑥]。法之所加，智者弗能辞，勇者弗敢争。刑过不避大臣，赏善不遗匹夫。故矫上之失，诘[⑦]下之邪，治乱决缪[⑧]，绌羡[⑨]齐非，一民之轨，莫如法。厉[⑩]官威民，退淫殆[⑪]，止诈伪，莫如刑。刑重则不敢以贵易[⑫]贱，法审[⑬]则上尊而不侵；上尊而不侵，则主强而守要[⑭]，故先王贵之而传之。人主释法用私，则上下不别矣。

《韩非子·守道》

圣王之立法也，其赏足以劝善，其威足以胜暴，其备[⑮]足以必完法。治世之臣，功多者位尊，力极者赏厚，情尽者[⑯]名立。善之生如春，恶之死如秋。故民劝极力而乐尽情，此之谓上下相得。上下相得，故能使用力者自极于权衡[⑰]，而

---

① 错，通“措”，置，树立。
② 制，权力。
③ 比，例。
④ 高科，凸出的部分。
⑤ 县，通“悬”。
⑥ 墨线不迁就弯曲的东西，喻法不容罪。
⑦ 诘，追究。
⑧ 缪，通“谬”，谬误。
⑨ 绌，通“黜”，削减。羡，多余。
⑩ 厉，整治。
⑪ 殆，通“怠”，怠惰。
⑫ 易，轻视。
⑬ 审，严明。
⑭ 守要，掌握重权，把握关键。
⑮ 备，措施。
⑯ 情尽者，竭尽忠诚的人。
⑰ 权衡，秤，喻法度。

务至于任鄙[①]；战士出死，而愿为贲、育[②]；守道者皆怀金石之心，以死子胥之节。用力者为任鄙，战如贲、育，中[③]为金石，则君人者高枕而守已完矣。

古之善守者，以其所重禁其所轻[④]，以其所难止其所易，故君子与小人俱正，盗跖与曾、史俱廉。何以知之？夫贪盗不赴溪而掇金，赴溪而掇金则身不全。贲、育不量敌，则无勇名；盗跖不计可[⑤]，则利不成。

明主之守禁也，贲、育见侵[⑥]于其所不能胜，盗跖见害于其所不能取，故能禁贲、育之所不能犯，守盗跖之所不能取，则暴者守愿[⑦]，邪者反正。大勇愿，巨盗贞，则天下公平，而齐民[⑧]之情正矣。

人主离法失人，则危于伯夷不妄取，而不免于田成[⑨]、盗跖之祸。何也？今天下无一伯夷，而奸人不绝世，故立法度量[⑩]。度量信，则伯夷不失是，而盗跖不得非。法分明，则贤不得夺不肖，强不得侵弱，众不得暴寡。托天下于尧之法[⑪]，则贞士不失分[⑫]，奸人不侥幸。寄千金于羿之矢，则伯夷不得亡，而盗跖不敢取。尧明于不失奸[⑬]，故天下无邪；羿巧于不失发，故千金不亡。邪人不寿而盗跖止。如此，故图不载宰予[⑭]，不举六卿；书不著子胥，不明夫差。孙、吴之略废，盗跖之心伏。人主甘服于玉堂之中，而无瞋目切齿倾取之患；人臣垂拱

① 任鄙，人名，战国秦武王时大力士。
② 贲，孟贲；育，夏育。两人皆为战国时卫国人，以力大好勇知名。
③ 中，心也。
④ 用重刑禁止轻罪。
⑤ 可，可否，成败。
⑥ 侵，侵害，制裁。
⑦ 守愿，保持谨慎。
⑧ 齐民，平民。
⑨ 田成即田常，春秋末齐国大臣，后杀齐简公夺得政权。
⑩ 度量，标准。
⑪ 尧之法，这里指严明的法纪。
⑫ 分，本分。
⑬ 不失奸，不放过一个坏人。
⑭ 宰予，孔子弟子宰我。图书里不会记载宰我事迹，指法纪严明无须忠臣献身。

于金城之内，而无扼腕聚唇[1]嗟唶[2]之祸。服虎而不以柙，禁奸而不以法，塞伪而不以符[3]，此贲、育之所患，尧、舜之所难也。故设柙，非所以备鼠也，所以使怯弱能服虎也；立法，非所以备曾、史[4]也，所以使庸主能止盗跖也；为符，非所以豫[5]尾生也，所以使众人不相谩[6]也。不恃比干之死节，不幸乱臣之无诈也；恃怯之所能服，握庸主之所易守。当今之世，为人主忠计[7]，为天下结德者，利莫长于如此。故君人者无亡国之图，而忠臣无失身之画。明于尊位必赏，故能使人尽力于权衡，死节于官职。通贲、育之情，不以死易生；惑于盗跖之贪，不以财易身，则守国之道毕备矣。

---

① 扼腕聚唇，左手扼右腕，噘起嘴唇，表示愤怒怨恨。

② 嗟唶（jiè），哀怨叹息。

③ 符，古代朝廷传达命令或征调兵将用的凭证。

④ 曾，曾参；史，史鱼，皆为贞信之士。

⑤ 豫，通“预”，防备。

⑥ 谩，欺诈。

⑦ 忠计，忠心考虑。

第七讲 权谋之术

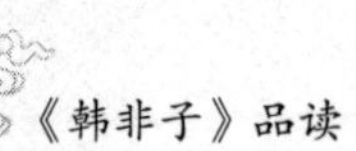

先秦诸子百家中的法家虽以“法”冠名，但准确地说宜名为“法术家”。因为他们虽言法以治国，却也极为重视权术的运用，法、术并行是先秦法家思想的重要特征。为什么法家不能纯任法而兼用术？这是由其学说的结构性缺陷决定的。法家以尊君为上，把国家的安危富盛寄于君主一身，视君主为权力源泉。君主是法令的制定者和颁布者，也是推行法令的源动力，而君主本身却超然于法令之上。这就使得“君位”成为人人企羡的对象，更成为“有力者”攫取的目标。君主一方面要行使治国之法权，崇尚耕战，以富国强兵为目标；另一方面更要防范臣子觊觎，戒绝任何可能的疏失，以保权固位为目标。前者可明诏大号于境内，后者却只能由君主暗自体察、宸心独断。这便是“术”，“术”是由君主独特地位决定的对付臣子的一整套手段，它以君主之权势为依托，故特称“权术”。君主之为“孤家寡人”，既是其大权独揽的表现，也是其德孤助寡的形象写照。由于君主并非真是能力超群的“圣人”，大多数君主由于其见识所限，甚至连中人之资都谈不上，更有甚者连基本的常识都不一定具备。一个专制王朝建立后，前几代君主可能还有雄才远略，“镇”得住各色臣子；“祖宗之法”的确立也能帮助王朝沿着既定轨道前行一阵子，但专制政权的本质决定其内在矛盾必然走向激化，王朝的周期性兴衰就由此而产生。一国之“法”需要君臣同心合力去施行，“术”却是君主用来暗中对付臣子的，自会招致臣子的“反噬”。“法”“术”并行的结果是君臣互不信任，最终形成体制性的溃败。“术”的应用反而使中国历代政治充满暗黑与龌龊，可以说，权术是中国传统政治文化中的糟粕。

鉴于权术在中国政治文化中的客观存在，认识权术的实际运用既有助于我们理解历史的真相，也让我们对今天的政治复杂性多一层认识，从而去反思其中的制度缺陷并补救之。另外，让过去见不得人的权术大白于天下，也是使其失去“魔力”的重要方法。比如我们经常在史书中看到历代开国之君的种种“神迹”，民间也流传诸多君王的神秘传说，在民智未开的时代这些往往被民众虔诚地相信着。然而韩非在《韩非子·外储说左上》里早就向我们揭示了这其中的奥秘：

赵主父令工施钩梯而缘播吾，刻疏人迹其上，广三尺，长五尺，而勒之曰："主父常游于此。"

秦昭王令工施钩梯而上华山，以松柏之心为博，箭长八尺，棋长八寸，而勒之曰："昭王尝与天神博于此矣。"

帝王所玩的把戏大抵类此，与陈胜吴广起义时所玩的那一套"装神弄鬼"的东西是同一个道理，都是为了使愚昧的民众倾心相从。如果说这是一种"统治术"，那么我们今天来看它，就好比是把魔术师的底细给抖搂出来，使其失却神秘的色彩。

一、术论概说

在先秦诸子的思想学说中，"道"显然是一个比"术"更高的思想范畴，而且并非只有道家才谈"道"，儒、墨、法、阴阳等家各有其理想之"道"。《韩非子》中有篇《主道》，可以明显看出从道家之"道"到法家之"道"的转变。其开篇曰："道者，万物之始，是非之纪也。是以明君守始以知万物之源，治纪以知善败之端。"由于老子之道本来就是人生经验、政治和军事规律的积淀提炼而成，韩非将其转化成君主治道也就顺理成章。作为一个冷峻的现实主义者，韩非偏重于治道的应用，实即法与术。由于"道"具有玄奥神秘性，而韩非说的"术"也有隐秘的特点，因此他所谓的治道更偏于"术"一些，这也与我们阅读《韩非子》的印象相合。

从宽泛的意义上说，"道"是世界的根本之理，而"术"是具体的方法和手段。如果说"道"是那"一"，"术"就是那具体化的"万"，所谓"执一驭万"

就表明了“道”与“术”的关联。明清之际的王夫之曾就“术”作过一番议论：

> 术之为言，路也；路者，道也。记曰：“审端径术”。径与术则有辨。夹路之私而取便者曰径，其共繇而正大者曰术。……学也者，所以择术也，术也者，所以行学也。君子正其学于先，乃以慎其术于后。……君子之学于道也，未尝以术为讳，审之端之而已矣。（王夫之《宋论》卷三）

王夫之是在论学，提出“君子之学于道也，未尝以术为讳，审之端之而已”的观点，其理可通于韩非的道术之论。讲求治国之道，不能停留在空泛的概念上，一定要落实为切实可行的措施和方法才好。韩非之术虽有“暗黑”性质，但如果仔细分剖，其中也不乏国家管理、任用人才的实在之处。从这个意义上说，我们也没必要对韩非的权术论一棍子打死。

韩非通常将法、术并称，我们从他对法、术的辨析中可以了解法家之术到底为何物：

> 法者，编著之图籍，设之于官府，而布之于百姓者也。术者，藏之于胸中，以偶众端，而潜御群臣者也。故法莫如显，而术不欲见。是以明主言法，则境内卑贱莫不闻知也，不独满于堂；用术，则亲爱近习莫之得闻也，不得满室。（《韩非子·难三》第三十八）
>
> 术者，因任而授官，循名而责实，操杀生之柄，课群臣之能者也，此人主之所执也。法者，宪令著于官府，刑罚必于民心，赏存乎慎法，而罚加乎奸令者也，此臣之所师也。（《韩非子·定法》第四十三）

从韩非的论述中可以看出，术是君主用来驾驭臣子的方法（御群臣），其作用包括“因任而授官，循名而责实，操杀生之柄，课群臣之能”等，其目的在于“知奸”，辨别“贤不肖”，而术的运用则具有隐秘性（藏、潜御、不欲见）。就其作用来看，量才授官、循名责实、考核能力等都是管理官员的应有之义，本来也完全可以通过公开化、法制化的渠道进行，只是专制统治的本质决定君臣利益根本是冲突的，君主为一己利益而公器私用，才形成这畸变的“权术”。

韩非对术的重视绝不下于法。他虽然对商鞅的变法极口称赞，但认为商鞅失败后秦国的变法成果为臣子所窃，导致秦国迟迟不能成就帝业。臣子弄权是由于君主无术以驭下，韩非有过一个精妙的比喻：

> 造父方耨，见有子父乘车过者，马惊而不行，其子下车牵马，父子推车，请造父助我推车。造父因收器，辍而寄载之，援其子之乘，乃始检辔持策，未之用也，而马辔惊矣。使造父而不能御，虽尽力劳身助之推车，马犹不肯行也。今使身佚，且寄载，有德于人者，有术而御之也。故国者，君之车也；势者，君之马也。无术以御之，身虽劳，犹不免乱；有术以御之，身处佚乐之地，又致帝王之功也。（《韩非子·外储说右下》第三十五）

造父是历史上有名的善御者，他帮助别人制服惊马，做了好事，还使自己舒舒服服地处在驾驶座上。韩非在此把国家比作君主之车，权势比作君主之马，要让车马随主人心意而动，非有高超的驾驭术不可；君主掌握这“术”，才能让国家运行在正确的轨道上。

二、术论溯源

谋术说好听点叫“神机妙算”，说难听点叫“阴谋诡计”，自从有了人类社会就应该存在了——甚至更早，比如我们看到动物界像狼之类的就很会使用迷惑计、包抄术。对谋术的系统研究大约始于兵法，人类社会长期存在的生存斗争催生出种种谋略，进入文明社会之后便总结为各家兵法。春秋战国之际战争频仍，百家之一的兵家大有用武之地。我国现存最早的兵书《孙子兵法》传为孙武所著，总结了很多战争的原则和规律问题，其中有一些完全可以迁移到国家治理和统驭臣子的权术中来。比如“上兵伐谋”，比如“用间”，等等。法家人物中也有本是军事家的，比如战国初期的吴起，曾仕于鲁、魏、楚三国，无论是带兵为将还是主持变法，都取得极大成就。不过流传的吴起故事多偏重于其守信之事，没怎么讲他如何用术。

政治斗争本身也需要讲策略。前人在长期的政治实践中积累起来不少“治术”，这应当也是法家之术的重要来源。比如管仲就很懂得因民所欲而设政，“俗之所欲，因而与之；俗之所否，因而去之”（《史记·管晏列传》）。韩非据人性而设赏罚，其出发点与管仲是相似的。春秋末期的郑国杰出政治家子产，曾经说“唯有德者，能以宽服民，其次莫如猛”（《左传·昭公二十年》），猛政犹如烈火，民望而畏之，国家容易保持安定。韩非在《韩非子·内储说上》中就引用过子产的这个论述，作为自己重刑思想的佐证。治术有大有小，大者事关国法制度，小者不乏统治的具体手段与招数。法家之术不是凭空产生的，很多都来自前人的这种政治实践。

法家与道家分支的黄老之学有着密切的关联。法家中人有不少就出自道家，比如慎到、申不害都曾学黄老之术。《汉书·艺文志》说：“道家者流，盖出于史官。历记成败、存亡、祸福、古今之道。然后知秉要执本，清虚以自守，卑弱以自持，君人南面之术也。”作为道家创始人的老子显然熟谙历史，《老子》五千言充满智慧，于修身、治国、用兵、养生之道多所阐发，而往往以政治为旨归，一些人甚至把老子视为“权诈之祖”。《老子》中的有些论述确实很像是“权诈术”：

> 将欲翕之，必固张之；将欲弱之，必固强之；将欲废之，必固兴之；将欲取之，必固与之。是谓微明。柔弱胜刚强。鱼不可脱于渊，国之利器不可以示人。（《老子》第三十六章）

“三十六计”中有“欲擒故纵”，很像是从老子语言中化出的。也有学者认为《老子》里的这段话并无权诈之意，“其实老子这些话只在于分析事物发展的规律。他指出事物常依‘物极必反’的规律运行，这是自然之理，任何事物都有向它的对立面转换的可能，当事物发展到某一个极限时，它就会向相反的方向运转。所以老子认为：在事物发展中，张开是闭合的一种征兆，强盛是衰弱的一种征兆”[①]。但是不管怎样，韩非确实是按照阴谋论的思路给予了解释：

> 越王入宦于吴，而观之伐齐以弊吴。吴兵既胜齐人于艾陵，张之江、济，强之于黄池，故可制于五湖。故曰：“将欲翕之，必固张之；将欲弱之，必固强之。”晋献公将欲袭虞，遗之以璧马；知伯将袭仇由，遗之以广车。故曰：“将欲取之，必固与之。”起事于无形，而要大功于天下，是谓微明。处小弱而重自卑损之谓弱胜强也。（《韩非子·喻老》第二十一）

此外如老子说的“无为而无不为”，一旦被认作以“无为”为手段，以

① 陈鼓应：《老子今注今译》序，商务印书馆，2003年版。

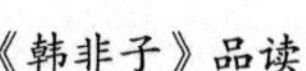

“无不为”为目标，也就成了阴谋术。韩非非常推崇君主的“无为”，把这当作是控制臣下的一种手段。法家的术论中有部分导源于道家，即指此等处。

战国之世最讲求谋术的其实是纵横家。一部《战国策》，集中了战国众多纵横术士的奇谋异策。苏秦、张仪等学于鬼谷子，纵横捭阖，在战国诸雄间掀起滔天巨浪。韩非对纵横家极为厌恶，称其为“言谈者”，列于危害国家的“五蠹”之一。但在重“术”的一面上韩非其实与纵横家有相通处，都强调以术制人成事，都有强烈的功利主义倾向。尤其是“揣摩”之术，通过对对方心理的精准把握来调整自己的策略。《韩非子·说难》一文可以说淋漓尽致地表现了韩非对君主心理的把握，其揣摩之精确，以至于有人怀疑此篇出自纵横家之手。韩非讲“术”与纵横家之“术”最大的不同在于用“术”的主体。韩非是以君主为本，以术制臣；纵横家是以士为本，以术干君。在韩非的理论体系中，术与法并行，以国富兵强为最终目标；纵横家们则唯术是论，以邀取个人的功名利禄为最大追求。其间之境界高下自是一目了然，难怪韩非对纵横家们绝不假以辞色。

在韩非之前以讲术知名的法家人物是申不害。据《史记·老子韩非列传》所附申不害事迹，“申不害者，京人也。故郑之贱臣。学术以干韩昭侯，昭侯用为相。内修政教，外应诸侯，十五年。终申子之身，国治兵强，无侵韩者”。申不害助韩昭侯变法，韩国大治，其时下距韩非出生不过三十多年。公元前337年申不害卒，其后韩国国势渐衰，秦国咄咄逼人，不时侵掠于韩。终韩非之身，韩国之国势飘摇日益显著。盛衰对比之下，很容易让人回想鼎盛时期的荣光。《韩非子》里对申不害之术的记载多已融进韩昭侯事迹中，因为韩昭侯毕竟是韩国先君，按照韩非归功于君、委过于臣的思路来看，十五年之治应当突出韩昭侯的英明才对。至于申不害本人，倒有些“挟外自重”之嫌：

> 大成午从赵谓申不害于韩曰：“以韩重我于赵，请以赵重子于韩，是子有两韩，我有两赵。”（《韩非子·内储说下》第三十一）

大成牛让申不害利用韩国的力量帮他得到赵国的器重，而他再以赵国的力量帮助申不害得到韩国的器重，这种手段恰恰是纵横家所擅长的，也是韩非所深恶痛绝的。申不害在《韩非子》中的表现颇为不堪，在另外一则故事中又有如下首鼠两端之举：

> 赵令人因申子于韩请兵，将以攻魏。申子欲言之君，而恐君之疑己外市也，不则恐恶于赵，乃令赵绍、韩沓尝试君之动貌而后言之。内则知昭侯之意，外则有得赵之功。（《韩非子·内储说上》第三十）

申不害既要结外人之好，又不想招君主猜疑，就让人先去试探昭侯的意图，以决定自己的进止，这样就可以两面讨好了。此乃臣术，而非君术，这当然与申不害自己的“臣位”有关；但同样处臣位的韩非却坚定地站在“君位”上来思考“术”，则其志在利国可见。

作为以“术”著称的法家人物，申不害也不是不讲“法”。他助韩昭侯变法，当然会有“见功而与赏，因能而授官”的制度性建树；但是至少在韩非看来，他的法治是有缺陷的。从其个人私德来说，有“知法犯法”的嫌疑：

> 韩昭侯谓申子曰：“法度甚不易行也。”申子曰：“法者，见功而与赏，因能而受官。今君设法度而听左右之请，此所以难行也。”昭侯曰：“吾自今以来知行法矣，寡人奚听矣。”一日，申子请仕其从兄官。昭侯曰：“非所学于子也。听子之谒，败子之道乎，亡其用子之谒？”申子辟舍请罪。（《韩非子·外储说左上》第三十二）

除非申不害是用这种方式来“以身试法”教育韩昭侯，他是难免“知法犯法”的讥嘲的。而从申不害的理论缺陷来看，韩非认为是“未尽于法”，即“术尽而法未尽”的意思：

问者曰：“主用申子之术、而官行商君之法，可乎？”对曰：“申子未尽于法也。申子言‘治不逾官，虽知弗言’。治不逾官，谓之守职也可；知而弗言，是不谓过也。人主以一国目视，故视莫明焉；以一国耳听，故听莫聪焉。今知而弗言，则人主尚安假借矣？……故曰：二子之于法术，皆未尽善也。”（《韩非子·定法》第四十三）

术与法不能偏废，徒术无法、徒法无术都会导致国家运行失常，这是韩非法术理论的大纲。我们不能执其一端而攻击之，唯当平心静气地分析其术论构成，反思其治国理政思想的得失，方能学有所得、为我所用。

三、术论构成

韩非的术论是在总结历史经验教训、吸收前贤相关论述的基础上形成的，其主体是君王，中心任务是维护君主专制统治，防范的对象主要是臣子。相比于法的公开明了，术的运用显得隐微曲折，内容更为丰富复杂。韩非所论的君王权术主要包括以下几个方面：

1. 无为术

“无为而治”本是道家主张，尤其是黄老道家的政治纲领，在汉初一度成为国家的主导治理思路，“文景之治”的实现与此治理思想实有莫大关联。当然这是与秦汉之际民生凋敝、亟待休养生息的社会状况相应的；但历史上每次出现盛世，基本上都是统治者采取宽缓之政、轻徭薄赋的结果，可见“无为而治”有其合理性。其实儒家推崇的仁政也有近似者，即《尚书·武成》中所称的“垂拱而治”：“惇信明义，崇德报功，垂拱而天下治。”只不过道家的“无为而治”因循的是天道自然，统治者不要干涉民众的生产和生活秩序，予取予求，社会自能健康发展；儒家讲“垂拱而治”依据的是仁爱原则，从爱民的角度出发保证民众的生产和生活秩序不受过分干扰，同时也有君臣分权共治国家的理念蕴含其中。不管是道家的“无为而治”还是儒家的“垂拱而治”都具纲领性的意义，有“形而上”的意味，即其主要体现为一种政治上的理念而非具体的统治手段和方法，是“道”而不是“术”。也正因有“形而上”的特点，“无为而治”或“垂拱而治”就带有一种虚幻、神秘感，不易着落为切实的政治举措。韩非作为一个现实功利主义者擅长化虚为实，他把作为“道”的“无为”变成了统治者控驭臣子的“无为术”。

在《老子》原文中，“无为而无不为”本义是指顺应自然，万事万物自可生生不息、化生无穷。而在韩非的理解中，“无为”成了手段，“无不为”则是目的，“无为”就成为一种“术”。这种术对于君主来说可以静制动，把握臣子的言行举动，达到政治运行效率最大化的目的。具体来说，“无为术”包括以下几个方面：

首先，“明君无为于上，群臣竦惧乎下”。君主要表现得无知无欲，让臣子无从揣摩与迎合，在强大的不确定感支配下臣子唯有战战兢兢地服从君主指令而不敢妄有所为。韩非认定臣子时时刻刻在伺察君主以便私计，在《韩非子·外储说右上》篇中他记录申不害的论述说：

> 申子曰：“上明见，人备之；其不明见，人惑之。其知见，人惑之；不知见，人匿之。其无欲见，人司之；其有欲见，人饵之。故曰：吾无从知之，惟无为可以规之。”

韩非对此论述显然极为赞赏，在《韩非子·主道》篇中有类似的表述："君无见其所欲，君见其所欲，臣自将雕琢；君无见其意，君见其意，臣将自表异。"君主的情感、情绪、好恶都可能为臣子所伺察，最好就是表现出浑然无欲状态，能以不变应万变。如此，君主的无为成了一种刻意的掩饰，通过自我神化达到对臣子的精神加以控制之目的。

其次，君无为而臣有为，人尽其能，事尽其理。韩非在《韩非子·主道》篇中提出："群臣守职，百官有常；因能而使之，是谓习常。"又说："明君之道，使智者尽其虑，而君因以断事，故君不穷于智；贤者敕其材，君因而任之，故君不穷于能。"对君主来说，最重要的是抓大放小，知人善任，充分调动群臣的积极性，而不能让自己陷入事务性的纠缠中去。君要把握的是根本性方向性的大政，具体的职事就由臣子各司其职。《史记》载刘邦与韩信论将，韩信说刘邦最多不过能带十万人的军队，刘邦反问韩信能带多少，韩信说是"多多益善"。刘邦笑问韩信何以为己所用，韩信答："陛下不能将兵，而善将将，此乃信之所以为陛下禽也。"君王的主要任务在于督责群臣，而不是与臣子争功。这道理历史上的有为之君都会明白，像刘邦那样聚合贤才为己所用的事例可说层出不穷。但是总有些君主好显己能，比如明朝的正德皇帝朱厚照，就好封自己为大将军，并且真的要带兵出战，在历史上留下笑柄。一般人都羡慕皇帝的至高无上地位，有些皇帝则欲与臣子争艺能，不是穷极无聊，就是没有摆正自己的位置。而这在韩非看来实在是为君之大忌：

> 夫物者有所宜，材者有所施，各处其宜，故上下无为。使鸡司夜，令狸执鼠，皆用其能，上乃无事。上有所长，事乃不方。矜而好能，下之所欺。辩惠好生，下因其材。上下易用，国故不治。（《韩非子·扬权》第八）

鸡适合“司夜”，猫适合“执鼠”，各因其才，各处其宜，什么事情都能办好。忌讳的是“上下易用”，君上来做臣下之事，不仅是失了体统和秩序，更是吃力不讨好的蠢事。以无为制有为，防止君主事必躬亲，实为治国之要。

从国家治理的角度看，“君无为”的思路合乎治国规律，可以说是具有中国智慧的治国思想，在这个意义上看“无为”就不是“术”而是“道”了。

再次，无为而治之妙，还在于“有功则君有其贤，有过则臣任其罪”（《韩非子·主道》第五）。君主既不过问具体事务，则君主能保证“永远正确”，在臣民中牢固树立其光辉形象；出了纰漏也知道向谁问责，避免人浮于事。在君主专制体制之下，一国之君特别需要维持其“英明”形象，在某种意义上他也是一国臣民的精神领袖，所以中国历史上常称当代之君为“圣人”“今圣”或“圣上”。唯其圣，才能保证其统治的合法性，才能保证其法令的神圣性。朝政可以有舛错，君主却不能被质疑。很多时候政变、动乱都借“清君侧”的名义发动，其奥秘即在于此。除非天下已经陷入大乱，某姓王朝被天下人认作“不义”，一般情况下直接打出反君旗号很容易置己身于不利地位而成为众矢之的。我们看历史上曹操明明已经实际掌权，但还是迟迟不敢废献帝自立，正因为其向来标榜的就是“勠力汉室”。事实上“挟天子以令诸侯”的策略让他争取到了有利形势，大量中间人物为其所用，可以想见如果他一旦改弦更张会招致怎样的麻烦。不仅荀彧这样他倚为左臂右膀的谋臣可能会弃他而去，也给孙权和刘备一个声讨他的理由，在天下大局未定的形势下他不会做出废帝自立的傻事。曹操是聪明人，他当然知道这天下迟早是他曹家的；唯其如此他更需要为子孙打好基础，不给人以攻击的理由。《水浒传》里梁山泊上的李逵可以大喊“杀入东京，夺了皇帝老儿的鸟位”，宋江却深知皇帝不可碰，而他们这些绿林好汉之所以啸聚山泽只是因为朝中有奸臣。宋江打出的是“忠义”的旗帜，这为他们的生存争取到了一个缝隙，获得外界最大限度的同情。由此可见，君主之“圣”是不能轻易去触碰的。然而，君主也不过是凡人，有欲望有嗜好，大部分资质还颇为凡庸。要维持其神圣形象，就需要尽量远事情，给人神秘感。顺此思路，如果君主能够一直以“无为”姿态来对待政务，让宰相为首的官僚系统去处理国家大事，倒也不失为“虚君”之治的契机。宋朝就强调皇帝与士大夫“共治天下”，皇帝无为，宰相执掌大权，颇有“虚君”政治的意味。不过君主专制的本质是君主专权，不容许任何人染指权力，因此“无为”就只能是君主的姿态和手段而非根本之计。

2. 自神术

专制君主欲证明其统治合法性，必须进行自我神化，以凸显其“真命天子”的君权神授性质。历代开国之君尤多神异传说，它们都是人为地编造出来以愚弄群氓的。自我神化的另一功能则是威慑子民，前文我们曾经引用《韩非子》记载的赵主父和秦昭王的事，就是通过神化自己达到令臣民畏服的目的。

自神术与无为术也有相通之处。上文说的“明君无为于上，群臣竦惧乎下”，就是通过营造君王的无喜无怒、无知无欲形象，令人莫测高深，从而使野心之徒不敢觊觎神器。无为术兼具自神术之功能，但自神术非止无为一端，有时候甚至与“无为”的表现大相径庭。比如韩非引以为傲的韩国先君韩昭侯就很擅长玩“自神术”把戏：

> 韩昭侯使骑于县。使者报，昭侯问曰：“何见也？”对曰：“无所见也。”昭侯曰：“虽然，何见？”曰：“南门之外，有黄犊食苗道左者。”昭侯谓使者：“毋敢泄吾所问于女。”乃下令曰：“当苗时，禁牛马入人田中，固有令，而吏不以为事，牛马甚多入人田中。亟举其数上之；不得，将重其罪。”于是三乡举而上之。昭侯曰：“未尽也。”复往审之，乃得南门之外黄犊。吏以昭侯为明察，皆悚惧其所而不敢为非。（《韩非子·内储说上》第三十）

韩非把这叫作“挟智而问”。君主带着自己知道的事情去问，可以问出自己不知道的事情来。臣下不知君主到底掌握多少情况，在恐惧的心理下就不敢有所隐瞒。但这就与“远事情”的“无为”姿态不甚相合，而近于察察之明。这类小把戏在《韩非子》中颇多记载，如“卫嗣君赐县令席”“周主下令索曲杖”“周主亡玉簪”“商太宰诮市吏”等。它所要达到的目的无非是令臣子恐惧，通过心理控制来让君主便捷地统治臣下。

这种“挟智而问”，依靠的是君主的信息优势，在上下信息不对等的情况下颇见效验。在《韩非子·主道》篇里说的“函掩其迹，匿其端，下不能原”可谓“自神术”的真诀，前面提到的赵主父和秦昭王“神迹”以及这里的“挟智而问”都是这一要诀的具体表现形式。在今天的刑事审讯中，警察也会使用类似的心理策略：把几个犯罪嫌疑人分开审讯，通过其口供上的异同来判断其言辞真伪；并利用他们相互间的猜疑心理来制造心理压力，从而获取真实信息。这不就是韩非说的“官有一人，勿令通言，则万物皆尽”吗？只不过韩非说的是君主怎样来对付臣子，而今天则是警察来对付犯罪嫌疑人。当然，这种心理策略在生活中的应用并不仅止于此，真所谓“运用之妙，存乎一心”。

保持君主的神秘感和神圣性，还有一大要诀就是“不见好恶”。好恶乃人之天性，比如好利恶害、好色恶臭等等，人之好恶既有共性又有个性。共性的，如“口之于味，有同嗜焉”；个性的，如“青菜萝卜，各有所爱”。韩非所关注的人之好恶是共性部分，他深知人性好利恶害，故立赏罚以制之。“凡治天下，必因人情。人情者，有好恶，故赏罚可用；赏罚可用则禁令可立而治道具矣。”（《韩非子·八经》第四十七）但这些是针对一般人而言的，君主自身又当如何呢？显然，君主同样会有好恶，同样会被人利用。奸臣之所以能行其奸，关键就是他们善于“阿主之好恶”，“即主心、同乎好恶”。君主是利益之渊薮，既能以利害制人，同样也为人所觊觎：

> 人主者，利害之轺毂也，射者众，故人主共矣。是以好恶见则下有因，而人主惑矣；辞言通则臣难言，而主不神矣。（《韩非子·外隼说右上》第三十四）

因此对君主来说重要的是制人而不制于人。要想不受制于人，就必须“不见好恶”。正如“太山不立好恶，故能成其高；江海不择小助，故能成其富”，君主不立好恶，臣子就无从突破君主的利益防线，君主高高在上的神圣形象就能得到维持。然而“不见好恶”岂是那么容易做到的？既然“人情者有好恶”，而大多数帝王“生于深宫之中，长于妇人之手”，个人好恶很容易受近臣、外戚、宦官所利用甚至刻意引导。况且处于权力顶峰的帝王何求而不遂？其所好恶往往膨胀不知纪极，历史上不乏酒色财气的皇帝就是这一道理。《聊斋志异·促织》讲了一个儒生的辛酸故事，蒲松龄在故事后评论说：“天子偶用一物，未必不过此已忘；而奉行者即为定例。加以官贪吏虐，民日贴妇卖儿，更无休止。故天子一跬步，皆关民命，不可忽也。”君主偶尔的好恶都足以福祸于人，何况癖好之深！君主的一举一动，都有可能引起广泛的影响，《韩非子》里有一个“齐桓公好服紫”的故事颇能说明：

> 齐桓公好服紫，一国尽服紫。当是时也，五素不得一紫。桓公患之，谓管仲曰：“寡人好服紫，紫贵甚，一国百姓好服紫不已，寡人奈何？”管仲曰：“君欲止之，何不试勿衣紫也？谓左右曰：‘吾甚恶紫之臭。’于是左右适有衣紫而进者，公必曰：‘少却，吾恶紫臭。’”公曰：“诺。”于是日，郎中莫衣紫，其明日，国中莫衣紫；三日，境内莫衣紫也。（《韩非子·外储说左上》第三十二）

君主的癖好不知不觉地影响着国人，要想消除影响只能从自身做起，“去好去恶”，臣民才能显露自己真实的一面，君主就可以避免受到蒙蔽。

“不见好恶”固然能够显示君主的神秘，但其实践性不强，只能说是韩非对君主的理想化要求。它倒是从反面启示我们君主的好恶足以构成一国兴衰的关键，故君主应慎于表现自己的好恶。韩非也确然在《韩非子・亡征》一文中提出：“好宫室台榭陂池，事车服器玩好，罢露百姓，煎靡货财者，可亡也。”又在《韩非子・八奸》篇中把君主追求享受的行为指为“养殃”：“人主乐美宫室台池，好饰子女狗马以娱其心，此人主之殃也。为人臣者尽民力以美宫室台池，重赋敛以饰子女狗马，以娱其主而乱其心，从其所欲而树私利其间，此谓‘养殃’。”显然，韩非反对君主穷奢极欲，他之鼓吹君主专制并不是为了“以一国而奉养一人”，实是救乱世之药方。尽管这药方的实效不如其初愿，我们却不能以之责备韩非，谓其为专制统治开路。

让我们把话题拉回到“自神术”上来。君主要让自己显得神明莫测，一个要点是恩威并施，使臣下无从预知赏罚之端。这么说似乎与明法思想中的赏罚措施有些相左，因为从法的角度来说赏罚当有明确标准，切忌随心所欲滥赏乱罚。确实，作为法令的赏罚制度自有其不可移易之处；然而赏罚有术，在不违背赏善罚恶的基本原则前提下，赏罚的运用自有其奥妙。比如下面这个韩昭侯兼罪典衣与典冠的故事：

> 昔者韩昭侯醉而寝，典冠者见君之寒也，故加衣于君之上。觉寝而说，问左右曰：“谁加衣者？”左右对曰：“典冠。”君因兼罪典衣与典冠。其罪典衣，以为失其事也；其罪典冠，以为越其职也。非不恶寒也，以为侵官之害甚于寒。故明主之畜臣，臣不得越官而有功，不得陈言而不当。越官则死，不当则罪。（《韩非子・二柄》第七）

韩昭侯喝醉酒睡着了，负责帽子的官员（典冠）好心给他盖上衣服以免着凉，昭侯醒来后不但不予奖赏，反而处罚了这位官员——罪名是越职，而负责衣物的官员（典衣）也因失职受到责罚。我们会觉得昭侯的做法不近人情，但昭侯依据的是“臣不得越官而有功”原则，其处罚决定并非心血来潮似的率性之举。这么一来臣子们的日常举止就非小心谨慎不可，生怕触动君主的哪根利益神经。作为一种驭臣之术，让臣子对君主时时保持敬惧之心实有莫大好处，恰如在众臣头上悬起一把达摩克利斯之剑，他们再不敢对君主怀有二心，此所谓“天威莫测”。作为制度的赏罚面向全体臣民，是公开的；而作为“术”的这种赏罚往往施于朝廷上的官员而非庶民百姓，一方面是“明主治吏不治民”，需要君主着力用心的是管好朝廷的各级官吏；另一方面是通过赏罚的施行明其威权，国家的官僚系统要纳入王权的有效管理需保证赏罚的恩威完全来自君主。

3. 听言术

君主治理国家最重要的方式就是听取各类官员的报告并做出决策和指令，怎样听取官员的报告事关信息的准确性和可靠性，直接影响君主的决策质量。听言有讲究，君主听到的是花言巧语还是直言谠论，是虚言假语还是金玉良言，需要有足够的智慧去辨识。对于听言之难，韩非是深有感触的，他自己对韩王的苦谏何曾得到过肯定！而韩王身边的浮言淫说倒反都进了韩王的耳朵。从历史上看，昏君暗主固然听不进良言，“子胥善谋而吴戮之，仲尼善说而匡围之，管夷吾实贤而鲁囚之”；明君圣主也未必能遽入忠言：“上古有汤，至圣也；伊尹，至智也。夫至智说至圣，然且七十说而不受，身执鼎俎为庖宰，昵近习亲，而汤乃仅知其贤而用之。”（《韩非子·难言》第三）君主一旦对某个人或某件事有了定见，人家说什么都不容易听进去：

> 言顺比滑泽，洋洋纚纚然，则见以为华而不实；敦厚恭祗，鲠固慎完，则见以为拙而不伦；多言繁称，连类比物，则见以为虚而无

用；捴微说约，径省而不饰，则见以为刿而不辩；激急亲近，探知人情，则见以为谮而不让；宏大广博，妙远不测，则见以为夸而无用；家计小谈，以具数言，则见以为陋；言而近世，辞不悖逆，则见以为贪生而谀上；言而远俗，诡躁人间，则见以为诞；捷敏辩给，繁于文采，则见以为史；殊释文学，以质信言，则见以为鄙；时称诗书，道法往古，则见以为诵。（《韩非子·难言》第三）

韩非深知君主最易被后妃近臣、游士权臣等言语蒙蔽，因此总结了一些听言技巧，苦口婆心地告诫君王引起重视。检验臣子所言是否诚实可靠，重要的一条就是“参验”，即“循名实而定是非，因参验而审言辞”（《韩非子·奸劫弑臣》第十四）：按“名”“实”是否相符来判定是非，根据实际办事效果来审查言论的正确性。战国时士人纷纷以言辞游说人主，取富贵于顷刻之间，以纵横家为最突出。他们或危言耸听，或夸大其词，或娓娓而诱，究其实有多少可行性？君主在这种情况下不能轻易为其所动，应该通过考察其言辞的实际效果来确定赏罚。“上必采其言而责其实，言当则有大利，不当则有重罪，是以愚者畏罪而不敢言，智者无以讼。”（《韩非子·问辩》第四十一）君主如果能够“采其言而责其实”，无谓的言论就会消失，纷纷然的论辩就没了用武之地，游说者必须三思而后言，不然就可能招致处罚。这样的方法施之于近臣亲幸也很有效，“以其所出，反以为之入；故审名以定位，明分以辩类”（《韩非子·扬权》第八）。臣子说了什么，就拿相应的效果来验证，以此确定其职位和类别。

以“参验”作为“听言”的依据，必然会追求功用，“听不参则无以责下，言不督乎用则邪说当上”（《韩非子·八经》第四十八）。“有道之主，听言督其用、课其功，功课而赏罚生焉，故无用之辩不留朝。”（《韩非子·八经》第四十八）以功用为衡量标准来评断一个人的言语价值，就不会有那么多的“无用之辩”了。韩非追求实用，否定形式主义或艺术的无目的性，提出“人主之听言也，不以功用为的，则说者多‘棘刺’、‘白马’之说”（《韩非子·外储说左上》第三十二）。所谓的“白马之说”，即著名的“白马非马”的诡辩论，而“棘刺”之说则是一则寓言：

宋人有请为燕王以棘刺之端为母猴者，必三月斋然后能观之。燕王因以三乘养之。右御、冶工言王曰：“臣闻人主无十日不燕之斋。今知王不能久斋以观无用之器也，故以三月为期。凡刻削者，以其所以削必小。今臣冶人也，无以为之削，此不然物也，王必察之。”王因囚而问之，果妄，乃杀之。冶又谓王曰：“计无度量，言谈之士多‘棘刺’之说也。”

宋国的这位术士宣称可以在麦芒似的荆棘刺尖上雕刻母猴形象，并声称只有吃斋三个月才能看到。这故事大约真有其事，韩非还在此下记载了故事的另一版本，这位骗子被要求拿出刻削的工具来，他假称回住所去取而趁机溜走了。但两个版本的故事中识破骗术的办法是一致的：要雕刻一样东西，其工具必然小于雕刻对象，只要拿出工具来让人看看，就知道对方说的是不是真话。当然，运用常识也是可以辨别这类骗术的：要求君王吃三个月的斋，或者“半岁不入宫，不饮酒食肉。雨霁日出，视之晏阴之间”，明显不合常情。韩非写这则寓言的目的，则是强调凡事都要经得起检验，而检验的手段自然是拿功效说话。同样地，皃说持“白马非马”的诡辩再动听，一到现实生活中来，骑白马经过关卡照样得缴税。

除了拿事实来验证言辞，君主还应广开言路，听取多方意见，此即“参听”或曰“兼听”。与“参听”相反的是“偏听”，所谓“偏听偏信”，几乎是所有亡国之君的共同特征。韩非在《韩非子·亡征》一文中说：“听以爵，不以众言参验，用一人为门户者，可亡也。”覆亡之国，往往有权臣遮蔽君主，瞒上欺下，也就是韩非眼里的“重人”。这种“重人”就像韩非说的“一人炀君”，足以威胁君王的地位。怎样做到“参听”（“兼听”）？韩非提出以下几个要点：

一是勿“听以爵”，即不要以社会地位作为听言的依据。上文的“重人”，正是凭借其尊贵的爵位获得君王的信任，言听而计从，其结果是壅塞言路，君王长期受蒙蔽，等到发现上当时就悔之晚矣。比如秦二世胡亥就是受赵高蒙蔽，听信一人之言而亡天下。而有意思的是赵高蒙蔽二世的办法也颇有法家之术的意味，他教导二世应该与群臣保持距离，让人神秘莫测，似乎正是君王的“自神术”。赵高把二世与群臣隔离开来，以至于陈胜、吴广的义军逼近都城咸阳，二世还是蒙在鼓里。在社会上，地位越高越尊崇，其言语分量从来都是越高的；而韩非以实事求是的态度指出听言不能以地位高为标准，与孟子的“说大人则藐之”态度虽异趣而同工。即使放在今天，这样的告诫也有其实际意义。

二是“以众言参验”，即多方面听取众人意见。“观听不参则诚不闻，听有门户则臣壅塞。”（《韩非子·内储说上》第三十）这是从反面说，偏听偏信无法获知真实情况；“人主以一国目视，故视莫明焉；以一国耳听，故听莫聪焉。”（《韩非子·定法》第四十三）这是从正面说，国君听言的渠道足够宽阔，“以一国目视”“以一国耳听”，其“聪明”就无人可及了。只有通过听取不同的言论才能探知事物的多方面真相，一些错谬才容易被发现。但是韩非敏锐地意识到，听取众言也有可能掉进坑里。这就是所谓的“莫众而迷”：

> 鲁哀公问于孔子曰：“鄙谚曰：‘莫众而迷。’今寡人举事，与群臣虑之，而国愈乱，其故何也？”孔子对曰：“明主之问臣，一人知之，一人不知也；如是者，明主在上，群臣直议于下。今群臣无不一辞同轨乎季孙者，举鲁国尽化为一，君虽问境内之人，犹不免于乱也。”（《韩非子·内储说上》第三十）

当国内群臣“一辞同轨”，言论环境高度同化之时，听取众言并无意义。因为这样的博纳群言等如听一人之言，事实上众人之口已被“操纵”或“封禁”。赵高“指鹿为马”而群臣附和时，秦二世不可能听到任何异言，天下的“祥和”只是一派虚幻景象，秦王朝焉得不亡？

三是“一听”，即“一一听之”，君王在听取群言的时候要分别开来听，否则可能听不到真实的声音。此所谓“一听则愚智不纷”（《韩非子·扬权》第八），著名的“滥竽充数”故事就出于《韩非子·外储说下》：

> 齐宣王使人吹竽，必三百人。南郭处士请为王吹竽，宣王说之，廪食以数百人。宣王死，湣王立，好一一听之，处士逃。
>
> 一曰：韩昭侯曰：“吹竽者众，吾无以知其善者。”田严对曰：“一一而听之。”

“一一听之”的好处，首先是区别愚智，避免“滥竽充数”；其次是分辨善恶，从区别中发现谁忠谁奸；最后是通过臣子的一一分析，建构起事实的真相或决策的依据，所谓“彼自离之，吾因以知之；是非辐凑，上不与构”（《韩非子·扬权》第八）。

四是君主听取臣子之言当虚怀若谷，千万不能抱着成见，即所谓“明主不怀爱而听，不留说而计”（《韩非子·八经》第四十八）。君主带着个人偏爱或喜好去听取意见，就算真的听到了不同意见，也很容易忽略甚至打击这种有价值的言论。这又涉及君主的个人品性，现实中的君主鲜能做到不抱成见，反而很容易受近习亲信影响而“先入为主”。韩非曾经深刻地指出：“今近习者不必智，人主之于人也或有所知而听之，入因与近习论其言，听近习而不计其智，是与愚论智也。其当途者不必贤，人主之于人或有所贤而礼之，入因与当途者论其行，听其言而不用贤，是与不肖论贤也。”（《韩非子·人主》第五十二）“与愚论智”“与不肖论贤”，这恰恰是君主听言用人的困境！

4. 制驭术

君和臣是一对相互依存的矛盾存在，君的统治靠众多臣子的职守来维持，臣的荣悴靠君的赏罚来决定。按说君高于臣，君以势临臣，臣受君的制约是理所当然的事。然而在政治实践中并不尽然，君被臣反制甚至因而失国的例子比比皆是，如三家分晋、田氏代齐、季孙相鲁等等。韩非有鉴于此，特别关注君王制驭臣子之术，在他看来君失势的根本原因就是驭臣无术。韩非把治世的希望寄托在君主的稳定统治之上，维护君权就成为当务之急；君权的维护有赖于术的运用，这也是先秦法家给人的印象是术重于法的原因。

君主制臣，最重要的武器当然是赏罚。赏罚既是法的内容，又是术的手段。何以明之？当赏罚措施面向全体臣民并且公之于众的时候，它是法治的基本内容；而当赏罚作为控制臣子的方法时，它就主要归属于术的运用了。前文谈到“自神术”时已经涉及赏罚作为术的部分运用，即君行赏罚当使臣“不见赏罚之端”。从法治的角度来看，“不见赏罚之端”违背法的公开性原则；但韩非在此强调的其实是赏罚权的掌控问题，君主能否牢牢地把赏罚之权掌控在自己手中，是政权能否稳固的关键所在。赏罚作为术的要点之一，就是君主应确保赏罚任己：

> 赏罚者，邦之利器也，在君则制臣，在臣则胜君。君见赏，臣则损之以为德；君见罚，臣则益之以为威。人君见赏，而人臣用其势；人君见罚，而人臣乘其威。故曰：“邦之利器，不可以示人。”（《韩非子·喻老》二十一）
>
> 夫赏罚之为道，利器也。君固握之，不可以示人。若如臣者，犹兽鹿也，唯荐草而就。（《韩非子·内储说上》第三十）

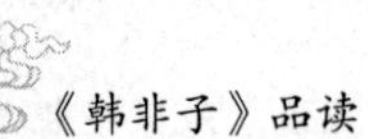

君、臣作为利益对立的矛盾双方，对赏罚权的争夺无时无刻不在进行之中，正如上引之文揭示的那样，臣子利用君主赏赐的机会减损部分恩德用来行私恩，利用君主行罚的机会擅自加重处罚来突显自己的威势，这都是应当予以防范的。有时候臣子甚至通过“分行赏罚”来迷惑并最终劫夺君王之权：

> 司城子罕谓宋君曰：“庆赏赐与，民之所喜也，君自行之；杀戮诛罚，民之所恶也，臣请当之。”宋君曰：“诺。”于是出威令，诛大臣，君曰：“问子罕也。”于是大臣畏之，细民归之。处期年，子罕杀宋君而夺政。
>
> 简公在上位，罚重而诛严，厚赋敛而杀戮民。田成恒设慈爱，明宽厚。简公以齐民为渴马，不以恩加民，而田成恒以仁厚为圃池也。（《韩非子·外储说右下》第三十五）

宋国的司城子罕让宋君自掌赏赐之权而请求让自己行诛罚之权，表面上似乎是为君王考虑，所谓“恶人我自行之”，实际上是侵夺了宋君的行罚权，并因而篡夺了宋国；后面一个齐简公的例子正好相反，国君行严政而田成子则以相反之道收罗民心，同样篡夺了齐国。赏罚之权不可偏失，君主若能认识其中之理便当牢牢把控住这一核心权力，让臣子无从觊觎。

赏罚作为术的要点之二，是“必罚明威”“信赏尽能”。信赏必罚也是法治原则，主要是体现法令的严肃性和公正性；而作为术的要点，重点则落在“明威权”上，即彰显君王的至高无上性，使臣子知其职分所在，不至于妄求非分。正如前引《韩非子·内储说上》里说的，“若如臣者，犹兽鹿也，唯荐草而就”，臣子肯受利禄的驱使就好办，君主能凭赏罚来指挥他们。信赏必罚是保证君王威权的利器，使臣子们乖乖地在既定轨道内行动。

赏罚作为术的要点之三，是审时度势采用最有效的手段，而不必死板地时时兼行赏罚。韩非讲过这么一个故事：

> 鲁人烧积泽。天北风，火南倚，恐烧国，哀公惧，自将众趣救火。左右无人，尽逐兽而火不救，乃召问仲尼。仲尼曰："夫逐兽者乐而无罚，救火者苦而无赏，此火之所以无救也。"哀公曰："善。"仲尼曰："事急，不及以赏；救火者尽赏之，则国不足以赏于人。请徒行罚。"哀公曰："善。"于是仲尼乃下令曰："不救火者，比降北之罪；逐兽者，比入禁之罪。"令下未遍而火已救矣。（《韩非子·内储说上》第三十）

在救林火的时候一些人忙着去追逐野兽，当然该罚；而救火者则应行赏，有赏有罚才能服众。只是在特殊情况下还应调整策略，故事中一是事急不及赏，二是国不足以尽赏，孔子主张"徒行罚"，收到了最佳效果。这种赏罚运用之时的灵活应变，正是赏罚为术的要义，需要君王悉心领会。它当然是潜御于心，而无法公之于众的。

赏罚作为术的要点之四，是把握赏罚的尺度，尤其不能混淆赏罚的界限。上文中韩非故事里的孔子是作为知赏罚的正面人物出现的；而在下面的故事里，韩非则把孔子作为"不知善赏"的典型：

> 襄子围于晋阳中，出围，赏有功者五人，高赫为赏首。张孟谈曰："晋阳之事，赫无大功，今为赏首，何也？"襄子曰："晋阳之事，寡人国家危，社稷殆矣。吾群臣无有不骄侮之意者，惟赫子不失君臣之礼，是以先之。"仲尼闻之曰："善赏哉！襄子赏一人而天下为人臣者莫敢失礼矣。"

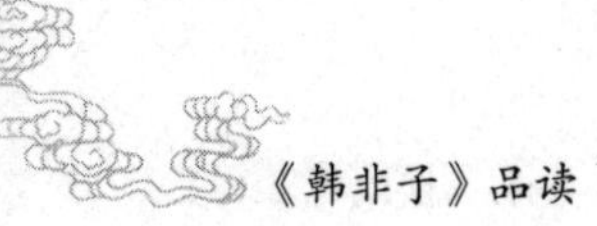

或曰：仲尼不知善赏矣。夫善赏罚者，百官不敢侵职，群臣不敢失礼。上设其法，而下无奸诈之心，如此，则可谓善赏罚矣。使襄子于晋阳也，令不行，禁不止，是襄子无国，晋阳无君也，尚谁与守哉？今襄子于晋阳也，知氏灌之，臼灶生龟，而民无反心，是君臣亲也；襄子有君臣亲之泽，操令行禁止之法，而犹有骄侮之臣，是襄子失罚也。为人臣者，乘事而有功则赏。今赫仅不骄侮而襄子赏之，是失赏也。明主赏不加于无功，罚不加于无罪。今襄子不诛骄侮之臣，而赏无功之赫，安在襄子之善赏也？故曰："仲尼不知善赏。"（《韩非子·难一》第三十六）

高赫在危难中仍然谨执君臣之礼，赵襄子解围后把他放在受赏者之首，孔子认为高赫知礼，赵襄子的做法是对的。而韩非则表示了不同看法。高赫只不过做到了臣子的本分，谈不上有功，倒是那些"骄侮之臣"应予严惩，所以赵襄子之赏实在没有道理。其实本故事中有一点与上面救火的事相似：救火之事，救者众而不及遍赏，因此"徒行罚"更可行；晋阳之围"群臣无有不骄侮之意"，高赫能够不失礼可谓难得，而骄侮者众，确实有"法不责众"的难处。然则韩非于赏罚之际更偏向使用"罚"，亦是其赏罚术运用中的一大特点。

越是位高权重的臣子，越要小心防范，因为他们最有可能对君权形成挑战。韩非对此提出"质""镇""固"之说：

其位至而任大者，以三节持之，曰质、曰镇、曰固。亲戚妻子，质也。爵禄厚而必，镇也。参伍责怒，固也。贤者止于质，贪饕化于镇，奸邪穷于固。（《韩非子·八经》第四十八）

"质"即人质，把大臣（主要是外臣，比如封疆大臣）的父母妻儿留在君主可控的范围内，让在外的大臣有所顾忌。“镇”就是给予大臣以足够的利益，使他们死心塌地为君王服务。“固”就是“以参伍之验，以责其言之实，所以固其事也”[①]，也就是用事实多方面地交互验证，来督责臣子言必践、行必果，保证事功不失。韩非认为用此三术就能掌控位高权重的大臣：贤者会因为“质”而不敢轻举妄动，贪者会因“镇”而化为“廉”，奸者会因“固”而无所施其奸。有人认为既是“贤者”，应无奸心，为何还要待“质”以止呢？根据文义，似乎应作“奸人”为好。其实我们对韩非所指称的“贤者”不应等同于儒家来理解，韩非眼中的“贤者”并无太多道德意蕴，如作“能者”理解，则庶几可解。在《韩非子》文本中，像“贤者敕其材，君因而任之，故君不穷于能”（《韩非子·主道》第五），“官贤者量其能，赋禄者称其功。是以贤者不诬能以事其主，有功者乐进其业，故事成功立”（《韩非子·八奸》第九），“贤者”与“能者”几乎是同义的。在韩非身后漫长的专制王朝中，统治者们确实不乏以“质”“镇”“固”三字诀来防范控驭大臣，但建立在君臣猜疑基础上的“合作”其实并不稳固。正如元末刘基所言：

> 善疑人者，人亦疑之；善防人者，人亦防之。善疑人者，必不足于信；善防人者，必不足于智。知人之疑己而弗舍者，必其有所存也；知人之防己而不避者，必其有所倚也。夫天下之人，焉得尽疑而尽防之哉？智不足以知贤否，信不足以弭欺诈，然后睢睢焉，惟恐人以我之所以处人者处我也，于是不任人而专任己。于是谋者隐，识者避，哲者愚，巧者拙，廉者匿，而圆曲顽鄙之士来矣。圆曲顽鄙之士盈于前，而疑与防愈急，至于术穷而身偾，愈悔其防与疑之不足，不亦痛哉！[②]

① 陈奇猷：《韩非子新校注》下册，上海古籍出版社2000年版，第1058页。

② 刘基：《郁离子》，中州古籍出版社2018年版，第103页。

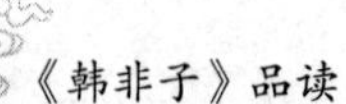

韩非把君臣利益对立起来，双方互相利用互相算计，其间必然出现“道高一尺，魔高一丈”的恶性循环，这是弊之一；处处存防范算计之心，让“谋者隐，识者避，哲者愚，巧者拙，廉者匿”，远贤智而近小人，这是弊之二。唯知用术以驭人，必被术所反噬，这又是韩非所始料不及的。

韩非还欣赏特务政治，鼓励官员间的告发，尤其是下级告发上级，也就是他所谓的“条达之道”：

> 下约以侵其上：相室，约其廷臣；廷臣，约其官属；兵士，约其军吏；遣使，约其行介；县令，约其辟吏；郎中，约其左右；后姬，约其宫媛。此之谓条达之道。言通事泄则术不行。（《韩非子·五蠹》第四十九）

“条达”即“通达”，指的是君主及时了解各级臣属的内情。他认为最好的办法是让下级来监视并报告上级的情况，比如要监察相国，就与相国下属的廷臣约定；要监察廷臣，就与廷臣的属官约定；要监察军吏（军官），就和军吏下属的士兵约定；要监察委派于外的使臣，就与其随从约定；要监察县令，就与县令下属的官吏约定；要监察朝廷中的郎中官，就与其左右的属吏约定；要监察后姬，就与宫中的侍女约定……他还特别指明“条达之道”要注意保密，一旦泄密计谋就失灵了。但其实“条达之道”也容易被臣子将计就计反过来用在君主身上。因为既然君臣间利益相差那么大，臣子间其实更容易结成利益同盟。如果负有刺探上级情报任务的属员被上级所笼络，那么完全可以成为蒙蔽君主的一枚棋子。另外，大搞特务政治，也将使人与人之间的基本信任丧失，而这对官僚集团的行政效率损害极大。明代朱元璋设“锦衣卫”制度，其主要目的就是驾驭不法群臣，结果导致胡惟庸、蓝玉等案株连巨万，制造了大量的冤假错案。清统治者倡“风闻奏事”，四品以上官员可以密折向皇帝直接报告，但也使清朝的文字狱空前密集。不知明清两代统治者是否有意学习了韩非之术，因为随着专制统治的加强，他们确实发现韩非的论述特别适合专制政治的运行。

君主制驭臣子是个技术活，也是君臣长期斗智斗勇的较量过程。韩非对臣子常见的奸巧之习有深入细致的观察，希望以此提高君王对奸臣的辨识能力。在《韩非子·八奸》篇中，韩非就详细论述了人臣使奸的八种手段：同床，是通过君主的爱妃宠妾求取利益；在旁，是通过君王亲信的左右近习来施以潜移默化的影响；父兄，是收买君主的近亲大臣来达到目的；养殃，是迎合君主的欲望来树私利；民萌，是利用民意来操纵君王；流行，是让能言善辩者散播舆论来施压于君王；威强，是人臣蔽君王而施威逼于群臣百姓；四方，是臣子利用国外势力来谋求私利。在《韩非子·说疑》篇中，韩非提出君主容易忽略的“五奸”：

> 人臣有五奸，而主不知也。为人臣者，有侈用财货赂以取誉者，有务庆赏赐予以移众者，有务朋党徇智尊士以擅逞者，有务解免赦罪狱以事威者，有务奉下直曲、怪言、伟服、瑰称以眩民耳目者。此五者明君之所疑也，而圣主之所禁也。

奸术不一，则君王应对之术亦当万变。其中《韩非子·内储说上》可谓制驭臣子的方法集成，其内容主要包括：“众端参观”和“一听责下”是讲如何了解情况的，要求君主全面地观察考核臣下的言行；“必罚明威”和“信赏尽能”是讲赏罚制度的；“疑诏诡使”“挟知而问”“倒言反事”是测试臣下是否忠诚的，是防奸、察奸的策略措施[①]。其中赏罚、参验等术我们在上文中已经予以论述，以下结合《韩非子》中的故事来看看“疑诏诡使”等术的运用。所谓“疑诏

① 《韩非子》校注组编；周勋初修订：《韩非子校注》，凤凰出版社2009年版，第249页。

诡使”就是传出令人生疑的命令，使用诡诈的手段来考验臣子。比如县令庞敬指派了一位管理市场的人，那人走了没多远又叫他回来闲聊了一会儿，并没有任何实质内容，又叫他走了。市者以为县令肯定有重要的内容吩咐他，而他显然讲不出什么来，市者就以为那管理者受了密令不肯对他们说，产生疑虑心理，从而不敢为非作歹。又如“倒言反事”，意谓讲与本意相反的话或做与实情相反的事，来刺探臣子的阴谋。不过韩非举的例子却是以下探上的：齐国有个想要作乱的大臣，怕齐王得知自己的阴谋，就故意驱逐一个自己喜爱的人，让他到齐王那儿去告发。齐王见人被逐而来告，只当是挟嫌报复，反而不疑有他。还有个卫嗣公“钓鱼执法”的例子也是典型的“倒言反事”：卫嗣公派人扮作客商过关市，管理人员刁难他，他用钱贿赂才得以通过。卫嗣公召来管理者斥责，说某时某人用钱贿赂才得过关之事，管理者见嗣公明察秋毫，再不敢索贿受贿。至于“挟智而问”，前文论述“自神术”时已经举过例子。当然，卫嗣公“钓鱼执法”也可归入“自神术”中。

韩非在《韩非子·八经》篇中再一次谈及制奸术：

> 参言以知其诚，易视以改其泽，执见以得非常。一用以务近习，重言以惧远使，举往以悉其前，即迩以知其内，疏置以知其外，握明以问所暗，诡使以绝黩泄，倒言以尝所疑，论反以得阴奸，设谏以纲独为，举错以观奸动，明说以诱避过，卑适以观直谄，宣闻以通未见，作斗以散朋党，深一以警众心，泄异以易其虑。似类则合其参，陈过则明其固，知罪辟罪以止威，阴使时循以省衰，渐更以离通比。

“参言”就是“因参验而审言辞”，“一用”就是“一官不兼事”，“握明以问所暗”就是“挟智而问”，“诡使”“倒言”“论反”等都是前文加以论列过的。这里值得再分析的是“卑适以观直谄”数语。君王谦卑以待下，本是

“无为术”中的内容，但“无为”而有为，也可以成为制驭臣下的利器，君王能谦卑，则可以看出臣属是正直还是奉承。奸臣最易结党以抗君权，要制服臣子就宜“作斗以散朋党”，即挑动奸人内部争斗，让他们自行瓦解。

说实在的，对于君王来说所谓的“驾驭”臣子主要内容就是防止他们“作奸犯科”，而禁奸之法就其根本来说确如韩非所言，“太上禁其心，其次禁其言，其次禁其事”（《韩非子·说疑》）。而我们需要明确的是，禁奸之道既有法治的内容，也有权术的意蕴。我们把韩非治国之道分解为“法”和“术”，实际上在韩非本人的思想体系里两者是紧密结合在一起的。韩非说：“明王不举不参之事，不食非常之食；远听而近视，以审内外之失；省同异之言，以知朋党之分；偶参伍之验，以责陈言之实；执后以应前，按法以治众，众端以参观。”（《韩非子·备内》）法、术交相为用，是十分明显的。如果离而用之，不仅误解了韩非的本意，也容易扭曲其术治之效。比如之前提到韩非倡“条达之道”，是用下级来监视上级，也可以说是“以臣备臣”；然而韩非也明确说：“人主释法而以臣备臣，则相爱者比周而相誉，相憎者朋党而相非。非誉交争，则主惑乱矣。”（《韩非子·南面》）他对于这种手段的负面作用是有相当清晰的认识的，因此指出要以“法”相济，以免君王遭受臣子反制。

韩非所言之术主要是君王应当掌握的治术。但术本身是中性的，术能为君王所用，自然也能为臣子所用。《韩非子》中记述了不少臣子行术的事迹，有的用以启迪君王，有的是治民之术，也有的是固宠之术，可谓不一而足。尤其是韩非论游说君主之术，颇见苦心。其《韩非子·说难》篇将君王之心理分析得极为透彻，再提出相应策略应对之，并提出“逆鳞”之说，极富警策意味。由于臣术不在韩非思想的主体之内，我们在此就不做展开了。

四、文章选读

说明：韩非论术，虽也涉及论辩、固宠等战国之士习用之术，然而重在君主制臣，强调与法并用而以国治为目标。这就不同于纵横家们以追求个人富贵为目的的诈术，从而在其思想体系中不仅具有工具意义，而兼有治国之根本意义。这里所选的两篇都重在揭露奸臣之诈，强调君王知诈防奸，用术制臣。《韩非子·三守》篇提出君主必须掌握的三条政治原则：一是秘密，君主万不可漏泄自己掌握的各种信息，以免被近习能人所乘；二是独擅，君主当做到爱憎由己，不要轻易为舆论所左右；三是自为，君主紧握杀生之权与夺予之要，不使大臣有侵夺的机会。做不到这三条就会有"三劫"：明劫、事劫和刑劫，都会造成国家的衰亡。《韩非子·奸劫弑臣》篇选了前半部分论防奸的内容。"国有擅主之臣"是国之大害，他们善于取得君主信任从而擅权欺主。奸臣取得君主的信幸之道在于取舍必同于君，并进而以毁誉进退群臣。当擅主之臣掌控朝政，则贞信之士不得前，奸私之徒竞相事重人。君主必有"术数以御之""参验以审之"，才能防止被奸臣欺蒙。君主应善用自己权势，"使天下不得不为己视，使天下不得不为己听"，而不必"恃人之以爱为我"。

《韩非子·三守》

人主有三守。三守完，则国安身荣；三守不完，则国危身殆。何谓三守？人臣有议当途①之失、用事②之过、举臣③之情，人主不心藏而漏之近习能人④，使人臣之欲有言者，不敢不下适近习能人之心，而乃上以闻人主。然则端言直道之人不得见，而忠直日疏。爱人，不独利也，待誉而后利之⑤；憎人，不独害也，待非而后害之。然则人主无威，而重在左右矣。恶自治之劳惮⑥，使群臣辐凑之变⑦。因传柄移藉⑧，使杀生之机、夺予之要在大臣，如是者侵。此谓三守

① 当途，当道者，当权者。
② 用事，执政者。
③ 举臣，众臣。
④ 能人，奸邪逞能之人。
⑤ 君主喜爱一个人，不是自己作主去奖赏他，要等人家都称赞他后才予以奖赏。
⑥ 惮，通"瘅"。劳惮，劳累。
⑦ 辐凑之变，指群臣由聚集于君主周围变而为聚集于近习能人旁边。
⑧ 藉，势位。

不完。三守不完，则劫杀之征也。

凡劫有三：有明劫，有事劫[①]，有刑劫[②]。人臣有大臣之尊，外操国要[③]以资[④]群臣，使外内之事非己不得行。虽有贤良，逆者必有祸，而顺者必有福。然则群臣莫敢忠主忧国以争社稷之利害。人主虽贤，不能独计[⑤]，而人臣有不敢忠主，则国为亡国矣。此谓国无臣。国无臣者，岂郎中虚而朝臣少哉？群臣持禄养交[⑥]，行私道而不效公忠，此谓明劫。鬻宠擅权，矫外以胜内，险言祸福得失之形，以阿[⑦]主之好恶。人主听之，卑身轻国以资之，事败与主分其祸，而功成则臣独专之。诸用事之人，壹心同辞，以语其美，则主言恶者必不信矣。此谓事劫。至于守司囹圄，禁制刑罚，人臣擅之，此谓刑劫。三守不完，则三劫者起；三守完，则三劫者止。三劫止塞，则王矣。

《韩非子·奸劫弑臣》（节选）

凡奸臣皆欲顺人主之心，以取信幸之势者也。是以主有所善，臣从而誉之；主有所憎，臣因而毁之。凡人之大体[⑧]，取舍同者则相是也，取舍异者则相非也。今人臣之所誉者，人主之所是也，此之谓同取；人臣之所毁者，人主之所非也，此之谓同舍。夫取舍合而相与逆者，未尝闻也。此人臣之所以取信幸之道也。夫奸臣得乘信幸之势以毁誉进退群臣者，人主非有术数以御之也，非参验[⑨]以审之也，必将以曩之合己信今之言，此幸臣之所以得欺主成私者也。故主必蔽于上，而臣必重于下矣，此之谓擅主之臣。

① 事劫，通过专擅政事篡权。
② 刑劫，通过专擅刑罚篡权。
③ 国要，国政的枢要。
④ 资，收买。
⑤ 独计，独自决策。
⑥ 持禄养交，用俸禄去豢养党羽。
⑦ 阿，迎合。
⑧ 大体，大致情况。
⑨ 参验，用事实验证。

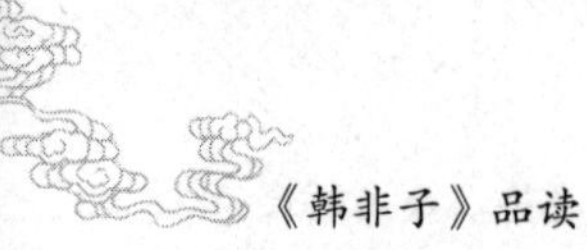

国有擅主之臣，则群下不得尽其智力以陈其忠，百官之吏不得奉法以致其功矣。何以明之？夫安利者就之，危害者去之，此人之情也。今为臣尽力以致功，竭智以陈忠者，其身困而家贫，父子罹其害；为奸利以弊人主，行财货以事贵重之臣者，身尊家富，父子被其泽；人焉能去安利之道而就危害之处哉！治国若此其过也，而上欲下之无奸、吏之奉法，其不可得亦明矣。故左右知贞信之不可以得安利也，必曰："我以忠信事上，积功劳而求安，是犹盲而欲知黑白之情，必不几矣。若以道化[①]行正理，不趋富贵，事上而求安，是犹聋而欲审清浊之声也，愈不几矣。二者不可以得安，我安能无相比周、蔽主上、为奸私以适重人[②]哉！"此必不顾人主之义矣。其百官之吏，亦知方正之不可以得安也，必曰："我以清廉事上而求安，若无规矩而欲为方圆也，必不几矣；若以守法不朋党、治官而求安，是犹以足搔顶也，愈不几也。二者不可以得安，能无废法行私以适重人哉！"此必不顾君上之法矣。故以私为重人者众，而以法事君者少矣。是以主孤于上而臣成党于下，此田成之所以弑简公者也。

夫有术者之为人臣也，得效度数[③]之言，上明主法，下困奸臣，以尊主安国者也。是以度数之言得效于前，则赏罚必用于后矣。人主诚明于圣人之术，而不苟[④]于世俗之言，循名实而定是非，因参验而审言辞。是以左右近习之臣知伪诈之不可以得安也，必曰："我不去奸私之行，尽力竭智以事主，而乃以相与比周，妄毁誉以求安，是犹负千钧之重，陷于不测之渊而求生也，必不几矣。"百官之吏亦知为奸利之不可以得安也，必曰："我不以清廉方正奉法，乃以贪污之心枉法以取私利，是犹上高陵之颠，堕峻溪之下而求生，必不几矣。"安危之道若此其明也，左右安能以虚言惑主，而百官安敢以贪渔[⑤]下？是以臣得陈其忠而

① 道化，指法术。

② 重人，重臣。

③ 度数，法度术数，即法术。

④ 苟，苟且，迁就。

⑤ 渔，侵夺。

不弊，下得守其职而不怨。此管仲之所以治齐，而商君之所以强秦也。

从是观之，则圣人之治国也，固有使人不得不爱我之道，而不恃人之以爱为我也。恃人之以爱为我者危矣，恃吾不可不为者安矣。夫君臣非有骨肉之亲，正直之道可以得利，则臣尽力以事主；正直之道不可以得安，则臣行私以干[①]上。明主知之，故设利害之道[②]以示天下而已矣。夫是以人主虽不口教百官，不目索奸邪，而国已治矣。人主者，非目若离娄乃为明也，非耳若师旷乃为聪也。目必不任其数，而待目以为明，所见者少矣，非不弊之术也；耳必不因其势，而待耳以为聪，所闻者寡矣，非不欺之道也。明主者，使天下不得不为己视，使天下不得不为己听。故身在深宫之中，而明照四海之内，而天下弗能蔽、弗能欺者，何也？暗乱之道[③]废，而聪明之势兴也。故善任势者国安，不知因其势者国危。古秦之俗，君臣废法而服[④]私，是以国乱兵弱而主卑。商君说秦孝公以变法易俗而明公道，赏告奸，困末作[⑤]而利本事[⑥]。当此之时，秦民习故俗之有罪可以得免，无功可以得尊显也，故轻犯新法。于是犯之者其诛重而必[⑦]，告之者其赏厚而信。故奸莫不得而被刑者众，民疾怨而众过[⑧]日闻。孝公不听，遂行商君之法，民后知有罪之必诛，而告私奸者众也，故民莫犯，其刑无所加。是以国治而兵强，地广而主尊。此其所以然者，匿罪之罚重，而告奸之赏厚也。此亦使天下必为己视听之道也。至治之法术已明矣，而世学者[⑨]弗知也。

---

① 干，侵犯。

② 利害之道，指赏罚措施。

③ 暗乱之道，愚昧混乱的办法，指前面的“待目以为明，待耳以为聪”。

④ 服，行，用。

⑤ 困，抑制；末作，指工商业。

⑥ 本事，指农耕。

⑦ 必，坚定，坚决。

⑧ 过，责难。

⑨ 世学者，当代学者。

第八讲 仗势而治

一、势为何物

如果说法和术是治国的两翼，那么“势”就是托起它们的力量。什么是“势”呢？《说文解字》是这样解释“势”字的：

势，盛力，权也。从力，埶声。

“盛力”即巨大的力，这种巨大的力就是权力、权势。我们来看看一些与“势”相结合的词，可从中一窥“势”的内涵：势力、权势、势位、威势、势利……可以说，“势”是一种由其居高临下的地位而产生的巨大力量，在社会群体中体现为“权”，具有支配和命令他人之能、慑众之威，因此也能使利益归聚于己。我们不妨用左思的《咏史》诗来理解“势”的含义：

郁郁涧底松，离离山上苗。
以彼径寸茎，荫此百尺条。
世胄蹑高位，英俊沉下僚。
地势使之然，由来非一朝。
金张藉旧业，七叶珥汉貂。
冯公岂不伟，白首不见招。

左思诗本义为揭露“世胄蹑高位，英俊沉下僚”的不合理社会现象，但“山上苗”和“涧底松”的比拟确实很能说明“势”的本质：它的力量不是来自自身的强大，而是在于其所占的位置之高。韩非对此看得很透，下面这段话可以说揭示了“势”的本质：

> 夫有材而无势，虽贤不能制不肖。故立尺材于高山之上，下临千仞之溪，材非长也，位高也。桀为天子，能制天下，非贤也，势重也；尧为匹夫，不能正三家，非不肖也，位卑也。千钧得船则浮，锱铢失船则沉。非千钧轻而锱铢重也，有势之与无势也。故短之临高也以位，不肖之制贤也以势。（《韩非子·功名》第二十八）

一国之君未必贤，也未必智，凭什么能使举国上下的臣民听命？就像孔子，生时即有“圣人”之目，但却要听命于鲁哀公这样的“下主”：

> 仲尼，天下圣人也，修行明道以游海内，海内说其仁，美其义，而为服役者七十人，盖贵仁者寡，能义者难也。故以天下之大，而为服役者七十人，而仁义者一人。鲁哀公，下主也，南面君国，境内之民莫敢不臣。民者固服于势，诚易以服人，故仲尼反为臣，而哀公顾为君。仲尼非怀其义，服其势也。故以义则仲尼不服于哀公，乘势则哀公臣仲尼。（《韩非子·五蠹》第四十九）

鲁哀公虽为“下主”，但凭借其君主之位，就具有天然之“势”，“境内之民莫敢不臣”，连孔子也不得不在其面前下拜。法家思想家们有鉴于此，强调君主要用好自己的“势”进行统治。

春秋时期辅佐齐桓公称霸的管仲不算严格的法家中人，但他的思想对法家有明显的影响，故《韩非子》中言及管仲之处颇多。管仲已有初步的“势治”意识，他曾说：“权势者，人主所独守也。故人主失守则危。”（《管子·七臣七主》）可悲的是，晚年的齐桓公在管仲死后重用易牙、竖刁、开方等奸佞，老病之际权势被架空，结果活活饿死在宫中，虫流户外。一代霸主死相如此难看，真是令人唏嘘不已。老子则说过：“鱼不可脱于渊，国之利器不可以示人。”

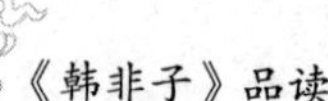

（《老子》第三十六章）》他虽然没有明说“国之利器”是什么，韩非将其解读为君主之势还是比较合乎其所指的，因为君主的权势在专制时代确实是不能公之于臣子而让其有所假借的。

商鞅在历史上以变法知名，他的法治措施为秦国走向鼎盛奠定了基础。但他并非只论法而不及势，比如他就曾说：“先王不恃其强，而恃其势；不恃其信，而恃其数。”（《商君书·禁使》）可见“势”在其治国理论中是作为一种前提条件存在的。当然，在韩非之前最以“势”论著名的法家人物是慎到。慎到之学也从“黄老道德之术”中来，他认为治理国家必须“事断于法”，就算法律不完善也比没有法律而依靠君主“身治”更好。而要法治就必须依靠君主之“势”，有了“势”的保证才能使法令得以贯彻执行。可见在慎到理论中法治与势治是互相依从的关系，法治须“势”而行，势治待“法”而立。这种“势治”观念其实隐含着对儒家德治及贤人政治的否定，因为“贤不足以服不肖，而势位足以屈贤”，这在理论上解决了现实政治中君主“不贤而为贤者师”的矛盾现象。承认君主“不贤”，君主统治的根基在于其“势位”，从某种程度上说就是否定了“君权天授”的唯心主义历史观，具有一定的历史进步意义。

韩非对慎到的“势”论予以充分的继承并继续予以强化。他在《韩非子·爱臣》篇中把君主之“势”细化为“四美”：“万物莫如身之至贵也，位之至尊也，主威之重，主势之隆也。此四美者，不求诸外，不请于人，议之而得之矣。”君主身份的高贵、地位的尊崇、威力的强大、权势的隆盛，恰恰可以说明“势”的蕴含所在，“势”是君主本身所拥有的“财富”，不假外求，只要措置得宜就能获得。但同时也要注意到，“势”并不必然为君主所有，君主若措置失宜很可能“失势”，君主失势则反为臣子所制，难免覆国亡家之忧。

韩非有时以“势重”称“势”，意在突出权势之“重”。为了说明“势重”“威势”的意义，韩非多方譬喻，比如他把“势重”比作“渊”：

> 势重者，人君之渊也。君人者，势重于人臣之间，失则不可复得也。简公失之于田成，晋公失之于六卿，而邦亡身死。故曰：“鱼不可脱于深渊。”（《韩非子·喻老》第二十一）

“势重”或曰“权势”就是君主用以网罗群臣的“深潭”。有人把这里的“渊”理解为君主赖以生存的深潭，则人主为“鱼”，其势为“渊”。君主离不开权势，就像鱼离不开水一样，这似乎也说得通。然而韩非曾在《韩非子·内储说下》明确地提到，“势重者，人主之渊也；臣者，势重之鱼也。鱼失于渊而不可复得也，人主失其势重于臣而不可复收也。”可见这“渊”是养“鱼”之深潭，就像君主豢养臣子一般。如果君主失去势重，则臣子就如鱼离潭，不可复得了。

君主的威势又被比作“筋力”：

> 万乘之主、千乘之君所以制天下而征诸侯者，以其威势也。威势者，人主之筋力也。今大臣得威，左右擅势，是人主失力，人主失力而能有国者，千无一人。（《韩非子·制分》第五十五）

“威势”的本质是驱使和支配臣子的力量，恰如人身上的筋力，筋力强则身手灵活矫健；失了筋力，即使人高马大也不过一个空架子，被人稍稍一推就可能轰然倒塌。武侠小说中经常描绘高手一旦失了内力，就只有挨人打而无还手的机会。君主失去“威势”的下场与此颇为相似。

韩非又把“势”比作虎豹的“爪牙”：

> 虎豹之所以能胜人执百兽者，以其爪牙也，当使虎豹失其爪牙，则人必制之矣。今势重者，人主之爪牙也，君人而失其爪牙，虎豹之

> 类也。宋君失其爪牙于子罕，简公失其爪牙于田常，而不蚤夺之，故身死国亡。（《韩非子·人主》第五十二）

虎豹有爪牙，故能为百兽之长，使人以为患；如果去其爪牙，则一般人都可以轻易制服它们。君主没了权势就像虎豹失去爪牙一样，战国时宋桓公为子罕（皇喜）所欺，轻易放弃处罚之权，结果被子罕所杀，夺取了政权。春秋时齐简公放任执政大臣田常（田成子）收买民心，结果于前481年被其所杀，控制了齐国，这就是著名的“田氏篡齐”。血淋淋的历史教训摆在君王面前，有些君王就是至死不悟，“今无术之主，皆明知宋、简之过也，而不悟其失，不察其事类者也”（《韩非子·人主》）。

有时候，韩非把“势”比作驾车之“马”：

> 国者，君之车也；势者，君之马也。夫不处势以禁诛擅爱之臣，而必德厚以与天下齐行以争民，是皆不乘君之车，不因马之利，释车而下走者也。（《韩非子·外储说右上》第三十四）

君主就像掌控马车的车夫一样，有势不用就相当于有车马而弃之，徒步前行，显然是十分愚蠢的。“无术以御之，身虽劳，犹不免乱；有术以御之，身处佚乐之地，又致帝王之功也。”（《韩非子·外储说右下》第三十五）其说明显是有针对的，即儒家主张的“厚德服人”。在韩非看来，君主有现成之势可用，“民者固服于势”。以势号令天下，不敢不从，君主何必靠培养德行来争取民心呢？

君主高高在上，又是利益萃聚之处，想要以一驭万真是困难重重。君主可倚仗的唯有权势，“势者，胜众之资也”。守住势，用好势，就成为韩非法家之说的重要内容。

二、势论要义

诚如前文所示，在法家先驱商鞅、申不害、慎到等人那里，其法术思想虽各有偏重，但或多或少都有“势”治内容。《韩非子》的意义在于融汇综合，将前人的理论完美地融合在一起，创制出体大思精的法家理论体系。因此就韩非的势论而言，其首要之义便是势与法、术的共存共生。

首先，势与法密切相连。法不能离势而行，韩非提出了“抱法处势”的观点：“抱法处势则治，背法去势则乱。”（《韩非子·难势》第四十）法乃治国之器，而法的运用必须借助势才能实现。普通人无法指挥他人去实现目标，有了一定势位才可以调动别人去谋求更大利益，这可以说是一个朴素的真理。韩非曾引用慎到的话来表述这一观点：“尧为匹夫不能治三人，而桀为天子能乱天下。吾以此知势位之足恃，而贤智之不足慕也。夫弩弱而矢高者，激于风也；身不肖而令行者，得助于众也。尧教于隶属而民不听，至于南面而王天下，令则行，禁则止。由此观之，贤智未足以服众，而势位足以诎贤者也。”（《韩非子·难势》第四十）法令的颁布，禁令的实施，都得由“权势”来保障。“势”出于君，则法治成果有保障；“势”夺于臣，则赏罚决于重人，君主被架空而有覆国之忧。只要有“势”在，君也不必贤而智，而贤智之士都可为我所用，法令之教可及于天下。“君执柄以处势，故令行禁止。柄者，杀生之制也；势者，胜众之资也。”（《韩非子·八经》第四十八）君主执权柄则居于强“势”位，生杀予夺之权在君，臣子虽众亦当俯首帖耳。当然，法不离势，势亦不可离法。徒有势而无法，那就不可能保证国家强大，君主虽能一时间随心所欲，终将亡国殒身，历代许多亡国暴君就是最好的例子。在韩非的理论中，离法之势可以叫作“自然之势”：

夫尧、舜生而在上位，虽有十桀、纣不能乱者，则势治也；桀、纣亦生而在上位，虽有十尧、舜而亦不能治者，则势乱也。故曰："势治者则不可乱，而势乱者则不可治也。"此自然之势也，非人之所得设也。（《韩非子·难势》第四十）

治势和乱势一旦形成，外人很难予以改变，因为这种"势"是一种确定不移的趋向，所以"虽有十尧、舜而亦不能治"或者"虽有十桀、纣不能乱"。以明末历史为例，崇祯皇帝朱由检"在位十有七年，不迩声色，忧劝惕励，殚心治理"（《明史·本纪第二十四》），但无救于明朝的覆亡，皆因乱势已成，崇祯就算有天纵之才，也无力回天了。这就是所谓的"自然之势"。与"自然之势"相对的是"人设之势"。之所以称为"人设之势"，即人力得以假借，在韩非理论中实指人主凭借赏罚之权柄而成居高临下之势。因此我们也可以说，"人设之势"就是在法的保障之下的君主权势。

其次，势与术紧密相关。术的运用需要有权势作保障，正所谓"巧妇难为无米之炊"，没有权势的保障，想要用术就一定会有很大的限制。前一章中论及的诸多君主统治之术，都得以权势作为前提条件。如"无为术"，其核心在于君主不能从事具体性的事务，但又要牢牢把握权柄，这就一定需要"权势"作后盾。无势而无为，其君主只不过是被权臣架空的傀儡，那就是真"无为"，而不是"无为而无不为"的"无为"了。再如"自神术"，君主能够保持神秘的重要原因其实就在于那高高在上的位置，而我们知道"势"与"位"正是二合一的东西，高高的位置本身就具有其"势能"。一般的臣民往往会因君主之势位而产生莫名的敬畏崇拜，君主的"自神术"凭借的正是臣民的这种心理。至于"听言术"，其根本之要在于"参验"，即通过多方面的核查来验证臣子所言的真实性与价值所在，而"参验"也要有权势作保证，才能获得最大程度的效益。也就是说，君主要进行多方面的验证，只有借助其权势才更容易得到执行。君主控驭臣子的种种"制驭术"，更是无一不以权势作为后盾。比如说"赏罚任己"，赏罚权本身就是权势的体现；“信赏必罚”考验的是君主的执行力，有权势才谈得上有执行力……“权术”之名本身就已经揭示了术不可离权势而行的道理。反过来说，君主用术的根本目的还是在于保障及强化自己的“势位”。“无为术”追求“无为而无不为”，“无为”是表，“无不为”是里；“无为”是手段，“无不为”是目的。就像山顶上摇摇欲坠的千钧巨石，其动蕴于不动之中，势能是惊人的。君主所要显示的，就是那种将坠未坠时的能量，使臣民惊恐于君主的威势，从而诚惶诚恐甘心俯首帖耳听命君主摆布。再说所谓的“自神”，就是君主竭力把自己装扮得超拔于人类之外，则其地位更是高远不可及了。从这个意义上说，“自神术”就是追求君主地位的最高化。同样的，“听言术”“制驭术”都既有以势驭术的一面，也反过来强化了君主的权势。

韩非势论的第二义，在于任势而治，则“用力寡而功名立”，可收事半功倍之效。韩非强调治国用势，与儒家的“德治”理论形成尖锐对立。可以说韩非是有意发起对儒家治国理论的攻击，从而确定自己的理论主张的。其实“德治”并非儒家的发明，而是儒家对周王朝礼治精神的一种继承和发扬。早在西周初年，周公旦已经提出“敬德保民”之说，其立论正是建立在商纣王暴虐失政的前车之鉴上。所以周统治者强调“以德配天”，统治人民应讲究明德慎罚，不可滥用上天所赋予的权力，并且将其融入整个礼治秩序中去，君有君德，臣有臣德，才能维持等级秩然、上下缉熙雍穆的统治格局。孔子明确了“为政以德”的理念，提出“道之以政，齐之以刑，民免而无耻；道之以德，齐之以礼，有耻且格”（《论语·为政》），认为德治高于法治，但也没有否定法治，而是主张“德主刑辅”。德治论的逻辑出发点在于“以民为本”，所谓“民惟邦本，本固邦宁”（《尚书·夏书·五子之歌》），把民心的向附作为政治成功的标志，而想要得民心就必须施仁政、行德治。韩非理论则是“以君为本”，把君位的巩固当作国家稳定富盛的先决条件。法家兴盛于战国时期，正是篡逆为常、君位更迭如走马灯般的乱世，韩非把固君位当作救世的良方，未免有点倒果为因。不过

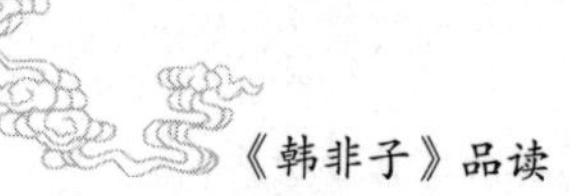

他就像倒练《九阴真经》的欧阳锋，凭借其过人的智慧和雄浑的内力（丰富的历史文化储备），硬是创出了独门功夫，法家理论至韩非而大备。在这一理论体系中，“法”固然是治国的利器，同时也是君主固位的保证；“术”根本就是为君主所设，为君主所用，可谓因君主固位而生；“势”既因位而生，反过来又能用于巩固君位。君位固，则法行有常，国富民强，社会秩序归于安定。就其追求的终极目标来说，与儒家的理想还是有相似之处的。

儒家的“德治论”既强调“以德治国”，则必依赖贤人政治，强调君仁臣贤，为民谋福。法家的势治理论则否定了贤智之用，韩非在《韩非子·难势》篇中引用慎到之语曰：

> 飞龙乘云，腾蛇游雾，云罢雾霁，而龙蛇与蚓蚁同矣，则失其所乘也。贤人而诎于不肖者，则权轻位卑也；不肖而能服于贤者，则权重位尊也。尧为匹夫不能治三人，而桀为天子能乱天下。吾以此知势位之足恃，而贤智之不足慕也。夫弩弱而矢高者，激于风也；身不肖而令行者，得助于众也。尧教于隶属而民不听，至于南面而王天下，令则行，禁则止。由此观之，贤智未足以服众，而势位足以诎贤者也。

贤人智者依靠的是自我的道德感召力，这种感召力确实受到其地位的制约，如果贤人而处于卑位，所谓“人微言轻”，影响将非常有限。然而一旦权重位尊，则发号施令，言出如山，从管理的角度看，势治的行政效率自然更高。

势位是一种客观存在，儒者也并不否认；但是儒者认为势也具有两面性，恶人以之行恶，为害亦将甚广，“夫势者，非能必使贤者用已，而不肖者不用已也。贤者用之则天下治，不肖者用之则天下乱。”（《韩非子·难势》第四十）由于天下恶人多而贤人少，假势而行恶者不胜其众，势治之说适足以“养虎狼之心，而成暴乱之事”。看来关键还是在于什么样的人处于势位，道德品质仍是治乱的决定性因素。对此，韩非批驳说，贤治（德治）和势治不可能兼容，因为势治之说强调除君王外的一切人都应受法令管束，而贤治原则下，贤人具有天然的道德优越性，是不可能受到约束的。韩非的犀利之处在于，他看到世间之恶其实常假借善的面目出现，奸恶之臣并非天生一副奸相，反而会以贤能的面目示人。汉代的王莽不就曾经是礼贤下士的典范吗？历史上也不乏清谈误国之例，那些清谈之士名高誉重，把自己置于不可批评之地，然而却没有实际的治国理政才能，只会将国家导向覆亡之路。比如东晋时的殷浩，负有天下重名，甚至被寄予“深源不起，当如苍生何”的救世希望，但真正让他担负起北伐的重任，却是指挥失宜，一败涂地。我们今天常说的一句“正义啊，多少罪恶假汝而行”同样适用于此种情境，鼓吹“德治”、强调贤人政治很容易堕入虚幻的政治迷途。韩非进一步指出，像桀、纣这样的暴君或者像尧、舜这样的圣人，都是千世而一出，世间多的是上不及尧舜而下不及桀纣的中资之君。势治固然可能让暴君如虎傅翼，但从概率上说毕竟少有；而德治虽然让尧舜完成“天下大治”的宏业，后世又有几人能够做到？前者“治千而乱一”，后者“治一而乱千”，其利弊轻重，相去不可以道里计。韩非自认为他的法术理论为“中主”而设，追求的是治理效益的最大化，应该说其思路有非常合理之处。工匠造车，离不开“隐栝之法”“度量之数”，君王治国，怎么能离得开“庆赏之劝”“刑罚之威”？而庆赏与刑罚都是以势为用的。以驾车为喻，儒者说：“今以国位为车，以势为马，以号令为辔，以刑罚为鞭策，使尧、舜御之则天下治，桀、纣御之则天下乱，则贤不肖相去远矣。”（《韩非子·难势》）而韩非则反驳说：

> 夫待越人之善海游者以救中国之溺人，越人善游矣，而溺者不济矣。夫待古之王良以驭今之马，亦犹越人救溺之说也，不可亦明矣。夫良马固车，五十里而一置，使中手御之，追速致远，可以及也，而

千里可日致也，何必待古之王良乎！且御非使王良也，则必使臧获败之；治非使尧、舜也，则必使桀、纣乱之。此味非饴蜜也，必苦菜、亭历也。此则积辩累辞、离理失术、两末之议也，奚可以难夫道理之言乎哉！（《韩非子·难势》第四十）

韩非认为驾车者不是尧舜就是桀纣的设定是极端化的思维。良马固车是现成的，非要等王良这样的名手来驾驭，就像让善游的越人远道去救快淹死的中原人一样。让普通的驭者（中手）每五十里换人马接力，完全可以收到千里马的效果，古代的驿递制度就是以这种思路建立的。“以身为苦而后化民者，尧、舜之所难也；处势而矫下者，庸主之所易也。”（《韩非子·难一》第三十六）抱法守势以势治国，平庸之主也能治好国家；圣贤政治以德治国，千百年才出现一回。

“善任势者国安，不知因其势者国危”（《韩非子·奸劫弑臣》第十四），势治之法，既便利且效果卓著，有什么理由弃势治而用德治呢？“民者固服于势，寡能怀于义。”（《韩非子·五蠹》第四十九）乌合之众的群氓极易受威势所驱使，韩非由此而提出极端化的“绝爱道”之论：

彼民之所以为我用者，非以吾爱之为我用者也，以吾势之为我用者也。吾释势与民相收，若是，吾适不爱而民因不为我用也，故遂绝爱道也。（《韩非子·外储说右下》第三十五）

从逻辑上看这样的推断可谓严丝合缝，但是百姓真的只是受势驱使、为势所用吗？前提一旦失真，则结论可虞，韩非的势治论自有其致命缺点，有待下文分解。

韩非势论的第三义，在于君王的威权独擅。君王固然有自然之势，是“上天”赋予其合法的统治权；但这种权势也可能被臣下所借用或盗用，君王是完全有可能“失势”的。而一旦失势或者说大权旁落，等待君王的将是可悲的下场。这样的例子在历史上可以说比比皆是，如韩非在《韩非子·内储说下》中所举之例：

> 州侯相荆，贵而主断。荆王疑之，因问左右，左右对曰：“无有。”如出一口也。

在君王失势的情况下，就算其有所察觉，因权势已被架空，想要以“参验之术”来反制权臣，也会因无势可用而落空。

君王失势的原因有很多。有的是因为君王自己荒怠政事，被臣子乘虚而入，揽权专政的。历代荒淫之君往往如此，其例不胜枚举。但也有君王是因为受臣子蒙蔽，轻易放弃赏罚之权，导致君位受到威胁的。如宋国的子罕夺政：

> 司城子罕谓宋君曰：“庆赏赐与，民之所喜也，君自行之；杀戮诛罚，民之所恶也，臣请当之。”宋君曰：“诺。”于是出威令，诛大臣，君曰：“问子罕也。”于是大臣畏之，细民归之。处期年，子罕杀宋君而夺政。（《韩非子·外储说右下》第三十五）

这是处罚权被僭越的例子。子罕的话听起来颇为有理，君王但行仁爱，恶人由我来做，事实上则是宋君渐失威势，最终导致被篡权。另一个相反而结果相同的例子则是田氏篡齐：

> 简公在上位，罚重而诛严，厚赋敛而杀戮民。田成恒设慈爱，明宽厚。简公以齐民为渴马，不以恩加民，而田成恒以仁厚为圃池也。

（《韩非子·外储说右下》第三十五）

齐简公倒是牢牢把握了惩罚权，但田成子用仁爱来收买民心，同样让齐君失了位，可见赏罚之权不可偏废，否则君王就有失势的危险。当然，也有将赏罚之权一并拱手相让的呆瓜，如燕王哙让权于子之，燕国大乱。还有一些君王因为过早放弃权力传位于太子，使自身陷于尴尬境地，甚至因此遭遇不测，其典型例子就是赵武灵王："武灵王使惠文王莅政，李兑为相，武灵王不以身躬亲杀生之柄，故劫于李兑。"（《韩非子·外储说右下》第三十五）后代也不乏这样的例子，如唐玄宗在安史之乱时让太子在灵武继位，乱平后独居西宫南内，备尝软禁滋味；宋孝宗过早传位于光宗，成为太上皇后事事受到掣肘，只能郁郁以终……因此对于君王来说，"权势不可以借人"可谓血的教训，不可须臾或忘。

君王要避免失势，必须加强对臣子的防范和管控，尤其是那些重臣、权臣。韩非称"人主有五壅"：

> 臣闭其主曰壅，臣制财利曰壅，臣擅行令曰壅，臣得行义曰壅，臣得树人曰壅。臣闭其主，则主失位；臣制财利，则主失德；臣擅行令，则主失制；臣得行义，则主失明；臣得树人，则主失党。此人主之所以独擅也，非人臣之所以得操也。（《韩非子·主道》第五）

像秦二世那样被赵高蒙蔽得严严实实的，完全不知外界真实情形，实际上与失位无异，就是一种"闭其主"之"壅"。上文所举宋子罕夺政，是靠"擅行令"以壅蔽其主；田成子收罗民心，靠的是"行义"以壅；州侯相荆，则是"树人"以壅。

除了重臣或权臣，君王身边的亲信也应加意防范。韩非有个"社鼠"之喻，最能反映这些人的危害：

桓公问管仲曰："治国最奚患？"对曰："最患社鼠矣。"公曰："何患社鼠哉？"对曰："君亦见夫为社者乎？树木而涂之，鼠穿其间，掘穴托其中。熏之，则恐焚木，灌之，则恐涂阤，此社鼠之所以不得也。今人君之左右，出则为势重而收利于民，入则比周而蔽恶于君。内间主之情以告外，外内为重，诸臣百吏以为富。吏不诛则乱法，诛之则君不安，据而有之，此亦国之社鼠也。"（《韩非子·外储说右上》第三十四）

君王的"势重"，往往是在不知不觉中被这帮人所劫夺的。这种积渐之侵最是难防，所以韩非引用子夏之言强调应该"蚤绝奸之萌"：

子夏曰："《春秋》之记臣杀君、子杀父者，以十数矣。皆非一日之积也，有渐而以至矣。凡奸者，行久而成积，积成而力多，力多而能杀，故明主蚤绝之。"今田常之为乱，有渐见矣，而君不诛。晏子不使其君禁侵陵之臣，而使其主行惠，故简公受其祸。故子夏曰："善持势者，蚤绝奸之萌。"（《韩非子·外储说右上》第三十四）

韩非认为君王应该"恃势而不恃信"，对任何臣子的信爱姑息都会带来不可估量的后果，这体现了他对人性恶的判断以及君臣互市的利益关系的剖析。管仲相齐桓公，取得"九合诸侯""一匡天下"的伟大功绩，与齐桓公对管仲的充分信任是分不开的，但韩非偏偏从中看到危险的因素，他借东郭牙之口说："若知能谋天下，断敢行大事，君因专属之国柄焉。以管仲之能，乘公之势以治齐国，得无危乎？"（《韩非子·外储说左下》第三十三）他认为齐桓公因此而作出了"令隰朋治内、管仲治外以相参"的安排，才使管仲发挥其所长而无所害。

韩非多次提到君王不能恃人之爱，而必须使人“不得不爱我”。如：

圣人之治国也，固有使人不得不爱我之道，而不恃人之以爱为我也。恃人之以爱为我者危矣，恃吾不可不为者安矣。……明主者，使天下不得不为己视，使天下不得不为己听。故身在深宫之中，而明照四海之内，而天下弗能蔽、弗能欺者，何也？暗乱之道废，而聪明之势兴也。故善任势者国安，不知因其势者国危。（《韩非子·奸劫弑臣》第十四）

晋文公出亡，箕郑挈壶餐而从，迷而失道，与公相失，饥而道泣，寝饿而不敢食。及文公反国，举兵攻原，克而拔之。文公曰：“夫轻忍饥馁之患而必全壶餐，是将不以原叛。”乃举以为原令。大夫浑轩闻而非之，曰：“以不动壶餐之故，怙其不以原叛也，不亦无术乎？”故明主者，不恃其不我叛也，恃吾不可叛也；不恃其不我欺也，恃吾不可欺也。（《韩非子·外储说左下》第三十三）

“不得不爱我”“不得不为己视（听）”“吾不可叛（不可欺）”者何？无非就是君王之势。所谓“有道之君，不贵其臣”，就是君王不给臣子发展私人力量的机会，而必须仰赖君王的赏赐才能获得财富，这样君王就达到了让臣子“不得不爱我”的目的。君王怎样做才算“不贵其臣”？

是故大臣之禄虽大，不得借威城市；党与虽众，不得臣士卒。故人臣处国无私朝，居军无私交，其府库不得私贷于家。此明君之所以禁其邪。是故不得四从，不载奇兵，非传非遽，载奇兵革，罪死不赦。此明君之所以备不虞者也。（《韩非子·爱臣》第四）

这里韩非开列了几个要点：首先，臣子的禄利再大，也不能有自己的势力范围，即“不得借威城市”；其次，臣子不得拥有私人武装，即“不得臣士卒”“不得四（驷）从，不载奇兵”；第三，臣子不得结党营私，即“人臣处国无私朝，居军无私交”；第四，禁止臣子擅行惠爱，收买民心，即“其府库不得私贷于家”。大凡乱世之中这些君王之忌最易出现，如汉末黄巾之乱起，则董卓、袁绍、曹操等先后拥兵自重；五代十国战乱频仍，则骄兵悍将肆威跋扈。宋祖赵匡胤“杯酒释兵权”，用良田美宅诱引将军们放弃兵权，才换取赵家天下三百年太平。总之，君王威权独擅，才有希望以法治国、以术驭臣。否则，一切就无从谈起。

君王仗势而治国虽有种种便利，但毕竟还有一些人不为势所动，顽固地坚持走自己的路。对这些人该怎么办？韩非毫不客气地指出：“势不足以化则除之。”君王以势化民，具体表现在君王的赏罚中，“赏之誉之不劝，罚之毁之不畏，四者加焉不变则除之。”（《韩非子·外储说右上》第三十四）对于不畏毁罚的秩序破坏者予以坚决的镇压比较容易理解，而对不受赏誉之劝的高节之士也采用高压手段予以铲除，就不太能让人接受了。上古有许由、务光，不肯受天下而逃；伯夷、叔齐，不肯食周粟而死。这些都是被人津津乐道的贤人，他们不愿为当权者所用，不是天性恬淡无意富贵，就是不满当下政治拒绝合作，仅凭其视富贵如敝屣的态度就足为人崇敬。从积极的一面说，他们能够“敦励风节”，使“贪夫廉，顽夫立”，具有榜样意义。至不济也无害于社会，因此历代君王多对隐逸之士持肯定鼓励态度，史家也予其高度评价，为立《隐逸传》而荣之。韩非却视其为“不令之民”，认为他们不受君王之势羁勒，给社会带来恶劣的示范，因此必欲除之。这也可以说是韩非要求君王“独擅权势”的一种极端表现，他把国家兴旺发达的希望完全寄托在君位的稳定之中，必然不遗余力地推崇势治，不容任何力量来挑战王权，哪怕仅仅是不合作的态度也不行。

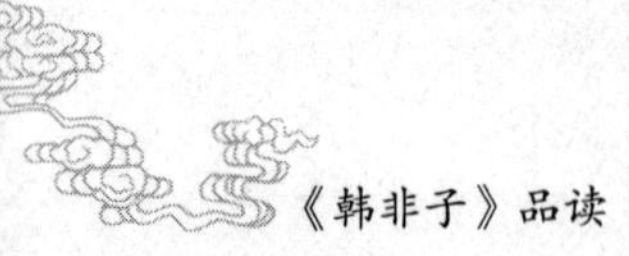

三、势治得失

韩非如此推崇以势治国，自有他的时代进步意义。与儒家“以德治国”理念相比较，势治理论更切合战国的时代需求，乱世下的社会亟须强力统治者以雷霆万钧之势除旧布新。秦国奉行法治路线，以势为法治先导，最终在七雄并争中脱颖而出统一六国，开创了中国历史的新纪元。秦王嬴政携一统天下之势，自命“始皇”，欲二世三世万万世延续统治，以势治学说观之似乎理所当然。然而秦王朝二世而斩，帝王无上之势居然被向日视为蝼蚁的黔首推翻，则势治之说的偏失自不待言。事实上汉朝建立之初上上下下都在反思：炫赫一时的秦王朝何以在短时间内土崩瓦解？陆贾在高祖刘邦面前称说《诗》《书》，刘邦称：“乃公居马上而得之，安事《诗》《书》！”陆贾回答说：“居马上得之，宁可以马上治之乎？且汤武逆取而以顺守之，文武并用，长久之术也。”（《史记·郦生陆贾列传》）强力取得的天下不能用强力来维持，强势与高压并非治国之不二法宝，汉初统治者从秦朝崩溃的教训中不难发现其中奥秘。贾谊著《过秦论》，对秦之势有过精确的描述：

> 及至始皇，奋六世之余烈，振长策而御宇内，吞二周而亡诸侯，履至尊而制六合，执敲扑而鞭笞天下，威振四海。南取百越之地，以为桂林、象郡；百越之君，俛首系颈，委命下吏。乃使蒙恬北筑长城而守藩篱，却匈奴七百余里；胡人不敢南下而牧马，士不敢弯弓而报怨。于是废先王之道，焚百家之言，以愚黔首；隳名城，杀豪杰；收天下之兵，聚之咸阳，销锋镝，铸以为金人十二，以弱天下之民。然后践华为城，因河为池，据亿丈之城，临不测之渊，以为固。良将劲弩守要害之处，信臣精卒陈利兵而谁何。天下已定，始皇之心，自以为关中之固，金城千里，子孙帝王万世之业也。（贾谊《过秦论》）

在建立和巩固自己的威势方面，秦始皇可谓不遗余力而至于登峰造极，法家治国理论已经得到全面贯彻施行。然而，“一夫作难而七庙隳，身死人手，为天下笑者，何也？仁义不施而攻守之势异也。”即使我们不急于同意贾谊的结论，秦王朝无限推崇势治的恶果也已经有目共睹了。那么，势治之失到底有哪些方面呢？

首先，势治以威凌人，固能使人畏惧拜伏（韩非概括为“民者固服于势”），然而威极则折，威势的施行如其他一切事物一样都有其边界，越过一定界限就会失效。统治者残民以逞、肆威一时或可收当下的祇肃，同时也就埋下反抗的种子，民不聊生必然起而叛之，只在时间早晚而已。韩非只看到威杀而乱起的一面，所以片面强调加强威势以止乱；却看不到威势并非万能，威势本身就可能是乱源。悬崖绝壁固然令人望而生畏，但峻绝之处也最易崩塌，一旦发生就是天崩地坍、玉石俱焚。驱民于死地，民氓当然不会束手待毙，就像陈胜、吴广等秦末戍卒，被逼到“亡亦死，举大计亦死”的境地，就只有揭竿而起了。

其次，君王之势既然能监临万方，威仪赫赫，自然也成为有力者追逐的目标。越是给权势加上夺目的光环，其对人的诱引也越大。这样，势治就陷入一种不可自拔的怪圈：为了防止臣子的觊觎侵夺，君王必须以绝对之势凌压臣庶，使其不能有反抗之力；但是绝对之势又会产生绝对的吸引力，作势不懈只在理论上可行，事实上君王无法保证不懈之势，则其势也必早晚为人所乘。上文第一点已谈明强极之势易折，而势治稍缓又予人可乘之机——这是势治理论难以解决的内在矛盾。《史记》载项羽看到秦始皇的威仪，发出“彼可取而代也”的宏愿；同样地，刘邦见之则慨叹“大丈夫生当如此”。当然，秦失其鹿，群雄逐之，似乎天经地义。但项羽和刘邦明明是在秦始皇在位时即有取而代之的雄心的，吸引他们的正是秦始皇那至高无上的权势。专制王朝竭力神化王权，也有森严的制度来维系君王的孤高之势，但还是禁不住众多的觊觎之心。秦皇汉武诚然雄霸天下，唐宗宋祖也彪炳千秋，但是无须等待多时，秦二世为赵高所劫，汉武大帝晚年则有戾太子之变，唐太宗逝后即有武后篡唐，宋太祖自己本来就死得不明不白。君王权势所集，必有附骨之疽，或为妃后，或为父兄子侄，或为外戚，或为宦官，或为权臣……西晋惩于曹魏骨肉之疏而强父兄之权，却生出八王之乱；赵宋惩于唐之藩镇割据而尽力防范武将，却使宋军战斗力削弱而权相政治、党派斗争绵延不绝。君主为防失势而采取的种种举措，即使能收效一时也必然出现新的“势”之缺口，其根源即在于势治本身。

再次，势治之效，诚有立竿见影之胜，但其速效亦有后患。韩非批判儒家的德化之说，以为“舜救败，期年已一过，三年已三过，舜有尽，寿有尽，天下过无已者，以有尽逐无已，所止者寡矣”，效率太低；而用赏罚之法，“令朝至暮变，暮至朝变，十日而海内毕矣，奚待期年？”但是孔子早已指出法令治国之短：“导之以政，齐之以刑，民免而无耻。”（《论语·为政》）采用强制性的政令法律，以势夺人，确实可以简捷有效地进行治理，但无法让人民真正信服，在某种程度上只是暂时压制了人的“恶”，这种“恶”随时会寻找出口爆发出来。以势治人者对此只能编织更严密的法网以应对，结果就恶性循环形成“法如猬毛”、人民动辄得咎的局面。势治用的是外力、蛮力，适于处治社会危害性较大的刑事类案件，不分青红皂白地一概以势凌人，只会搞乱社会，降低全社会的道德素质水平，从而大大提高全社会的治理成本。

最后，一味强调势治，无视时代之变，亦是韩非势论之短。韩非将势治绝对化，将之视为普适性政治原则，实有违其在《韩非子·五蠹》篇中“故事因于世，而备适于事”的论断。当然，韩非既鼓吹君主专制，则不能不置君主于孤高之势并且强化之，而这恰恰成为其理论的“罩门”所在。当战国乱世之时，势治有其必要性和紧迫性，易于在最大范围内以最有效率的方式集中优势资源；而当太平之时，势治固然仍有其存在的必要性和合理性，但需要严格限制其边界。毕竟血雨腥风的暴虐时代已经过去，宜用和风细雨化育百姓。秦王朝之灭亡，正是过分仗恃势治，无视时代之变造成的。战国之世与后来的乱世其实亦有不同。盖战国诸雄在周室衰微的背景下都来争天下，而诸国各有其固有的王国为资，则如何利用固有之势就是题中必备之义。然而后世的王朝更迭，往往是在动乱中壮大起来的某一势力取代前朝，要取得合法性必须“受命于天”。“天命”有其玄虚欺民的一面，但落实在现世政治中倒往往在于“得民”，通俗地说就是“得民心者得天下”，此所谓“民心所向，天命攸归”。得民心就不是单纯用势能够解决的。也就是说，在后代即便是乱世都不能只是倚仗势治，和平之世就更不可仅仅以势治为基了。韩非对儒家的攻击不遗余力，而恰恰是儒家最能补足法家之短板。儒家的教化之说，致力于柔化人心，培植邦本，这才是真正的国家力量之源泉。因此后代的统治者事实上往往儒法兼济，阳儒阴法，以解决势治之失。

韩非的势治理论得失互见，瑕瑜兼具，我们今天自应实事求是地予以评价并予创造性地继承（扬弃）。

四、文章选读

说明：在韩非之前以势治之说著名的法家人物是慎到，即《韩非子・难势》中的“慎子”。“尧为匹夫不能治三人，而桀为天子能乱天下。吾以此知势位之足恃，而贤智之不足慕也。”韩非的势治理论正是在此论述的基础上发展起来的，也是在与儒家学者的论辩中成熟起来的。《韩非子・难势》篇设的就是一个儒法往复辩论的场景，儒者驳慎到的势治之说，提出贤人政治；“复应之”者代表韩非自己的声音，他指明“贤”与“势”的互不相容，提出“抱法处势”之论，则较慎到之说又更加周密了。《韩非子・功名》篇开头言君王立功成名的四个条件：天时、人心、技能和势位，前三项不似韩非一贯主张，可能只是引述一般之论，作为下文专论势治的由头。值得注意的是，此篇也指出君臣间“名实相持而成，形影相应而立”的辩证关系，君上之势离不开众人之力。

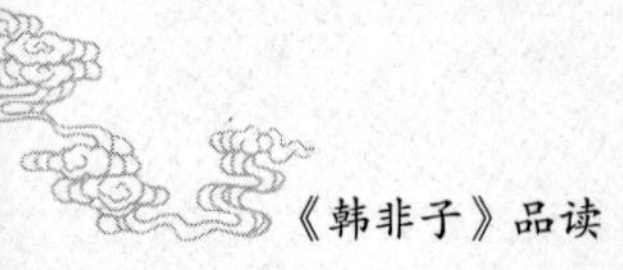

《韩非子·功名》

明君之所以立功成名者四：一曰天时，二曰人心，三曰技能，四曰势位。非天时，虽十尧不能冬生一穗；逆人心，虽贲、育[①]不能尽人力。故得天时，则不务而自生，得人心，则不趣[②]而自劝；因技能，则不急而自疾[③]；得势位，则不推而名成。若水之流，若船之浮。守自然之道，行毋穷之令[④]，故曰明主。

夫有材而无势，虽贤不能制不肖。故立尺材于高山之上，下临千仞之溪，材非长也，位高也。桀为天子，能制天下，非贤也，势重也；尧为匹夫，不能正三家，非不肖也，位卑也。千钧得船则浮，锱铢失船则沉。非千钧轻而锱铢重也，有势之与无势也。故短之临高也以位，不肖之制贤也以势。人主者，天下一力以共载[⑤]之，故安；众同心以共立之，故尊。人臣守所长，尽所能，故忠。以尊主御忠臣，则长乐生而功名成。名实相持而成，形影相应而立，故臣主同欲而异使[⑥]。人主之患在莫之应，故曰：一手独拍，虽疾无声。人臣之忧在不得一[⑦]，故曰：右手画圆，左手画方，不能两成。故曰：至治之国，君若桴[⑧]，臣若鼓，技若车，事若马。故人有余力易于应，而技有余巧便于事。立功者不足于力，亲近者不足于信，成名者不足于势，近者不亲，而远者不结[⑨]，则名不称实[⑩]者也。圣人德若尧、舜，行若伯夷，而位不载于世[⑪]，则功不立，名不遂。

---

① 贲、育，孟贲和夏育，古代有名的勇士。

② 趣，通“促”，督促。

③ 急，紧迫；疾，迅速。

④ 毋，通“无”。毋穷之令，即畅通无阻的法令。

⑤ 载，通“戴”，拥戴。

⑥ 同欲，指目标一致；异使，指使命不同。臣子和君主治国的目标是一致的，但各自所做的事情是不同的。

⑦ 不得一，不能专于一职。

⑧ 桴，鼓槌。

⑨ 远者不结，关系远的不来交结。

⑩ 名不称实，君主的名位与实际权势不相称。

⑪ 势位不被世人所拥戴。

故古之能致功名者，众人助之以力，近者结之以成[①]，远者誉之以名，尊者载之以势。如此，故太山之功长立于国家，而日月之名久著于天地。此尧之所以南面[②]而守名，舜之所以北面而效功也。

《韩非子·难势》

慎子曰："飞龙乘云，腾蛇游雾，云罢雾霁，而龙蛇与螾蚁同矣，则失其所乘也。贤人而诎于不肖[③]者，则权轻位卑也；不肖而能服于贤者，则权重位尊也。尧为匹夫不能治三人，而桀为天子能乱天下。吾以此知势位之足恃，而贤智之不足慕也。夫弩弱而矢高者，激于风[④]也；身不肖而令行者，得助于众也。尧教于隶属[⑤]而民不听，至于南面而王天下，令则行，禁则止。由此观之，贤智未足以服众，而势位足以屈贤者也。"

应慎子[⑥]曰：飞龙乘云，腾蛇游雾，吾不以龙蛇为不托于云雾之势也。虽然，夫释贤而专任势，足以为治乎？则吾未得见也。夫有云雾之势而能乘游之者，龙蛇之材美[⑦]也。今云盛而螾弗能乘也，雾醲而蚁不能游也；夫有盛云醲雾之势而不能乘游者，螾蚁之材薄也。今桀、纣南面而王天下，以天子之威为之云雾，而天下不免乎大乱者，桀、纣之材薄也。且其人[⑧]以尧之势以治天下也，其势何以异桀之势也，乱天下者也[⑨]。夫势者，非能必使贤者用之，而不肖者不用之也。贤者用之则天下治，不肖者用之则天下乱。人之情性[⑩]，贤者寡而不肖者

① 成，通"诚"，真心。

② 南面，古代君主临朝则面南而坐，"南面"指处于君位。下文"北面"则指处于臣位。

③ 不肖，德才不好的人。

④ 激于风，受风力推动。

⑤ 隶属，百姓。

⑥ 应慎子，即反驳慎到。此下为儒家反驳慎到之说。

⑦ 材美，资质优秀。

⑧ 其人，这个人，指慎到。

⑨ 这句是说，尧用来治天下的势和桀用来乱天下的势有什么不同呢？

⑩ 情性，本性。

众，而以威势之利济[①]乱世之不肖人，则是以势乱天下者多矣，以势治天下者寡矣。夫势者，便治而利乱者也。故《周书》曰："毋为虎傅翼，将飞入邑，择人而食之。"[②]夫乘不肖人于势，是为虎傅翼也。桀、纣为高台深池以尽民力，为炮烙以伤民性[③]，桀、纣得成肆行[④]者，南面之威为之翼也。使桀、纣为匹夫，未始行一而身在刑戮矣。势者，养虎狼之心，而成暴乱之事者也，此天下之大患也。势之于治乱，本未有位[⑤]也，而语专言势之足以治天下者，则其智之所至者浅矣。夫良马固车，使臧获[⑥]御之则为人笑，王良[⑦]御之而日取千里；车马非异也，或至乎千里，或为人笑，则巧拙相去远矣。今以国位为车，以势为马，以号令为辔，以刑罚为鞭策，使尧、舜御之则天下治，桀、纣御之则天下乱，则贤不肖相去远矣。夫欲追速致远[⑧]不知任王良，欲进利除害不知任贤能，此则不知类[⑨]之患也。夫尧、舜亦治民之王良也。

复应之曰：其人以势为足恃以治官，客[⑩]曰"必待贤乃治"，则不然矣。夫势者，名一而变无数者也。势必于自然，则无为言于势矣[⑪]；吾所为言势者，言人之所设也。今曰"尧、舜得势而治，桀、纣得势而乱"，吾非以尧、桀为不然也。虽然，非人之所得设也。夫尧、舜生而在上位，虽有十桀、纣不能乱者，则势治也；桀、纣亦生而在上位，虽有十尧、舜而亦不能治者，则势乱也。故曰："势治者则不可乱，而势乱者则不可治也。"此自然之势也，非人之所得设

① 济，帮助。

② 这段引文见于《逸周书·寤儆》篇，意思是："不要给老虎添翅膀，它会飞进城市任意吃人。"

③ 性，生命。

④ 肆行，放纵的行为。

⑤ 指本来没有固定的关系。

⑥ 臧获，奴婢。

⑦ 王良，春秋时驭马高手。

⑧ 追速致远，赶上飞奔的车马，快速到达远方目的地。

⑨ 类，类比，同类情况。

⑩ 客，指前段发表贤治观点的儒者。

⑪ 这句是说，势如果一定得出于自然，那就没必要讨论了。

也。若吾所言，谓人之所得设也而已矣。贤何事焉[①]！何以明其然也？客[②]曰："人有鬻矛与楯者，誉其楯之坚：'物莫能陷[③]也。'俄而又誉其矛曰：'吾矛之利，物无不陷也。'人应之曰：'以子之矛，陷子之楯，何如？'其人弗能应也。"以为不可陷之楯与无不陷之矛，为名[④]不可两立也。夫贤之为道[⑤]不可禁，而势之为道也无不禁，以不可禁之贤与无不禁之势，此矛盾之说也。夫贤势之不相容亦明矣。

且夫尧、舜、桀、纣千世而一出，是比肩随踵[⑥]而生也；世之治者不绝于中[⑦]，吾所以为言势者，中也。中者，上不及尧、舜而下亦不为桀、纣，抱法处势[⑧]则治，背法去势则乱。今废势背法而待尧、舜，尧、舜至乃治，是千世乱而一治也；抱法处势而待桀、纣，桀、纣至乃乱，是千世治而一乱也。且夫治千而乱一，与治一而乱千也，是犹乘骥、駬[⑨]而分驰也，相去亦远矣。夫弃隐栝[⑩]之法，去度量之数，使奚仲[⑪]为车，不能成一轮；无庆赏之劝，刑罚之威，释势委法，尧、舜户说而人辩之[⑫]，不能治三家。夫势之足用亦明矣，而曰"必待贤"则亦不然矣。

且夫百日不食以待粱肉，饿者不活；今待尧、舜之贤乃治当世之民，是犹

① 意谓何必任用贤人。

② 此客非指上文的儒者，而是韩非假设的另一人。

③ 陷，刺穿。

④ 为名，作为两个概念。

⑤ 道，原则。

⑥ 比肩随踵，肩挨着肩，脚跟接着脚跟，比喻接得紧密。此句谓像尧舜桀纣这样的人，一千世出现一个就已经算是紧接而生的了。

⑦ 中，中等人才。不绝于中是指不断出现的只是些中才。

⑧ 抱法处势，守住法，据有势。

⑨ 骥，千里马。駬，即騄駬，古代名马。

⑩ 隐栝，用以矫正邪曲的器具。

⑪ 传说中的造车能手，曾经担任过夏王朝的车正（掌管车服的官员）。

⑫ 户说，挨户劝说；人辩，遇人即辩。

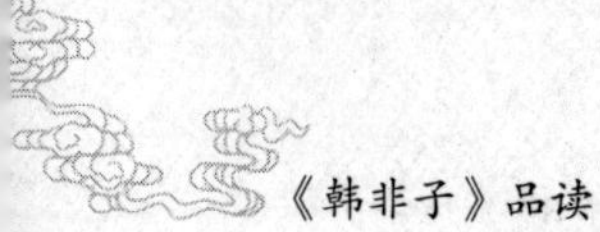

待粱肉而救饿之说也。夫曰“良马固车，臧获御之则为人笑，王良御之则日取乎千里”，吾不以为然。夫待越人之善海游者以救中国之溺人，越人善游矣，而溺者不济[①]矣。夫待古之王良以驭今之马，亦犹越人救溺之说也，不可亦明矣。夫良马固车，五十里而一置[②]，使中手御之，追速致远，可以及也，而千里可日致也，何必待古之王良乎！且御，非使王良也，则必使臧获败之；治，非使尧、舜也，则必使桀、纣乱之。此味非饴蜜也，必苦莱、亭历[③]也。此则积辩累辞[④]、离理失术[⑤]、两末[⑥]之议也，奚可以难[⑦]夫道理之言乎哉！客议未及此论也。

---

① 济，救。

② 置，古代传递文书的驿站。

③ 苦莱，苦味的灰菜。亭历，一种药草，味苦。

④ “积辩”与“累辞”同义连用，即积累说辞、堆砌言辞之意。

⑤ “离理”与“失术”同义连用，即背离道术。

⑥ 末，极端。

⑦ 难，责难。

第九讲

用人之道

任何思想学说，一旦进入实践操作的层面就不能不重视人的因素。韩非毕生致力于尊君强国，当然很清楚单凭国君一人孤掌难鸣，只有君臣协力才有可能实现目标。诚如前文所述，韩非有反忠臣、怼贤人之论，但那是立足于君权至上、针对儒家过分尊崇贤人政治而提出的救偏之说，有矫枉过正的意味。作为一个冷峻理智的现实主义者，韩非自有一套根基于人性设定的用人之道，既不同于儒家的贤人之治，也不同于墨家的尚贤之论，当然更反对道家的避世之说。总的说来，韩非的用人之道既有法的内容，强调以法择人、以法绳人；又有术的内涵，强调“用人以鬼”；还包括势的运用，即君主应独掌用人大权，不使旁人有觊觎的机会。

韩非极为重视用人权的问题。“任人以事，存亡治乱之机也。无术以任人，无所任而不败。”（《韩非子·八说》第四十八）他认为君主要牢牢把握用人权，只要用对了人，就算君主本身存在诸多缺陷也不足为病。同理，一个国君如果不善用人，就算本人再节俭勤劳、励精图治也无济于事。在《韩非子·说疑》篇里他举了历史上一正一反两个君主的例子：正例是赵敬侯（公元前386年—公元前375年在位）。这是一位不修德行之君，凡事讲享受、求安适，饮酒无节，游猎无度，还擅杀臣子，漫无节制。然而赵敬侯却享国十二年，“内无君臣百官之乱，外无诸侯邻国之患”，其原因在“明于所以任臣”。反例则是大名鼎鼎的燕王子哙（公元前320年—公元前318年在位）。在历代国君中，燕王子哙算得一位“苦身忧民”的仁义之君，况且燕国也是“地方数千里，持戟数十万”的强大国家，却因为过分信用国相子之而导致几乎亡国的惨剧。韩非推崇的是“不贤而为贤者师，不智而为智者正”（《韩非子·主道》），治国抓住了用人之纲，就能够纲举目张，举重若轻了。

我们不妨将儒家的用人之道拿来与韩非的用人思想比较一下。儒家重视用人，较法家有过之而无不及。试看荀子的一番言论：

故明主急得其人，而暗主急得其势。急得其人，则身佚而国治，功大而名美，上可以王，下可以霸;不急得其人，而急得其势，则身劳而国乱，功废而名辱，社稷必危。故君人者，劳于索之，而休于使之。《书》曰：“惟文王敬忌，一人以择。”此之谓也。（《荀子·君道》）

用人关系到国家治乱，因此明君必然把“得人”当头等大事来做。荀子的结论是“劳于索之，而休于使之”，即在寻找人才时花大力气，找到人才了就放心使用他们，君主自己可以坐享其成。韩非对老师的这一观点应该是熟悉的，他在《韩非子·难二》中借齐桓公之口重发此论，但却提出了自己的批判意见：

齐桓公之时，晋客至，有司请礼，桓公曰“告仲父”者三。而优笑曰：“易哉为君，一曰‘仲父’，二曰‘仲父’。”桓公曰：“吾闻君人者劳于索人，佚于使人。吾得仲父已难矣，得仲父之后，何为不易乎哉！”

或曰：桓公之所应优，非君人者之言也。桓公以君人为劳于索人，何索人为劳哉！伊尹自以为宰干汤，百里奚自以为虏干穆公。虏，所辱也；宰，所羞也。蒙羞辱而接君上，贤者之忧世急也。然则君人者无逆贤而已矣，索贤不为人主难。且官职所以任贤也，爵禄所以赏功也；设官职，陈爵禄，而士自至，君人者奚其劳哉！使人又非所佚也：人主虽使人必以度量准之，以刑名参之；以事遇于法则行，不遇于法则止；功当其言则赏，不当则诛。以刑名收臣，以度量准下，此不可释也，君人者焉佚哉！索人不劳，使人不佚，而桓公曰“劳于索人，佚于使人”者，不然。且桓公得管仲又不难。管仲不死其君而归桓公，鲍叔轻官让能而任之，桓公得管仲又不难明矣。已得管仲之后，奚遽易哉！管仲非周公旦，周公旦假为天子七年，成王壮，授之以政，非为天下计也，为其职也。夫不夺子而行天下者，必不背死君而事其雠；背死君而事其雠者，必不难夺子而行天下；不难夺子而行天下者，必不难夺其君国矣。管仲，公子纠之臣也，谋杀桓公而不能，其君死而臣桓公。管仲之取舍非周公旦，未可知也。若使管仲大贤也，且为汤、武。汤、武，桀、纣之臣也，桀、纣作乱，汤、武夺之。今桓公以易居其上，是以桀、纣之行居汤、武之上，桓公危矣。若使管仲不肖人也，且为田常。田常，简公之臣也，而弑其君。今桓公以易居其上，是以简公之易居田常之上也，桓公又危矣。管仲非周公旦以明矣，然为汤、武与田常未可知也。为汤、武有桀、纣之危，为田常有简公之乱也。已得仲父之后，桓公奚遽易哉！若使桓公之任管仲，必知不欺己也，是知不欺主之臣也。然虽知不欺主之臣，今桓公以任管仲之专借竖刁、易牙，虫流出尸而不葬，桓公不知臣欺主与不欺主已明矣；而任臣如彼其专也，故曰：“桓公暗主。”

齐桓公得管仲，至为倚重，时时咨而后行，被优伶讥笑说做个国君太容易。桓公就搬出这“劳于索人，佚于使人”的话头来。韩非并不认为“索人”劳而“使人”佚，他的观点是：索人不劳，因为“君人者无逆贤而已矣，索贤不为人主难”；使人不佚，因为“以刑名收臣，以度量准下，此不可释也，君人者焉佚哉”。也就是说，在完备的人才制度下，以官职任贤，以爵禄赏功，人才自然会踊跃前来，君主只需要做到虚怀若谷、广纳贤才即可；同时，用人也不是一劳永逸的事，官员再贤能，如果失去监督和法度，也会成为国家的危害。所以说，“以刑名收臣，以度量准下，此不可释也，君人者焉佚哉！”监督臣子的工作，防范臣子的作奸犯科，从来都不是一件轻松的事。具体到齐桓公得管仲这件事，得之难乎？有鲍叔极力推荐，齐桓公得管仲并不难；使之佚乎？以他对管仲的信任来看确实是充分放手了，但管仲死后他以同样的信任来使用易牙和竖刁，结果导致自己死于非命，可见他并不能识别臣子的忠奸，那么他专心任用管仲也就是一件侥幸的事。假如管仲心怀不轨，可能像汤、武那样起而革命夺了他的位，或者像田常那样篡轼上位。

关于用人，韩非有个著名的“有贵臣无重臣”的说法：“明主之国，有贵臣无重臣。贵臣者，爵尊而官大也；重臣者，言听而力多者也。明主之国，迁官袭级，官爵受功，故有贵臣。言不度行，而有伪必诛，故无重臣也。”（《韩非子·八说》第四十七）“爵尊而官大”的贵臣在君主的掌控之内，故无虞；“言听而力多”的重臣则将置君于傀儡地位，务必除之。君主用人，只有做到权势在己，才能如身使臂、如臂使指，圆转如意。

君主任用人才，如何解决人才的腐化变质问题，是摆在历代统治者面前的难题。依儒家的理念是德才兼备，以德为先，用臣子的内在道德来约束他们自己。韩非则立足于人性恶，利用人性趋利避害的特点来设爵立赏，使人才自动地来归附君主。在人才的使用过程中同样按人性恶的设定来管理，注重防范和化解臣子的野心和贪婪带来的危害。显然，韩非的人才思想更合乎现实，具有实践意义，可以说有非常强的操作性。

一、选拔标准

选拔什么样的人来治国理政？儒曰有德，墨言师贤，人才的选拔标准从来都是治国者需要考虑的头等大事。纵观《韩非子》，我们会发现他似乎并不讳言“贤”“德”：

> 故子胥善谋而吴戮之，仲尼善说而匡围之，管夷吾实贤而鲁囚之。故此三大夫岂不贤哉！而三君不明也。（《韩非子·难言》第三）
>
> 明主之为官职爵禄也，所以进贤材、劝有功也。（《韩非子·八

奸》第九）

亲臣进而故人退，不肖用事而贤良伏，无功贵而劳苦贱，如是则下怨，下怨者，可亡也。（《韩非子·亡征》第十五）

臣制财利，则主失德。（《韩非子·主道》第五）

其于德施也，纵禁财，发坟仓，利于民者必出于君，不使人臣私其德。（《韩非子·八奸》第九）

只要稍加分辨即可看出，韩非所谓的“德”，大多数时候都是指“恩惠”，而不是一般意义上的“道德”，他在《韩非子·二柄》里就说“庆赏之谓德”；他所说的“贤”，则偏重于“能”。盖“贤”之本义为“多材”，后来词义扩大，多指“有才德之人”，甚至置“德”于“才”上。韩非既否认仁义等儒家价值观，对“贤”的肯定就回归原始义，而以能力和实干精神为贵。因此可以说，韩非选用人才的标准简单而直接：任人唯能，注重实干。用韩非的话来说，就是“程能而授事”“因任而授官”。才能与职位相匹配，就可以人尽其才，主享其利。

用人以能力为先，以实效为准，就要求君主不拘一格用人才，不能因地位尊卑而黜陟人才。“任人唯能”的反面常是“任人唯亲”，君主最容易被身边人所欺，历代不乏其例。有时候是外戚，如西汉末的王莽；有时候是宦官，如唐肃宗时期的鱼朝恩；有时候是近臣，如南宋初的秦桧。地位高的、关系近的，不一定就是能力强的、忠心耿耿的；地位卑贱甚至陷于囹圄中的人，只要其才可用，就应该破格提拔他们：“或在山林薮泽岩穴之间，或在囹圄缧绁缠索之中，或在割烹刍牧饭牛之事。然明主不羞其卑贱也，以其能、为可以明法，便国利民，从而举之，身安名尊。”（《韩非子·说疑》第四十四）这倒跟孟子说的圣贤不论出身相近：“舜发于畎亩之中，傅说举于版筑之间，胶鬲举于鱼盐之中，管夷吾举于士，孙叔敖举于海，百里奚举于市。”（《孟子·告子下》）当然孟子此文强调的是圣贤用世必先受磨折，着意于个人心性的砥砺；韩非则着眼于君主用人不应自设藩篱，当唯才是举。

君主要任人唯能，就不可拘虚誉、尊隐逸。有些人看到韩非说过“官职所以任贤”的话，就片面地以为他也有以贤德为重的想法，其实只要看看他对名誉之士和隐逸之人的态度就可以知道并非如此。儒家讲“德才兼备”“以德为先”，德高则誉隆，往往就变成“以誉进能”——根据名望来举荐人才。“清谈误国”的例子在历史上还少吗？誉满天下的清谈之士被寄予治国厚望，一旦履位却才不配位，当然只会贻误国事，我们在前文中举过的东晋名士殷浩就是其例。“誉不可进”，还在于“誉”是主观性的，容易被奸臣操控，“为人臣者散公财以说民人，行小惠以取百姓，使朝廷市井皆劝誉己，以塞其主而成其所欲。”（《韩非子·八奸》第四十七）“誉”容易被人所用，还在于奸巧之臣善于伺察人主，“凡奸臣皆欲顺人主之心，以取信幸之势者也。是以主有所善，臣从而誉之；主有所憎，臣因而毁之。”（《韩非子·奸劫弑臣》第十四）人主自以为明智，却不料恰恰堕入奸臣圈套之中。韩非深谙人性之恶，对奸臣所擅的政治花招了然于怀，这份清醒是治国者必备的。当然，“誉”作为社会性声名，很多时候确实是“实干之才”的标志。韩非并没有完全摒弃“誉”的作用，而是强调“必实其能”，即通过实践来检验人才的能力，酌情而用。

在韩非看来，誉重而无用的人以隐士为甚，因此绝不应该尊崇他们。我们在论述韩非反儒时提到过他对以隐为贤的断然否定，隐者以不与统治者合作为特征，那么即使其很有能力也不值得推崇。这是韩非重实际的用人思想的体现，未经检验的能力值得怀疑，不受羁勒的能力甚且有害而无益，难怪韩非对隐士必欲除之而后快了。更为重要的是，尊崇隐士，会带偏整个社会的价值观。《韩非子·外储说左上》篇讲了王登荐士的故事：

王登为中牟令，上言于襄主曰：“中牟有士曰中章、胥己者，

其身甚修，其学甚博，君何不举之？”主曰：“子见之，我将为中大夫。”相室谏曰：“中大夫，晋重列也，今无功而受，非晋臣之意。君其耳而未之目邪！”襄主曰：“我取登，既耳而目之矣；登之所取，又耳而目之。是耳目人绝无已也。”王登一日而见二中大夫，予之田宅。中牟之人弃其田耘、卖宅圃而随文学者，邑之半。

赵襄子以为王登是自己亲自考察过提拔起来的，他推荐中章、胥己也必耳闻目睹过才向自己推荐，那就跟自己亲眼看到、亲耳听到一样。然而这两个人只是因身修学博而受荐，当地人就纷纷弃农从学，这不是鼓励空谈道德文学吗？

韩非如此强调任人唯能的重要性，与其所处时代对人才要求的紧迫性分不开。战国时期诸国争雄，谁能得士谁就可以雄霸一方。我们在李斯的《谏逐客书》里可以看到秦代历史上利用人才振兴国家的实例：

昔穆公求士，西取由余于戎，东得百里奚于宛，迎蹇叔于宋，来丕豹、公孙支于晋。此五子者，不产于秦，而穆公用之，并国二十，遂霸西戎。孝公用商鞅之法，移风易俗，民以殷盛，国以富强，百姓乐用，诸侯亲服，获楚、魏之师，举地千里，至今治强。惠王用张仪之计，拔三川之地，西并巴、蜀，北收上郡，南取汉中，包九夷，制鄢、郢，东据成皋之险，割膏腴之壤，遂散六国之众，使之西面事秦，功施到今。昭王得范雎，废穰侯，逐华阳，强公室，杜私门，蚕食诸侯，使秦成帝业。

战国时期的士以一己之能干求爵禄，“此处不留爷，自有留爷处”，人才的流动性极强。《战国策》里颜斶甚至提出“士贵耳，王者不贵”的观点，这正是当时各国人才竞争的激烈性的反映。对于国君来说，争取人才成为当务之急，自然无暇考求人才的德行。

考诸历史实际，我们可以看到越是乱世，对人才的要求越是重视实际的能力。历史上有名的管仲与朋友鲍叔一起做生意，自取多金，算不上清廉；成为齐相后又生活奢侈，但他帮助齐桓公“九合诸侯”，奠定了齐国的霸主地位。韩非的同学李斯也说不上有什么德行，他精于权术，陷害了韩非；后期又附和赵高立胡亥为帝，助纣为虐，但他在辅佐秦始皇统一六国的过程中起了绝大的作用。秦末刘邦与项羽争帝，陈平贪财“昧金”，失德“盗嫂”，却无碍刘邦对他的信任和重用，他也屡出奇计，为刘家天下起到了安邦定国的作用。曹操在汉末群雄角逐中胜出，素有“知人善任”之美名。他在《求贤令》中明确提出：“若必廉士而后可用，则齐桓其何以霸世！”他迫切地要求，“二三子其佐我明扬仄陋，唯才是举，吾得而用之。”①公开提出尚才不尚德的人才主张，可以说是韩非人才思想的应用和发展。《韩非子》书中才优而德不足的典型是阳虎：

> 阳虎议曰：“主贤明，则悉心以事之；不肖，则饰奸而试之。”逐于鲁，疑于齐，走而之赵，赵简主迎而相之。左右曰：“虎善窃人国政，何故相也？”简主曰：“阳虎务取之，我务守之。”遂执术而御之。阳虎不敢为非，以善事简主，兴主之强，几至于霸也。（《韩非子·外储说左下》第三十三）

阳虎是个“亲富不亲仁”的奸臣，“善窃人国政”，作为鲁国季孙氏的家臣一度把持鲁国的政权，但却试图加害自己的主子，堪称大奸大恶。但赵简子却能让他“不敢为非”，充分发挥他的才干，阳虎也不负所望，倾心辅佐，差点让赵简子称了霸。韩非用这一事例说明，人的德行不足据，只要有才，君主以术驭

① 曹操著：夏传才注《曹操集注》，中州古籍出版社1986年版，第123页。

之，照样能发挥他的优长。

当然，在韩非心目中最重要的人才当数“法术之士”。“夫有术者之为人臣也，得效度数之言，上明主法，下困奸臣，以尊主安国者也。”（《韩非子·奸劫弑臣》第十四）法术之士是国家治理的中坚力量，是坚决维护法治的关键少数，君王要成就霸业绝少不了他们。历史上的商鞅、吴起等法术之士，厉行变革，都使所在的国家迅速富强起来，他们的历史功绩有目共睹。法术之士的共同特点是：推尊主势，自觉维护君主的专制地位；推行法治，远见明察，有一套治理国家的完整方案；循法令而动，强毅劲直，与“亏法以利私”的权奸势若水火，能扼制当途“重人”的舞弊枉法。这种“法术之士”或“智术之士”显然就是韩非自己及其同道中人。韩非从自己的个人遭遇及历史上变法者的下场中深切地认识到，法术之士想要践行理想推行法治，在现实政治中实在是困难重重、寸步难行。原因在于法术之士多来自低层贵族，无权无势，有待君主的任用始能发光发热；而君主容易受身边亲信的蒙蔽，或者被当道的重臣所阻挠，认识不到法术之士的价值，自然想不到去任用他们。由于法术之士与奸邪之臣的价值观迥异，韩非对这种势不两立的情形有极明晰的认识：“智术之士，明察听用，且烛重人之阴情；能法之士，劲直听用，且矫重人之奸行。故智术能法之士用，则贵重之臣必在绳之外矣。是智法之士与当涂之人不可两存之仇也。”（《韩非子·孤愤》第十一）韩非没有认识到的是，佞幸、重臣的出现恰恰是君主专制制度的必然产物，因为依托君主甚或精神上控制君主，就可以在专制社会里为所欲为。君主也是人，也容易受到种种欲望的诱惑，喜欢他人的阿谀奉承，厌恶别人的直言谏诤。历史上的大奸臣往往都是利用君王的人性弱点来巩固自己的权势的，韩非既要维护君主专制制度，又要违逆君主本性任用“强毅劲直”的法术之士，其逻辑上的不能自洽显而易见。对此，韩非并非全无觉察，他在《韩非子·孤愤》等篇中传达出的“道”不能行的悲哀创痛就是他对法术之士的悲观前景的自然流露。

二、用人原则

人才的使用并非如儒家所说“劳于索人，佚于使人”那么简单。人才既称人才，自有其高出流辈的智慧或才能，既可能为君主效力，当然也可能为己谋求私利——依韩非的人性恶观点，这简直是一定的。要想让人乖乖地服从君主需要献力献策而无二心，为君者须有相当的头脑和手段，法、术兼用，恩威并施，遵循人才任用规律，方能收其效而无其弊。总结韩非用人思想的基本原则，大约有如下数端：

1. 依法用人，杜绝“心治”

所谓“心治”就是凭主观愿望治理政事，当然包括用人在内。君主用人如果只凭个人好恶自作聪明，难免出现“阘茸尊显”、谄谀得志的现象，或者以奸为贤、君主权力被架空。唐代“开元全盛日”一何富强！只因唐玄宗志得意满，先后以李林甫、杨国忠为贤相，将安禄山视为安边的猛将，导致“安史之乱”的最终爆发，唐代国力一泻千里。“心治”之弊，韩非看得很透彻，就是君主爱自以为是，而个人的标准很难度量。他有一个非常形象的比喻：“屈到嗜芰，文王嗜菖蒲菹，非正味也，而二贤尚之，所味不必美。”（《韩非子·难四》第三十九）人皆有偏嗜，喜欢的不一定具有普遍性。因此他接着说：“晋灵侯说参无恤，燕哙贤子之，非正士也，而二君尊之，所贤不必贤也。”韩非明确说：“明主使法择人，不自举也；使法量功，不自度也。能者不可弊，败者不可饰，誉者不能进，非者弗能退，则君臣之间明辩而易治。”（《韩非子·有度》第六）“使法择人”的核心就是“计功而行赏，程能而授事”，通过实际功绩来考察人、进退人，能干者就不会被埋没，败事者就无法自我掩饰，徒有虚名的人不予提拔，受到诽谤的人不会含冤免职。“使法择人”还有一个好处，就是能够杜绝“跑官”“索官”之弊：

> 桓公谓管仲曰："官少而索者众，寡人忧之。"管仲曰："君无听左右之请，因能而受禄，录功而与官，则莫敢索官。君何患焉？"（《韩非子·外储说下》第三十一）

法令彰明，君主就无须为左右亲信的干请而烦恼，用人有了法令依据，事情反而简单化了。"国以功授官与爵，则治者省，言有塞，此谓以治去治，以言去言。"（《韩非子·饬令》第五十三）私门请托不行，靠游说谋求官职的人无所用其长，国家的风气也会变正，国家富强就有了保证。

依法用人可以造就守法之臣，而守法之臣又能够保证用人之法得到不折不扣的执行。选拔出来治理国家的各级臣子从人性角度看仍不能避免损公肥私的冲动，只有通过法律将他们的行为限定在合法的界限内，才能保证他们尽力为君为国操劳。"人主使人臣虽有智能不得背法而专制；虽有贤行不得逾功而先劳，虽有忠信不得释法而不禁。"（《韩非子·南面》第十八）其实越是凭能力和功劳获得职位的臣子越是有才智，如果他们用自己的才智以权谋私，君主就会受蒙蔽。"所谓贤臣者，能明法辟，治官职以戴其君者也。"（《韩非子·忠孝》第五十一）能够彰明法度，做好本职工作，才是拥戴君主的真贤臣。而衡量他们是否做好本职工作，就需要依法考核，不应被他们表面的"贤"或"德"所迷惑。

我们中国社会颇尚人情，人才选拔过程中很容易沾染人情之弊，最典型的就是所谓"知遇之恩"。比如科举时代主考官本是为国选才，但凭科举进身的人视主考为"座主"，同榜者为"同年"，往往以此结成利益共同体。韩非说过一个"阳虎善树人"的事例，我们可以看出他对这种现象的态度：

> 阳虎去齐走赵，简主问曰："吾闻子善树人。"虎曰："臣居鲁，树三人，皆为令尹；及虎抵罪于鲁，皆搜索于虎也。臣居齐荐三人，一人得近王，一人为县令，一人为候吏；及臣得罪，近王者

不见臣，县令者迎臣执缚，候吏者追臣至境上，不及而止。虎不善树人。”主俯而笑曰：“夫树柤梨橘柚者，食之则甘香；树枳棘者，成而刺人，故君子慎所树。”（《韩非子·外储说左下》第三十三）

阳虎说自己不善“树人”，在鲁国时培养的三个人做了令尹，都在阳虎后来获罪时搜捕他；在齐国荐举了三个人，阳虎一旦获罪也都不利于他。赵简子从中得出的教训是“君子慎所树”，培养人时要慎重，意谓这种忘恩负义之徒要事先甄别出来。然而韩非在前文中已经指出赵简子的话“非所以教国也”，也就是说阳虎培养和推荐的人虽然失德于阳虎，但是对君主和国家却是有利的。培养人才也好，举荐人才也好，都是用君主或者国家的爵禄来使人发达，理应效忠于君、顺从法令，怎么能把私人作为恩主来看待呢？这个道理放到今天来也是讲得通的。

如果法度不严，臣子很容易借举荐人才之机行树党之私，因此君主在听取臣子推荐时要以法度为准，不可被臣子的偏言所惑。“言程”，所言合乎标准，符合法度要求，推荐者和被推荐者都可以得到奖赏；所言不当，君王要加赫斯之怒，推荐者和被推荐者都应予以惩处。这样一来，人们就不会以亲疏好恶来举荐人才，从而杜绝人才选拔过程中的人情因素。

2. 量才而用，任人以事

人才的概念是多维度、多层次的。具有运策帷幄、安邦定国之才的是领袖，善于执行、能化指令为具体行动的是实干家，在专业领域有深入研究的是专家……韩非所称道的法术之士有整肃一国之能，可以是为国家领航的领袖之才，也可以是专事执行严明法纪的干才，但韩非的用人思想其实已经超越法术之士的范畴，他强调人才在于“各处其宜”：

夫物者有所宜，材者有所施，各处其宜，故上下无为。使鸡司

夜，令狸执鼠，皆用其能，上乃无事。（《韩非子·扬权》第八）

确实，万物都有自己的“所宜”，只有在适合自己的位置上才能发挥出作用，鸡能报晓，猫能抓鼠，如果换了位子就乱套了。用人也是如此，每个人都有自己的才性所长，依据人的个性充分发挥其长，就能人尽其用。反之则不然。孔子够厉害了，可是让他来种田会怎样？曾参是个大孝子，让他上前线冲锋陷阵又将如何？以这样的眼光来看，何往而非才？当然，这就要求上位者有识才的眼光和魄力，同时要摒弃求全责备的思维，避免对人才吹毛求疵。

尧时有个人叫夔，“忿戾恶心”，也就是为人蛮横，一肚子坏水，别人都不喜欢他，但他对音乐有特别的天赋，让他做乐正就特别适宜。而前文提到过的阳虎，居鲁则鲁败，居齐则齐疑，是个典型的“乱臣贼子”，但是赵简子就敢用他，让他专事进取，自己则紧紧地守住权位，不让阳虎再有觊觎的机会。阳虎实有治国之才，善于驾驭臣子的赵简子就能用其长而避其害。君王常感困扰的人才问题，一是人才缺乏，二是不辨小人君子。其实“何代无长才”（杜甫语），只是君王不识罢了。比如唐玄宗晚年曾经下诏，让四海之内有一技之长的人才聚集到京城来接受选拔，而负责执行的宰相李林甫却担心他们会在皇帝面前揭露自己的过失，竟然百般刁难来应试的人，让他们一个也过不了关，然后在皇帝面前宣称“野无遗贤”，人才已经全部聚集在朝廷中了，哄得唐玄宗迷迷糊糊的。李林甫自然是小人，但他能一手遮天，实在还是唐玄宗本人昏聩的缘故。换个角度看，即便像李林甫这样的大奸臣，如果唐玄宗用得其法，说不定也是能够成为有为之臣的。历史上的奸恶之臣，往往有其偏才，若置身于英主统治下，大可制其恶而用其长，就像阳虎，在鲁为奸臣，在赵则为能臣。

一个人有没有才能、有什么样的才能，光听他自己说是不行的。君主该怎样选拔人才呢？韩非对此有精辟的论述：

人皆寐则盲者不知，皆嘿则喑者不知。觉而使之视，问而使之对，则喑盲者穷矣。不听其言也，则无术者不知；不任其身也，则不肖者不知；听其言而求其当，任其身而责其功，则无术不肖者穷矣。夫欲得力士而听其自言，虽庸人与乌获不可别也，授之以鼎俎则罢健效矣。故官职者，能士之鼎俎也，任之以事，而愚智分矣。故无术者得于不用，不肖者得于不任，言不用而自文以为辩，身不任而自饰以为高，世主眩其辩，滥其高而尊贵之，是不须视而定明也，不待对而定辩也，喑盲者不得矣。明主听其言必责其用，观其行必求其功，然则虚旧之学不谈，矜诬之行不饰矣。（《韩非子·六反》第四十六）

"任之以事"，即用具体事务来检验一个人的实际能力。比如判断某人是不是大力士，只要让他举一举鼎就能知道，鼎有大小，其力之大小可以一目了然地检测出来。"官职"就好比是鼎，用职事来试验一个人的实际才能，就不会被夸夸其谈者所欺。因此，"小知不可使谋事"，随能力而授官，就能做到人尽其才、才尽其用。

历史上不乏因大言惑人而得位的事例，其结果往往十分不堪。比如战国时期的赵括，可谓名门之后（其父为赵国名将马服君赵奢），熟读兵书，议论起来连久经战场的父亲都辩不过他。赵孝成王中人奸计，用赵括代替廉颇为大将，招致长平之战的惨败，数十万赵兵被秦军坑杀，赵国因此元气大伤。再如魏国孟卯（芒卯），因能言善辩而受魏昭王重用，一度也为魏国扩地二十二县，但那是用诈术让秦国帮忙的结果。等到公元前273年华阳之战的时候，秦军大败魏韩赵三国联军，魏将孟卯战败而逃，魏国也因此而一蹶不振。

3. 用人所长，不避亲仇

君主之所以能够"不贤而为贤者师，不智而为智者正"，除了其权势地位的保驾护航，更主要的是能够用众智，"下君尽己之能，中君尽人之力，上君尽人之智”（《韩非子·八经》第四十八）。选任官员，就是要发挥其所长，“使智者尽其虑”，调动他人的智慧来为君主自己服务，则君主之智无穷，治国自然无忧。用人所长，就要忌才性错位，他批评商鞅的“军功爵制”说：

商君之法曰：“斩一首者爵一级，欲为官者为五十石之官；斩二首者爵二级，欲为官者为百石之官。”官爵之迁与斩首之功相称也。今有法曰：斩首者令为医匠，则屋不成而病不已。夫匠者，手巧也；而医者，齐药也；而以斩首之功为之，则不当其能。今治官者，智能也；今斩首者，勇力之所加也。以勇力之所加而治智能之官，是以斩首之功为医匠也。（《韩非子·定法》第四十三）

韩非固然也强调奖赏军功，但却反对以官职为赏，因为军功靠的是勇力，而治官却需要管理能力，两者未必相通。以勇力者为官，就相当于让力士去做工匠或医生，明显很荒唐。韩非能够认识到官员的专业性，在那个时代无疑是具有超前眼光的。

既然用人要用其所长，那么就不应问人才的出处阶级及亲疏远近。地位卑贱者只要有能力即当重用，前文我们已经提到过，关系的亲疏远近同样不应该成为推举人才的障碍，所谓“内举不避亲，外举不避仇”，指的就是用人的这一原则。《左传》上记载的晋平公时大夫祁黄羊推荐其仇解狐为南阳县令、其子祁午为军中尉，都各得其任，受人称赞。《韩非子·外储说左下》则记解狐荐其仇事：

解狐荐其雠于简主以为相。其雠以为且幸释己也，乃因往拜谢。狐乃引弓迎而射之，曰：“夫荐汝，公也，以汝能当之也。夫雠汝，吾私怨也，不以私怨汝之故拥汝于吾君。”故私怨不入公门。

而与祁黄羊事相类的则是如下故事：

> 中牟无令，鲁平公问赵武曰："中牟，三国之股肱，邯郸之肩髀，寡人欲得其良令也，谁使而可？"武曰："邢伯子可。"公曰："非子之雠也？"曰："私雠不入公门。"公又问曰："中府之令，谁使而可？"曰："臣子可。"故曰："外举不避仇，内举不避子。"赵武所荐四十六人于其君，及武死，各就宾位，其无私德若此也。（《韩非子·外储说左下》第三十三）

"是在焉从而举之，非在焉从而罚之"，一切以是非为准，则贤良进而奸邪退，国何愁不兴？

然而"外举不避仇，内举不避亲"的用人原则其实极难贯彻，事实上也易滋生弊端，因为这是由人性决定的。人性疾仇，在公义面前大可表现为"举仇以行陷害之实"；人性爱亲，更可以"内举不避亲"之名任人唯亲。韩非标举这一原则，是立足于君主专制体制，在强有力的君主控制下任人不避亲疏，其实效仍由君主考核从而予以黜陟。即便这样也还是理想化的，上位者怎能保证举荐来的人不会因此而结成党羽？

韩非对用人中出现的"党与"现象其实一直保持着警惕，毕竟这种毒害国家治理的恶瘤在政治生活中长期存在，甚至至今都难以彻底清除。从君主专制的角度出发，韩非认为臣子结党是君主无法度术数以驭臣的结果：

> 无数以度其臣者，必以其众人之口断之。众之所誉，从而说之；众之所非，从而憎之。故为人臣者破家残賥，内构党与，外接巷族以为誉，从阴约结以相固也，虚相与爵禄以相劝也。曰："与我者将利

之，不与我者将害之。”众贪其利，劫其威。彼诚喜；则能利己；忌怒，则能害己。众归而民留之，以誉盈于国，发闻于主，主不能理其情，因以为贤。彼又使谲诈之士，外假为诸侯之宠使，假之以舆马，信之以瑞节，镇之以辞令，资之以币帛，使诸侯淫说其主，微挟私而公议。所为使者，异国之主也，所为谈者，左右之人也。主说其言而辩其辞，以此人者天下之贤士也。（《韩非子·说疑》第四十四）

从“内举不避亲”到“内构党与，外接巷族以为誉”不过一步之差。韩非指出：“今若以誉进能，则臣离上而下比周；若以党举官，则民务交而不求用于法。”（《韩非子·有度》第六）但只凭韩非的“法治”是难以彻底根除传统政治中的朋党之弊的，因为结党营私可说是与君主专制制度伴生的毒瘤，不可能根除。朝廷朋党之争甚至能决定朝代兴衰，唐文宗就曾经感叹：“去河北贼易，去朝中朋党难。”

4. 袭节而进，官不相兼

官员的选拔和任用需要“试之以事”，由此而进，提拔和任命关键岗位的大臣，也必须经过逐级的职任考验，这可以说是得到历史验证的宝贵人事经验，韩非概括为“宰相必起于州部，猛将必发于卒伍”：

夫视锻锡而察青黄，区冶不能以必剑；水击鹄雁，陆断驹马，则臧获不疑钝利。发齿吻形容，伯乐不能以必马；授车就驾而观其末涂，则臧获不疑驽良。观容服，听辞言，仲尼不能以必士；试之官职，课其功伐，则庸人不疑于愚智。故明主之吏，宰相必起于州部，猛将必发于卒伍。夫有功者必赏，则爵禄厚而愈劝；迁官袭级，则官职大而愈治。夫爵禄大而官职治，王之道也。（《韩非子·显学》第五十）

官员升迁需要经过逐级考验，关键岗位的任命尤其要有基层的实践锻炼，这是我们现在还在贯彻的人事原则，但是其意义未必被很多人所了解。这与儒家长期的“贤人政治”理念浸染有关，即一个人只要足够贤能，就应该让他“出将入相”，方不辜负了其宏大抱负。比如为人所艳称的“三顾茅庐”故事，诸葛亮躬耕南阳，刘备力邀其出山，似乎立马就给予他军师之位。其实这只是小说家言，不足为凭。刘备自己其时还羽翼未丰，诸葛亮到其军中最初只相当于高级幕僚，经过一段时间的实践证明其才能不凡，尤其是在赤壁之战中诸葛亮充当了刘备的外交联络官，促成了孙刘联盟的缔结，以后又有荆南四郡的收获，刘备才任命其为军师中郎将，成为刘备的重要文臣。即便在那时，庞统的地位也还在诸葛亮之上。两晋南朝的门阀政治倒是给一些政治素人以跻身重位的机会，但那恰恰也是政治最昏暗的时代。崇尚清谈玄言，鄙薄实务，怎能不误国呢？盛唐时期李白、杜甫都有治国大志，李白是“奋其智能，愿为辅弼，使寰区大定，海县清一”（《代寿山答孟少府移文书》）；杜甫则自比“稷与契”，目标都是宰相，且都不愿做小官，马上就要求“立身清要”。从志向和抱负层面看，固然是诗人的豪放与理想；从政治实践看，他们都太天真了。不经历底层的历练，何谈治国大才？韩非强调文臣武将都要一步步擢升，那才是真正现实理性的用人之道！

儒家的“贤人政治”理想落在具体的人事政策上，很容易把徒有虚名而无实干之才的人放到他不能胜任的位置上，我们常称之为“志大才疏”，其实也是一种“德不配位”。

任官不仅应该“袭节而进”，还要使“士不兼官”，即专职专任，这也是法家用人的宝贵经验。韩非对“官不兼任”的执念有时甚至让人觉得匪夷所思：

昔者韩昭侯醉而寝，典冠者见君之寒也，故加衣于君之上。觉寝而说，问左右曰：“谁加衣者？”左右对曰：“典冠。”君因兼罪

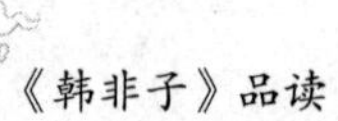

典衣与典冠。其罪典衣，以为失其事也；其罪典冠，以为越其职也。非不恶寒也，以为侵官之害甚于寒。故明主之畜臣，臣不得越官而有功，不得陈言而不当。越官则死，不当则罪。（《韩非子·二柄》第七）

这一故事我们在第七讲术论中讨论过，如果撇开“君威难测”的权术手腕来看，其“不得越官而有功”的任官原则是有其合理内核的。

为什么要坚持“士不兼官”的任官原则呢？“士不兼官”即专职专任，符合社会活动中的分工原理，官员专注于自己所负责的领域，有利于提高工作效率，达到效能最大化，即所谓“皆宜其能，胜其官，轻其任”；“士不兼官”也可以避免职权淆乱带来的纷争冲突，有助于厘清官员的权力和职能边界，避免争功邀宠或推诿扯皮现象；“士不兼官”更有利于对官员进行考核，便于以“功当其事”为标准衡量官员的功绩，杜绝官员乱作为的弊病。总之，“明君使事不相干，故莫讼；使士不兼官，故技长；使人不同功，故莫争。”（《韩非子·用人》第二十七）

君主的用人之道其实可以从两方面去认识：就“阳”的一面看，用人制度的建设是国家制度建设的重要一环，我们在本讲中所涉的选拔标准、用人原则及考核方法多从“阳”的即公开的一面讲；但君主用人实质上又有“阴”的一面，因为这是一个君臣博弈的过程，从韩非的人性论出发，他为君王设计了一整套驾驭臣子的手段，即“用人术”或“制驭术”，我们在术论一讲中已有论述。不同于作为“法”的用人之道，作为“术”的时候就讲究“用人也鬼”——“故明主之行制也天，其用人也鬼。天则不非，鬼则不困。”（《韩非子·八经》第四十八）用人讲究神妙莫测，颇有“阴恻恻”之感，比较典型的表现就是“条达之道”：

> 下约以侵其上：相室，约其廷臣；廷臣，约其官属；兵士，约其军吏；遣使，约其行介；县令，约其辟吏；郎中，约其左右；后姬，约其宫媛。此之谓条达之道。言通事泄则术不行。（《韩非子·八经》第四十八）

“条达之道”的要义是“以臣制臣”，通过官员的下属来监视其上级。有意思的是，韩非又有与此截然相反的论述：

> 人主之过，在已任臣矣，又必反与其所不任者备之，此其说必与其所任者为雠，而主反制于其所不任者。（《韩非子·南面》第十八）

以官员的下属作为监视的耳目，其要害在于这下属也会有觊觎上位的欲望，相当于“与其所不任者备之”，君主很容易受到自己安插的耳目的蒙蔽。再说，这下属还有可能被上级所笼络，一道来欺骗君主。如何理解韩非的这种矛盾论述？笔者以为当韩非说“条达之道”时，是作为君王独掌的“心术”来运用，其主要针对个别的君王需要特别防范的臣子；而当他说“人主之过”时，是从制度的层面来论述用人之戒，也就是从公开的角度来禁止对官员的职权形成掣肘之势。比如唐朝中后期喜以宦官监军，就是一种对正式任命的将领的掣肘，军队的战斗力自然会大打折扣。

三、考核方法

在人才的任用上，既要有宏观的整体的原则性的把握，也要有具体的遴选和提拔办法，还要有使用过程中的监督和激励，同时，更要有相应的考核方法，用以衡量官员的工作成效。韩非显然十分重视对官员的考核，他提出了一套行之

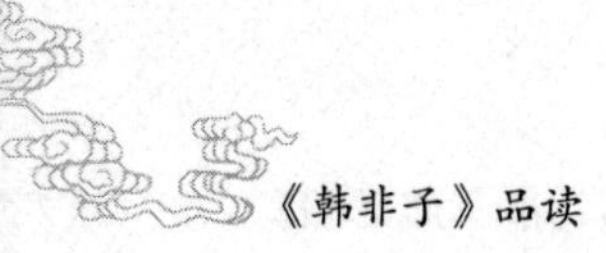

有效的考核措施，来保证官员的执政效率。

1. 计功行赏

君主考察臣下工作好坏的最直接的办法无过于计其功，即根据其实际完成的贡赋、税收、科役等情况来确定官员们的政绩，并以此为基础对他们进行陟黜赏罚。战国、秦、汉之际地方官有"上计"之事，就是在年终时把辖区内的户口、赋税、盗贼、狱讼等项一一登记造册，派人逐级上报，奏呈朝廷，以为考绩。这种考课制度其实是一种法制化的用人政策，其特点是可以量化，能够一目了然地判定官员一年来的工作实绩。这种制度当然算不上是韩非的发明，在战国之世已经得到推行。韩非强调了其作为法度的一面，因为"夫为人主而身察百官，则日不足，力不给"，只有"舍己能而因法数，审赏罚"，才可保证百官之行合乎君主需要。

韩非特别讲究各项工作的实际效益，力图斥黜浮华。"宋王筑武宫"的故事很能说明其这一理念：

> 宋王与齐仇也，筑武宫。讴癸倡，行者止观，筑者不倦。王闻，召而赐之。对曰："臣师射稽之讴又贤于癸。"王召射稽使之讴，行者不止，筑者知倦。王曰："行者不止，筑者知倦，其讴不胜如癸美，何也？"对曰："王试度其功。"癸四板，射稽八板；擿其坚，癸五寸，射稽二寸。（《韩非子·外储说左上》第三十二）

在建筑工地上让歌手来鼓舞士气，提高工作效率，看来是一种普遍做法。歌手癸的演唱技艺高明，能让过路人止步，让干活的人忘却疲劳。宋王要赏赐他，癸说自己还不是最厉害的，他的师傅射稽更高明。然而射稽在工地上演唱，过路人没停下脚步，干活的人喊累，是什么道理呢？是癸推荐失人吗？癸让宋王去测算工人的筑墙效率，结果发现射稽演唱时工人的筑墙量比癸演唱时翻了1

倍，而质量（坚固度）也是翻1倍都不止。韩非的这个故事的言外之意就是，唱得好听（说得好听）没用，要以实际功效为准来衡量一个人的工作价值。这种实际功效可量化，很容易加以考核。

2. 循名责实

名实之辨是先秦哲学的重要课题，儒、墨、法、名诸家均有论述。法家将其施之于实践，追求名称与实际的合拍，从而作为辨别贤愚忠奸、判定官员政绩的重要方法。从“术”的角度看，这也是一种“形名术”，即所谓“形名参同”，是君主根据臣下的言和行，循名责实，看他们能否言行相应，从而督责他们各司其职。韩非不仅以之察忠奸，更将其作为考核臣子之法。通过循名责实的方法课督群臣，随之以赏罚，实为法治之国的必然之道，我们在前文中已经有所论述。我们在此就“名”与“实”的具体关系再做一番辨析。

官员任职，都有自己的岗位职责，将其岗位要求与实际业绩对应起来考查，“群臣陈其言，君以其言授其事，事以责其功。功当其事，事当其言则赏；功不当其事，事不当其言则诛”（《韩非子·主道》第五）。这“功当其事”就是“循名责实”理论在官员考核中的具体应用。在韩非的理论中，“功当其事”的“当”要求相当严格，“过”与“不及”都在黜罚之列。“不及”无论焉，“过”也在所深戒，一个著名的寓言就是韩昭侯兼罪典衣与典冠，前文中我们已经列举过了。

“名”与“实”的参验查核，还包括官员的言与行的前后一致。韩非说：“凡听之道：以其所出，反以为之入；故审名以定位，明分以辩类。”（《韩非子·扬权》）我们今天还常说“听其言，观其行”，表达的是同一个意思。“所出”，是指臣下发表的言论，可以指臣下在就职前做出的承诺；“入”则是他们工作的实效。作为君主，审验臣子的工作就其概要而言并不复杂，“循名实而定是非，因参验而审言辞”（《韩非子·奸劫弑臣》第十四）可也。有的臣子好为大言，吹牛不打草稿，实际上并无真才实学，试之以事就露出马脚，这样的人固然该罚；也有谨小慎微的人，习惯于给自己留后路，“言小而功大”，这在我们看来也许是没有问题的，但韩非认为也该罚，其理由是“非不说于大功也，以为不当名也，害甚于大有功”（《韩非子·二柄》第七）。名实不符，就会带来一系列的问题，其影响是全局性的，其害处可能大大超过一件事的眼前收益。所以，“主道者，使人臣前言不复于后，后言不复于前，事虽有功，必伏其罪”（《韩非子·南面》第十八），前言与后事、后言与前事要能合契，否则再有功都要加以处罚。

名、实的考辨，关键在于臣子的言与事的对应关系。那么臣子可不可以三缄其口而只顾埋头苦干呢？韩非的回答是：“不可以！”“以不言避责，持重位者，此不言之责也。”（《韩非子·南面》第十八）应当发表意见的时候，绝不允许臣子逃避责任，油滑世故以自保。“人主使人臣言者必知其端以责其实，不言者必问其取舍以为之责，则人臣莫敢妄言矣，又不敢默然矣，言、默则皆有责也。”（《韩非子·南面》第十八）君王设官建爵，要的就是臣子奉献智与力，言有言责，是不允许尸位素餐、默然无事的。

3. 众端参观

所谓“众端参观”，是将事物的各个方面汇总起来对照察看，从而发现其中的问题，这也是韩非“术论”里的重要内容，以之为人才或官员的考核办法也颇为有效。上一条“循名责实”着眼的主要是个人言行的统一，而“众端参观”则是结合多方面的因素，“言会众端，必揆之以地，谋之以天，验之以物，参之以人。四征者符，乃可以观矣”（《韩非子·八经》第四十八）。也就是要考虑天时、地利、人情、物理诸因素，从官员的上级、同僚、下属等角度收集材料，实行综合考评。要施行“众端参观”法，君主首先要具备信息优势，这在正常环境下是不难实现的，因为君主站得高、看得远，可以通过多渠道获得想要的材料。然而如果君主受到蒙蔽，则众端为一，这办法就失去了意义。《韩非子·内储说下》里有一个“燕人浴狗矢”的故事，意味深长：

> 燕人其妻有私通于士，其夫早自外而来，士适出。夫曰："何客也？"其妻曰："无客。"问左右，左右言"无有"，如出一口。其妻曰："公惑易也。"因浴之以狗矢。

燕人妻串通了左右之人，使其夫"活见鬼"而受愚弄，恰如君主被人所欺，还自以为得人。因此，"众端参观"以察臣下，物论纷纭是正常的，倒是众口一词更值得警惕。这就要求君主必须有清醒的头脑、拨云见雾的敏锐判断力，才能从纷纭的材料中梳理出臣下的真实面目。历史上有许多所谓的将军为了邀功，滥杀平民以冒功，如果君王懂得"众端参观"之法，就不会那么容易被蒙蔽了。

在今天的工作中，"众端参观"之法仍然是适用的。比如评价一位教师的教学，既要看学生的反馈，也要看同行的评价，还可以请校外专家听课来鉴定。如某大学老师在学生评分系统中处于末位，他未必真的是教学水平不行，也可能是他对学生的要求太严格，让许多学生的绩点达不到他们自己的预期。教学管理部门就应该对此有深入了解，才能确定对该老师予以怎样的考核等第。

4. 一听责下

"滥竽充数"的故事出自《韩非子·内储说上》：

> 齐宣王使人吹竽，必三百人。南郭处士请为王吹竽，宣王说之，廪食以数百人。宣王死，湣王立，好一一听之，处士逃。

逐一听取臣下的工作报告，不让他们有浑水摸鱼、蒙混过关的机会，在工作考核中是很实用的方法。"一听则愚智不纷，责下则人臣不参。"官员能力有高下、水平有参差，只有善于督责，才能让他们体现出区分度，也便于君主分等第进行赏罚，起到奖善罚恶的作用。在现代生活中，通过开会方式在公开场合让人当众汇报工作，很容易产生引导性效果，先发言者对后发言者形成一种诱导，这也是现在的工作考核过程中容易产生的弊端，可与韩非所说的“一听责下”相印证。

“一听”既可作为事后的考核之法，也可以是事先的聚智之法。《韩非子·八经》中说：“事至而结智，一听而公会。听不一则后悖于前，后悖于前则愚智不分；不公会则犹豫而不断，不断则事留。自取一听，则毋堕壑之累。”意思是遇事集中众人的智慧，先一一听取意见，再集合大家一起来讨论。如果这个程序颠倒过来，有人可能就会揣摩上意或者效仿他人意见，而隐藏起自己的真实想法，这显然是不利于事情的解决的。

四、文章选读

说明：韩非的用人思想散见于书中诸篇，其中《韩非子·用人》篇是较为集中地论述君王用人理念与原则的篇章。他提出用人要“循天顺人而明赏罚”，强调遵循客观规律（天）和世态人情（人），通过法治手段（明赏罚）来使用臣子，就能够收到事半功倍的效果。赏罚作为激励人的手段，应该“立可为之赏，设可避之罚”，使赏不至于遥不可及，罚不至于避无可避，去除君王在赏罚之事上的随心所欲（心治），臣子的积极性才能充分发挥出来。全文多用对偶与排比，语言精警，理性十足而奇峭雄辩。

《韩非子·八说》篇论说八种世俗观念违背功利原则，笔者节选了其中论用人的部分。韩非把用人提升到“存亡治乱之机”的高度上来，强调要以法术用人，否定世俗观念中视“辩智”“修洁”之士为人才的陈腐之说。他立足于功利立场，认为用人当求耕战之效，而不必用什么“清洁之吏”（高尚之士）。在他看来，要紧的是“必知之术”，即掌握官员的各种职务行为，不使有投机取巧、损公肥私等现象发生。做到这点，当然需要靠“法”来实现，但是韩非在此处更强调君主的“用人之术”。

《韩非子·用人》

闻古之善用人者，必循天顺人而明赏罚。循天，则用力寡而功立；顺人，则刑罚省而令行；明赏罚，则伯夷、盗跖不乱[①]。如此，则白黑分矣。治国之臣，效功于国以履位[②]，见能[③]于官以受职，尽力于权衡以任事。人臣皆宜其能，胜[④]其官，轻其任[⑤]，而莫怀余力于心，莫负兼官之责于君。故内无伏怨之乱，外无马服[⑥]之患。明君使事不相干[⑦]，故莫讼；使士不兼官，故技长；使人不同功，故莫争。争讼止，技长立，则强弱不觳[⑧]力，冰炭不合形，天下莫得相伤，治之至也。

释法术而任心治[⑨]，尧不能正一国；去规矩而妄意度[⑩]，奚仲[⑪]不能成一轮；废尺寸而差短长[⑫]，王尔[⑬]不能半中。使中主守法术，拙匠执规矩尺寸，则万不失矣。君人者能去贤巧之所不能，守中拙之所万不失，则人力尽而功名立。

明主立可为之赏，设可避之罚。故贤者劝赏而不见子胥之祸，不肖者少罪而不见伛剖背[⑭]，盲者处平而不遇深溪，愚者守静而不陷险危。如此，则上下之

---

① 伯夷指高尚之士；盗跖指违法之人。不乱，不混淆。

② 履位，履行职责。

③ 见，通“现”。见能，表现才能。

④ 胜，胜任。

⑤ 轻快地完成任务。

⑥ 马服，马服君，赵国名将赵奢封号，这里指其儿子赵括。

⑦ 干，侵犯。

⑧ 觳，通“角”。

⑨ 心治，凭主观办事。

⑩ 意，通“臆”。妄意度，胡乱猜测。

⑪ 善于造车的人，据称做过夏代的车正（掌管车服）。

⑫ 差，分别等次。差短长，比较长短。

⑬ 王尔，古代巧匠。

⑭ 伛，驼背。伛剖背，因驼背的缺陷而受剖背的酷刑。

恩结矣。古之人曰："其心难知，喜怒难中也。"故以表示目[①]，以鼓语耳，以法教心。君人者释三易之数[②]，而行一难知之心。如此，则怒积于上而怨积于下，以积怒而御积怨，则两危矣。

明主之表易见，故约立；其教易知，故言用；其法易为，故令行。三者立而上无私心，则下得循法而治，望表而动，随绳而斫，因攒而缝[③]。如此，则上无私威之毒，而下无愚拙之诛。故上居明[④]而少怒，下尽忠而少罪。

闻之曰："举事无患者，尧不得也。"而世未尝无事也。君人者不轻爵禄，不易富贵，不可与救危国。故明主厉[⑤]廉耻，招[⑥]仁义。昔者介子推无爵禄而义随文公，不忍口腹而仁割其肌，故人主结其德，书图著其名。人主乐乎使人以公尽力，而苦乎以私夺威；人臣安乎以能受职，而苦乎以一负二[⑦]。故明主除人臣之所苦，而立人主之所乐。上下之利，莫长于此。不察私门之内[⑧]，轻虑重事，厚诛薄罪，久怨细过，长侮偷快[⑨]，数以德追祸[⑩]，是断手而续以玉也，故世有易身[⑪]之患。

人主立难为而罪不及，则私怨生；人臣失所长而奉难给，则伏怨结。劳苦不抚循，忧悲不哀怜；喜则誉小人，贤不肖俱赏；怒则毁君子，使伯夷与盗跖俱辱。故臣有叛主。

使燕王内憎其民而外爱鲁人，则燕不用而鲁不附。民见憎，不能尽力而务

---

① 表，用作标记的木柱。以表示目，即用表给眼睛以提示。
② 数，术也，方法。
③ 攒，锥孔。因攒而缝，是说根据锥孔来上针。
④ 居明，指君主处于明察的地位。
⑤ 厉，通"励"，勉励。
⑥ 招，举，提倡。
⑦ 以一负二，指一身担任二职。
⑧ 私门之内指大臣私下的活动。
⑨ 经常侮弄臣下来取得一时的愉快。
⑩ 以德追祸，用恩惠来补偿给人造成的灾难。
⑪ 易身，易位，指君位被篡夺。

功；鲁见说，而不能离[1]死命而亲他主。如此，则人臣为隙穴[2]，而人主独立[3]。以隙穴之臣而事独立之主，此之谓危殆。

释仪的[4]而妄发，虽中小不巧；释法制而妄怒，虽杀戮而奸人不恐。罪生甲，祸归乙，伏怨乃结。故至治之国，有赏罚而无喜怒，故圣人极[5]，有刑法而死，无螫毒[6]，故奸人服。发矢中的，赏罚当符，故尧复生、羿复立。如此，则上无殷、夏之患，下无比干之祸，君高枕而臣乐业，道蔽天地[7]，德极万世矣。

夫人主不塞隙穴，而劳力于赭垩[8]，暴雨疾风必坏。不去眉睫之祸，而慕贲、育之死；不谨萧墙之患[9]，而固金城于远境；不用近贤之谋，而外结万乘之交于千里。飘风[10]一旦起，则贲、育不及救，而外交不及至，祸莫大于此。当今之世，为人主忠计者，必无使燕王说鲁人，无使近世慕贤于古，无思越人以救中国溺者。如此，则上下亲，内功立，外名成。

《韩非子·八说》（节选）

任人以事，存亡治乱之机也。无术以任人，无所任而不败。人君之所任，非辩智则修洁也。任人者，使有势也；智士者未必信也；为多其智，因惑其信也；以智士之计，处乘势之资而为其私急[11]，则君必欺焉。为智者之不可信也，故任修士者，使断事也，修士者未必智；为洁其身，因惑其智；以愚人之所惛，处治事之官而为其所然，则事必乱矣。故无术以用人，任智则君欺，任修则君

① 离，通“罹”，遭。
② 隙穴，喻隐患。
③ 独立，孤立。
④ 仪的，靶子。
⑤ 极，至，指达到治国的最高境界。
⑥ 螫毒，指逞私威害人。
⑦ 道指法术。此句谓法术普遍地实行于天下。
⑧ 赭（zhě）垩（è），用来涂墙壁的涂料，借指外表的粉饰。
⑨ 萧墙，宫门内用作屏障的短墙。萧墙之患指内部的祸患。
⑩ 飘风，暴风，喻政治风暴。
⑪ 私急，私人要事。

事乱，此无术之患也。明君之道，贱得议贵，下必坐上[①]，决诚以参[②]，听无门户[③]，故智者不得诈欺。计功而行赏，程[④]能而授事，察端而观失，有过者罪，有能者得，故愚者不任事。智者不敢欺，愚者不得断，则事无失矣。

察士[⑤]然后能知之，不可以为令，夫民不尽察。贤者然后能行之，不可以为法，夫民不尽贤。杨朱、墨翟，天下之所察也，干[⑥]世乱而卒不决，虽察而不可以为官职之令。鲍焦[⑦]、华角，天下之所贤也，鲍焦木枯，华角赴河，虽贤不可以为耕战之士。故人主之察，智士尽其辩焉；人主之所尊，能士尽其行焉。今世主察无用之辩，尊远功[⑧]之行，索国之富强，不可得也。博习辩智如孔、墨，孔、墨不耕耨，则国何得焉？修孝寡欲如曾、史[⑨]，曾、史不战攻，则国何利焉？匹夫有私便[⑩]，人主有公利。不作而养足，不仕而名显，此私便也。息文学[⑪]而明法度，塞私便而一功劳，此公利也。错法以道民也[⑫]，而又贵文学，则民之所师法也疑。赏功以劝民也，而又尊行修，则民之产利也惰。夫贵文学以疑法，尊行修以贰功[⑬]，索国之富强，不可得也。

---

① 坐，连坐。上级有罪，下级必须予以告发；否则同罪。
② 诚，实情。参，检验。用检验的办法来判明事情的真相。
③ 门户，指单一的途径。听无门户，指不要偏听偏信。
④ 程，衡量。
⑤ 察士，能明辨事理的人。
⑥ 干，干预。
⑦ 鲍焦，春秋末人，因对现实不满，抱木而死。
⑧ 远功，没有实际功效。
⑨ 曾指曾参，孔子弟子，以孝知名；史指史鱼，春秋时卫国大夫，以为人正直而知名。
⑩ 私便，个人利益。
⑪ 息文学，停止学术活动。
⑫ 错通“措”，道通“导”。设置法令以引导人民。
⑬ 贰功，赏誉不合其功。

搢笏干戚，不适[1]有方[2]铁铦；登降周旋，不逮日中奏百[3]；《狸首》射侯[4]，不当强弩趋发[5]；干城距冲[6]，不若堙穴伏橐[7]。古人亟[8]于德，中世逐于智，当今争于力。古者寡事而备简，朴陋而不尽[9]，故有珧铫[10]而推车者。古者人寡而相亲，物多而轻利易让，故有揖让而传天下者。然则行揖让，高慈惠，而道仁厚，皆推政[11]也。处多事之时，用寡事之器，非智者之备也；当大争之世而循揖让之轨，非圣人之治也。故智者不乘推车，圣人不行推政也。

法所以制事，事所以名功[12]也。法有立而有难，权[13]其难而事成则立之；事成而有害，权其害而功多则为之。无难之法，无害之功，天下无有也。是以拔千丈之都，败十万之众，死伤者军之乘[14]，甲兵折挫，士卒死伤，而贺战胜得地者，出其小害计其大利也。夫沐者有弃发，除[15]者伤血肉，为人见其难，因释其业，是无术之事也。先圣有言曰："规有摩[16]，而水有波，我欲更之，无奈之

① 适，通"敌"。

② 有方，一种有刃的长兵器。

③ 日中奏百，战国时魏国考选武卒的要求，规定参加的人全副武装，背着三天粮食，半天走百里路才能中选。这里指训练士卒。

④ 《狸首》，行射礼时演奏的乐章。侯，在布或皮上画有方形靶心的箭靶。

⑤ 趋(cù)发：急发。

⑥ 距，通"拒"。冲，冲车，攻城用的兵车。

⑦ 堙穴，用水淹敌方地道；伏橐，用烟火破坏敌方地道进攻。

⑧ 亟(jí)，急。

⑨ 尽，精致，完善。

⑩ 珧铫，古代用蚌壳做的原始农具。

⑪ 推政，古代质朴之政。

⑫ 名功，显示功效。

⑬ 权，衡量。

⑭ 乘，当作"垂"，三分之一。

⑮ 除，割除，指手术。

⑯ 摩，通"磨"，磨损，引申为误差。

何！”此通权[①]之言也。是以说有必立而旷于实[②]者，言有辞拙而急于用[③]者，故圣人不求无害之言，而务无易之事[④]。人之不事衡石[⑤]者，非贞廉而远利也，石不能为人多少，衡不能为人轻重，求索不能得，故人不事也。明主之国，官不敢枉法，吏不敢为私，货赂不行，是境内之事尽如衡石也。此其臣有奸者必知，知者必诛。是以有道之主，不求清洁之吏，而务必知之术也。

① 通权，懂得权衡得失。

② 旷于实，脱离实际。

③ 急于用，能立即付之实用。

④ 无易之事，不可改变的事情。

⑤ 衡，衡器；石，量器。

第十讲

变法图强

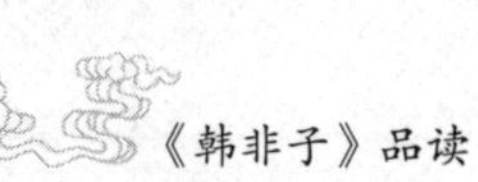

春秋战国以来，周天子渐渐名存实亡，原来的维系社会运行的一整套礼法制度面临崩解，即所谓“礼崩乐坏”。当此大变动之时，谁抱残守缺谁就必将被时代所淘汰，谁主动变法谁就可立于时代潮头。诸子蜂起，百家争鸣，都想为疗救这个时代献出自己的方案。有的面向过去，要从既往的黄金时代中寻找再创辉煌的可能；有的愤世嫉俗，将诸侯间的兼并争夺视为乱源，而求返璞归真；有的立足底层视角，创兼爱非攻之说……法家中人则立足现实，托身权势，谋求成王成霸，站在了变法的最前沿。春秋时学派畛域尚未截然相分，管仲辅佐齐桓公内修政治、外讨强敌，开启了春秋战国之世变法图强的先声；春秋后期郑国子产铸刑鼎，为我国历史上第一次公布成文法，将变法落实到了制度层面。进入战国时期后，在各国推行变法的多是法家人物：魏文侯任用李悝变法、楚悼王任用吴起变法、秦孝公任用商鞅变法……由法家来推动各国变法不是偶然的。就富国强兵、开疆拓土的现实目标来说，法家的主张最切世用，因此获得多国国君的采纳和推行。韩非系统地论述了变法的历史依据和现实依据，对变法的效能和措施做了全面的总结。

一、发展史观

变法的理念来自现实的逼迫，也来自对历史的认识。从历史观来看，儒、道、墨等家基本持复古的看法，把“三代”乃至三皇五帝时代视为理想社会。虽然他们立场不同，思想各异，但基本采取了以古评今的立场，美化古代社会以作为批判现实的武器。他们既然把理想寄托于既往，就易持退步的历史观，过分美化往昔。具体地来看各家的历史观，如孔子对夏商周三代表达了无限的崇敬，“周监于二代，郁郁乎文哉！吾从周”（《论语·八佾》）。认为周代礼乐在夏商两代文明的基础上集大成，足以代代传承下去，“殷因于夏礼，所损益可知也；周因于殷礼，所损益可知也。其或继周者，虽百世可知也”（《论语·为政》）。孔子的毕生志向就是恢复周礼，以扼制春秋以来的“礼崩乐坏”之势。

孟子对历史的看法比孔子更为理想化，视尧、舜、禹、汤、文王、武王为完美圣主，认为当代君王只要在政治上照搬文王之政、经济上恢复井田之制，就能够成就王业，天下景从。荀子虽兼法后王，但先王仍然在他的理论中占有无上的地位，尧舜时代仍是最好的时代。墨家是主张准禹政的，即以夏禹时代为榜样，“画分万国”，选贤举能，等于回到氏族公社时代去。道家中，老子向往的是“小国寡民”时代，“鸡犬之声相闻，民至老死不相往来”，完全是一种退缩的姿态，自然谈不上变革图强之意。以进取的姿态向前的眼光看待历史与现实的，非法家莫属。只是大部分的法家都是实干家，少有人从理论上来系统论证变法的历史依据和现实可能。正因为如此，韩非的理论建树就显得尤为可贵。

韩非在《韩非子·五蠹》篇里提出了与时俱进的“三世说”：上古之世、中古之世和近古之世：

> 上古之世，人民少而禽兽众，人民不胜禽兽虫蛇，有圣人作，构木为巢，以避群害，而民悦之，使王天下，号之曰有巢氏。民食果蓏蚌蛤，腥臊恶臭而伤害腹胃，民多疾病，有圣人作，钻燧取火以化腥臊，而民说之，使王天下，号之曰燧人氏。中古之世，天下大水，而鲧、禹决渎。近古之世，桀、纣暴乱，而汤、武征伐。今有构木钻燧于夏后氏之世者，必为鲧、禹笑矣。有决渎于殷、周之世者，必为汤、武笑矣。然则今有美尧、舜、汤、武、禹之道于当今之世者，必为新圣笑矣。

他认为不同的时代有不同的特点，其主要矛盾和主要任务也各有不同。上古之世人类社会尚处于蒙昧时期，生产力水平低下，靠钻燧取火为生，用树枝搭建巢穴来躲避禽兽虫蛇的伤害。这个时期的代表人物是有巢氏和燧人氏，他们的主要任务就是和恶劣的自然环境作斗争，为人类的基本生存而努力。韩非眼中的中古之世约相当于我们所说的氏族公社时期。传说中的鲧、禹治水，反映了洪水泛滥、民不聊生的社会现实，是鲧、禹这样的治水英雄筚路蓝缕，为中华民族开启了一条生路。神话中的英雄传说歌颂的往往就是这样的英雄，中国的古史传说里也为其镀上了理想的色彩。夏商以还，中国进入奴隶制社会，“桀、纣暴乱，而汤、武征伐”，是为近古之世，阶级矛盾突出，人与人的争斗超过了人与自然的抗争，人间帝王取代民族英雄成为社会的主心骨。

韩非的历史分期说与现代的社会历史分期相比，“虽不中，亦不远矣”，可谓极具识力。他最可贵的地方在于认识到生产力发展水平的历史差异，远古社会并非如儒家所说的雍熙和平，而是充满艰辛危难。有巢氏和燧人氏的时代人类刚学会用火和巢居，生活远远称不上安宁和乐。即使到了中古时期，鲧和禹为了治水也“股无胈，胫不生毛”，艰苦卓绝，一般人民的生活之困苦就更不用说了。这与我们今天对原始社会生产力水平的认识基本吻合。韩非的“三世”其实是以“当今之世”为隐然的对照的，“当今之世”即战国之世，战争频仍，国与国之间的矛盾斗争空前激烈，只有提高自己的实力才能立于不败之地。“三世”的社会条件各不相同，社会主要矛盾大不一样，敬奉的英雄人物亦自不同。以此论之，当今之世必须有当今之世的方法和原则，不可能从以往的社会中寻求问题的解决方案。韩非创造了一个“守株待兔”的寓言来形象地表明自己的观点：一切想照搬先王的治理方法来治理当世人民的，都像守株待兔的宋国农夫一样可笑。

其实在韩非之前，商鞅也对古代社会的状况做过描述和解释：

天地设，而民生之。当此之时也，民知其母而不知其父，其道亲亲而爱私。亲亲则别，爱私则险，民众而以别险为务，则民乱。当此时也，民务胜而力征。务胜则争，力征则讼，讼而无正，则莫得其性也。故贤者立中正，设无私，而民说仁。当此时也，亲亲废，上贤立矣。凡仁者以爱利为务，而贤者以相出为道。民众而无制，久而相出为道，则有乱。故圣人承之，作为土地货财男女之分。分定而无制，不可，故立禁。禁立而莫之司，不可，故立官。官设而莫之一，不可，故立君。既立君，则上贤废，而贵贵立矣。然则上世亲亲而爱私，中世上贤而说仁，下世贵贵而尊官。上贤者，以赢相出也；而立君者，使贤无用也。亲亲者，以私为道也，而中正者使私无行也。此三者，非事相反也，民道弊而所重易也，世事变而行道异也。故曰："王道有绳。"（《商君书·开塞》）

商鞅把人类社会划分成"上世""中世""下世"三个阶段，与韩非之说略似。他提到了人类社会起初的母系氏族社会"民知其母而不知其父"，社会关系纽带以血缘为主，其结果是"亲亲而爱私"，即人人以家族的私人的利益为重而导致社会混乱。有贤者出来调停，众人心悦诚服，因此又由"亲亲"而至于"上贤"。随着社会生活的日益复杂和社群的日益扩大，"上贤"不足协调社会秩序，则有"圣人"来制定种种制度约束众人，立禁设官，贤人就不再是社会治理的中坚，民众一切听命于官吏。商鞅之说从人际关系出发解释社会管理制度变迁，肯定时代变化带来的变革需求，有其先进性。但与韩非"三世"之说比较，其说在历史发展的逻辑性上稍显蹈虚，不若韩非从社会物质生产力发展角度论述更为有力。

从资源分配和人口繁衍的角度来看，上古社会人民少而资源足，争夺之事相应也少；而"今人有五子不为多，子又有五子，大父未死而有二十五孙"，人口在和平时代呈几何级数增长，势必加剧资源的争夺。韩非这种将人口与资源辩证看待的观点可以说极具理论前瞻性，至今仍有一定现实意义。他从物质生产出发看待人口的发展变化，意识到人口增长带来的竞争加剧，以此解释战国的纷争，并不能说是准确的；况且他说的"大父未死而有二十五孙"是一种理想化的计算，战争与疾疫随时会夺去人的生命，人口的扩容是那时诸侯们的追求目标。只有保持相当数量的人口，才能保证生产与战争的需要，尤其是战争随时都可能造成人员的缺失。然而也正因为如此，韩非的论述就更具理论意义，显示出他那超前的理论敏锐性。

韩非以发展的眼光来看待人类历史与社会生活，具有一种朴素的辩证唯物色彩。对于儒家所艳称的“禅让”，韩非并不以为然。他以为尧、舜、禹禅让并不是由于他们道德高尚，而是由当时的物质生活条件决定的。尧、舜、禹作为天子，“茅茨不翦，采椽不斫，粝粢之食，藜藿之羹，冬日麑裘，夏日葛衣”，或者“身执耒臿以为民先，股无胈，胫不生毛”，比农夫甚至奴隶的状况好不了多少，他们的禅位不过是摆脱了一副沉重的枷锁，只会如释重负，而并没有道德高尚的意味。韩非说，饥荒的年份，连自己的亲弟弟都顾不上；而在丰收的岁月里，一个过客都可能受到丰厚的招待，原因何在？无非是物质条件的差别而已。这种观察与思考立足现实，与管子“仓廪实而知礼节，衣食足而知荣辱”的论述声气相通。不过韩非之论意不在道德建设，而是强调政治措施的施行当随社会物质生产的状态而定，从而提出“事因于世，而备适于事”的变法主张。

二、变法有道

时代在发展变化，社会治理方法和措施应该随之而变，这在我们今天已经成为常识。但在重传承重因袭的传统农业社会里，这样的认识却并不容易被接受。“祖宗成法”“先王之法”在传统王朝里的地位至为尊崇，变法者想要撼动成法，其难度真不啻蚍蜉撼大树！更何况变法通常会撬动既得利益者的利益，变法者处于众口交谗的险峻地位上，一不小心就会坠入万劫不复的深渊中。中国历史上的变法多归于失败，变法主导者下场往往悲惨，原因即在于此。战国时期的法家改革家因应时代要求，承担起变法重任，为后来的思想者和改革者导夫先路，留下了可贵的思想资源和实践经验。

春秋以来，随着周王朝对“天下”的实际控制力的削弱，诸侯争霸的格局逐渐形成，至战国时期终成白热化态势。春秋时期管仲辅佐齐桓公、郑国子产执政，都有程度不等的改革举措。晋国六卿进行田亩制度的改革，韩、赵、魏三家独大，终于导致“三家分晋”，开启了战火纷飞的战国时代。法家在此背景下登上历史舞台，一开始就把富国强兵、称王称霸作为政治目标来追求，大受诸侯信用，从而掀起一股改革变法的浪潮。魏文侯任用李悝变法、楚悼王起用吴起变法、韩昭侯起用申不害变革、齐威王起用邹忌改革，再到秦孝公任用商鞅进行变法，都取得或大或小的改革成果。尤其是商鞅变法使秦国一跃成为“超级大国”，最终统一了六国，完成了天下一统的历史使命。虽然看起来变法成效显著，但变法的实际过程充满艰辛，许多国家的变法并不那么彻底和持久，连最终胜出的秦国也是牺牲了变法领头羊商鞅的。可见，欲行变法，先承其重，韩非对此有着清醒的认识。其《韩非子·孤愤》篇对法术之士和当权重臣的利害冲突做了深刻的揭示，反映了变法过程中的阻力所在：

> 智术之士，必远见而明察，不明察不能烛私；能法之士，必强毅而劲直，不劲直不能矫奸。人臣循令而从事，案法而治官，非谓重人也。重人也者，无令而擅为，亏法以利私，耗国以便家，力能得其君，此所为重人也。智术之士，明察听用，且烛重人之阴情；能法之士，劲直听用，且矫重人之奸行。故智术能法之士用，则贵重之臣必在绳之外矣。是智法之士与当涂之人不可两存之仇也。

“智术之士”“能法之士”就是坚定推行法治路线的法家人物；“重人”则是执掌国家大权、损公肥私的既得利益者。两者之间存在着不可调和的矛盾。由此可见，真正追求变革的法术之士，不可能是倖求富贵的无行小人，而必须有坚定的治国信念、英勇的献身精神和精明的处事才干。

然而历代变法者给人留下的印象往往并不如此高大峻洁。我们且看一些著名改革家的历史评语：

> 商君，其天资刻薄人也。迹其欲干孝公以帝王术，挟持浮说，非其质矣。且所因由嬖臣，及得用，刑公子虔，欺魏将卬，不师赵良之言，亦足发明商君之少恩矣。（《史记·商君列传》）
>
> 彼孙、吴者，上势利而贵变诈；施于暴乱昏嫚之国，君臣有间，上下离心，政谋不良，故可变而诈也。……急城杀人盈城，争地杀人满野。孙、吴、商、白之徒，皆身诛戮于前，而国灭亡于后。报应之势，各以类至，其道然矣。（《汉书·刑法志》）

后世改革家如唐之王叔文、北宋王安石、明代张居正等，都在历史上饱受争议。除了个人道德上的瑕疵外，变法者不得不追求一种威权的统治以利变法的实施，这个过程中难免“谲道”和利益博弈，这是改革家们被诟病的重要原因。但是，正如王安石著名的“天变不足畏，祖宗不足法，人言不足恤”之“三不足”，变法者以唯物姿态和无畏精神承担起时代重任；或如子产“苟利社稷，死生以之”的拳拳爱国热情，以此为动力抗拒压力、坚持变革；又如韩非“不期修古，不法常可”的求变精神，强调“事因于世，而备适于事”，在历史逻辑中寻找变法的理论依据。这些法家改革家有理想、有抱负、敢担当，站在了时代的最前沿。比较而言，纵横家者流以谋求个人富贵为目标，朝秦暮楚，毫无政治定见，更谈不上系统的治国理念，只能说是停留于“术”的层面，为一时谋略之用。法家同儒家、道家一样津津乐道于治国之道，他们把变法视为其中必备之义。变法有道，其最大义在于以国家利益为先，上言变法者之人格价值即由是而出。

变法有道的第二义，在把握好“变”与“不变”的辩证关系。虽然几乎所有的战国法家都鼓吹变法，韩非更从历史发展高度论证变法的必然性，但对于法家来说变法并非终极追求，建立法治秩序以谋国家的稳定与扩张才是他们的最高目标。言法治秩序，法家并不以“变”为尚，法的运行要有稳定的一面，韩非对此亦有论述：

> 工人数变业则失其功，作者数摇徙则亡其功。一人之作，日亡半日，十日则亡五人之功矣。万人之作，日亡半日，十日则亡五万人之功矣。然则数变业者其人弥众，其亏弥大矣。凡法令更则利害易，利害易则民务变，民务变谓之变业。故以理观之，事大众而数摇之则少成功，藏大器而数徙之则多败伤，烹小鲜而数挠之则贼其宰，治大国而数变法则民苦之。是以有道之君贵虚静而重变法。故曰：“治大国者若烹小鲜。”（《韩非子·解老》第二十一）

在《韩非子·亡征》一篇中，韩非也说过“法禁变易，号令数下者，可亡也”的话，把轻易变法作为亡国之一征。表面看起来，这样的论述与之前鼓吹变法的理念简直是矛盾的，但其实不然。“变法”所针对的是与时代不相适应的旧体制旧法度，变法成功后，则需要保持新法的相对稳定性而拒绝“数变易”。就法律的变革与稳定之间的辩证关系而言，韩非的论述至今仍有现实意义。“变”与“不变”，是改革的一体两面，不可偏废。韩非对法的“变”与“不变”的辩证思考，可以说是留给我们的宝贵精神财富。

战国时代的秦国是变法最成功的国家，顺应历史发展而成为那个最终一统天下的王朝。但是秦王朝却也很快败亡，后来王朝在建国之初往往以之为殷鉴，多归咎于法家的“惨礉少恩”。其实，如果能够遵循“天变道亦变”的理念，在大一统的新王朝里改变统治策略，秦王朝亦不至于如此短命。而这，在韩非的变法思想里已经有所揭示，变法与否，“正治”为先。既然七国归于一统，治理策略自当有所变化。毕竟，“千年犹行秦制度”，就大的制度框架而言秦汉以来基本保持稳定，所需改变的也就是局部的修整。惜乎李斯者流只有仓鼠之志，不能将韩非的变法思想贯穿到新朝的政治实践中去，致有秦王朝“二世而斩”的短命下场。

变法有道，其第三义是着眼根本，全面而系统地改造社会，绝非局部的小修小补。春秋末至整个战国时期是“古今一大变革之会”，西周以来长期维系社会运行的一整套贵族礼制遭遇空前危机，由此开启秦汉以后“大一统”的帝国进程。法家在这时应运而生，并不是先有变法的理论而后有变革的实践，而是在变法的过程中逐渐完善其法治的理念。可以说，面对当时的乱世，儒家以“礼”抗“暴”，坚持的是文化站位，难免泥古之失；法家则强调以“法”制“乱”，坚持的是政治站位，不免专制之失。“法”虽往古已存，但本是统治手段之一，在周王朝的治理体系中“礼”才是根本性的制度。法家把“法”提到至高无上的位置，所谓“法家不别亲疏，不殊贵贱，一断于法”，这是战国种种变法的第一义，即变“礼”为“法”，唯法是尚，其结果是“亲亲尊尊之恩绝矣”（司马谈《论六家要旨》）。“亲亲尊尊之恩”的实质是西周的宗法制度，其建立在血缘基础上的等级以礼制的形式存在，它有温情的一面，也有等级森严的一面。但在新的时代条件下宗法礼制其实难以为继，这才有诸侯的变革要求。

春秋战国之际既为“古今一大变革之会”，所变革的内容是全方位的。从经济上来说，废井田，立阡陌，行“初税亩”，实现土地制度的变革，并促进小农经济的发展；军事上以兼并代征伐，尚力而不尚义，致力于扩大疆域；官制上废除世卿世禄制度，建立了一整套的官僚制度；法律上，自晋铸刑鼎，李悝在魏编《法经》，各国致力于法的公开化和系统化；政治上，废封建，立郡县，逐步迈向“君主专制”的体制……战国时代所谓的“变法”，实乃全方位的系统的整体变革，绝非法律一事而已。后代历朝所发生的“变法”往往就没有这样的深度和广度，一般只是在先王之法基础上做局部的修补。即使这样，无论哪次变法都会遭遇强大的阻力，由此我们也可以想见战国时期各国的变法为什么会那么迂回曲折、反复无已。社会的巨大变革想要从内部发起，总是困难重重而难获成功的。到清末民初，专制王朝终于在内外交困中彻底垮塌，昭告了革命对变法的优越。

三、文章选读

说明：韩非的变法思想较集中地体现在《韩非子·五蠹》篇中。此篇的学理色彩在《韩非子》中最为显著，称之为法家的理论纲领亦不为过。韩非通过对历史的考察得出因世变化的结论，从而为变法奠定了理论根基。至于被称作“五蠹”的学者、言谈者、带剑者、患御者和商工之民，是韩非眼中破坏法度的罪魁祸首，尤其是儒家代表的“学者”，处处与法家理念背道而驰，其坚守复古本位的历史观成为“变法”理念的最大阻力。但是我们也可以说，正是在与儒家等思想的碰撞中，才会让韩非的变法思想趋于明确和周密。我们还要看到，韩非对“变法”并未过于执念，“变法”是手段而非目的，正是基于这样的认识，《韩非子·五蠹》篇没有成为变法思想专论。《韩非子·南面》篇亦是如此，该篇主要论君主治国的原则，如明法、责实等，最后论述了变古之理，提出“变与不变，圣人不听，正治而已”。这就点出了变法的终极目标在于“正治”，合于目标可不变，不合则必变。

《韩非子·南面》

人主之过，在已任臣矣，又必反与其所不任者备之，此其说必与其所任者为雠，而主反制于其所不任者。今所与备人者，且曩之所备也。人主不能明法而以制大臣之威，无道得小人[①]之信矣。人主释法而以臣备臣，则相爱者比周而相誉，相憎者朋党而相非。非誉交争，则主惑乱矣。人臣者，非名誉请谒无以进

① 小人，指一般民众。

取[①]，非背法专制无以为威，非假于忠信无以不禁。三者，惛[②]主坏法之资也。人主使人臣虽有智能，不得背法而专制；虽有贤行，不得逾功而先劳[③]，虽有忠信，不得释法而不禁：此之谓明法。

人主有诱于事者，有壅于言者，二者不可不察也。人臣易言事[④]者，少索资，以事诬[⑤]主。主诱而不察，因而多之，则是臣反以事制主也。如是者谓之诱，诱于事者困于患。其进言少[⑥]，其退费多[⑦]，虽有功，其进言不信。不信者有罪，事有功者不赏，则群臣莫敢饰言以惛主。主道[⑧]者，使人臣前言不复[⑨]于后，后言不复于前，事虽有功，必伏其罪，谓之任下。

人臣为主设[⑩]事而恐其非[⑪]也，则先出说设言曰："议是事者，妒事者也。"人主藏是言，不更[⑫]听群臣；群臣畏是言，不敢议事。二势[⑬]者用，则忠臣不听而誉臣独任。如是者谓之壅于言，壅于言者制于臣矣。主道者，使人臣必有言之责，又有不言之责。言无端末，辩无所验者，此言之责也；以不言避责，持重位者，此不言之责也。人主使人臣言者必知其端以责其实，不言者必问其取舍以为之责，则人臣莫敢妄言矣，又不敢默然矣，言、默则皆有责也。

人主欲为事，不通其端末而以明其欲，有为之者，其为不得利，必以害

① 进取，获得高官厚禄。
② 惛，糊涂，这里作使动用。
③ 劳，慰劳，赏赐。逾功而先劳，指立功前就得到赏赐。
④ 易言事，把事情说得很轻巧。
⑤ 诬，欺骗。
⑥ 进言少，对君主说（某事）花费的代价少。
⑦ 退费多，下去办事时花的代价多。
⑧ 主道，当君主的原则。
⑨ 复，复合，应验，这里指一致。
⑩ 设，筹划，安排。
⑪ 非，非议。
⑫ 更，再。
⑬ 势，形势，局面。

反[①]。知此者，任理去欲。举事有道，计其入多，其出少者，可为也。惑主不然，计其入，不计其出，出虽倍其入，不知其害，则是名得而实亡，如是者功小而害大矣。凡功者，其入多，其出少，乃可谓功。今大费无罪而少得为功，则人臣出大费而成小功，小功成而主亦有害。

不知治者，必曰："无变古，毋易常。"变与不变，圣人不听，正治而已。然则古之无变，常之毋易，在常、古之可与不可。伊尹毋变殷，太公毋变周，则汤、武不王矣。管仲毋易齐，郭偃毋更[②]晋，则桓、文不霸矣。凡人难[③]变古者，惮易民之安也。夫不变古者，袭乱之迹[④]；适民心者，恣奸之行也。民愚而不知乱，上懦而不能更，是治之失也。人主者，明能知治，严必行之，故虽拂于民心，立其治。说在商君之内外而铁殳[⑤]，重盾而豫戒也。故郭偃之始治也，文公有官卒；管仲始治也，桓公有武车：戒民之备也。是以愚戆窳堕[⑥]之民，苦小费而忘大利也，故夤虎受阿谤。而輾小变而失长便，故邹贾非载旅。狎习于乱而容于治，故郑人不能归。

《韩非子·五蠹》（节选）

上古之世，人民少而禽兽众，人民不胜禽兽虫蛇，有圣人作，构木为巢，以避群害，而民悦之，使王天下，号之曰有巢氏。民食果蓏蚌蛤，腥臊恶臭而伤害腹胃，民多疾病，有圣人作，钻燧取火以化腥臊，而民说之，使王天下，号之曰燧人氏。中古之世，天下大水，而鲧、禹决渎[⑦]。近古之世，桀、纣暴乱，而汤、武征伐。今有构木钻燧于夏后氏之世者，必为鲧、禹笑矣。有决渎于殷、周

① 必以害反，反而一定会受害。
② 更，改变，改革。
③ 难，以为难，意动用法。
④ 重蹈乱国的覆辙。
⑤ 殳（shū），一种长柄的兵器，有棱无刃。
⑥ 窳（yǔ）堕，怠惰。
⑦ 决渎，疏浚水道。

之世者，必为汤、武笑矣。然则今有美尧、舜、汤、武、禹之道于当今之世者，必为新圣笑矣。是以圣人不期修古，不法常可[①]，论世之事，因为之备[②]。宋人有耕田者，田中有株[③]，兔走，触株折颈而死，因释其耒而守株，冀复得兔，兔不可复得，而身为宋国笑。今欲以先王之政，治当世之民，皆守株之类也。

古者丈夫不耕，草木之实足食也；妇人不织，禽兽之皮足衣也。不事力而养足，人民少而财有余，故民不争。是以厚赏不行，重罚不用而民自治。今人有五子不为多，子又有五子，大父[④]未死而有二十五孙，是以人民众而货财寡，事力劳而供养薄，故民争，虽倍赏累罚而不免于乱。

尧之王天下也，茅茨[⑤]不翦，采椽[⑥]不斫，粝粢[⑦]之食，藜藿之羹，冬日麑裘，夏日葛衣，虽监门[⑧]之服养，不亏于此矣。禹之王天下也，身执耒臿以为民先，股无胈[⑨]，胫不生毛，虽臣虏[⑩]之劳不苦于此矣。以是言之，夫古之让天子者，是去监门之养而离臣虏之劳也，古传天下而不足多也。今之县令，一日身死，子孙累世絜驾[⑪]，故人重之；是以人之于让也，轻辞古之天子，难去今之县令者，薄厚之实异也。夫山居而谷汲者，膢腊[⑫]而相遗以水；泽居苦水者，买庸而决窦[⑬]。故饥岁之春，幼弟不饷[⑭]；穰岁之秋，疏客必食；非疏骨肉爱过客

① 常可，成规，旧例。
② 因，从而。备，准备，采取措施。
③ 株，树桩。
④ 祖父。
⑤ 茅茨，茅草盖的屋顶。
⑥ 采椽，栎木做的椽子。
⑦ 粝粢，泛指粗劣的食物。
⑧ 监门，看门人。
⑨ 胈，大腿上的肌肉。
⑩ 臣虏，奴隶。
⑪ 絜（xié）驾，系马套车，即有马车可坐。
⑫ 膢腊，两个祭日名称。
⑬ 决窦，挖渠排水。
⑭ 饷，供给食物。

也，多少之实异也。是以古之易财，非仁也，财多也；今之争夺，非鄙也，财寡也；轻辞天子，非高也，势薄也；重争士橐[①]，非下也，权重也。故圣人议多少、论薄厚为之政，故罚薄不为慈，诛严不为戾，称[②]俗而行也。故事因于世，而备适于事[③]。

古者文王处丰、镐之间，地方百里，行仁义而怀[④]西戎，遂王天下。徐偃王处汉东，地方五百里，行仁义，割地而朝者三十有六国，荆文王恐其害已也，举兵伐徐，遂灭之。故文王行仁义而王天下，偃王行仁义而丧其国，是仁义用于古不用于今也。故曰："世异则事异。"当舜之时，有苗不服，禹将伐之，舜曰："不可。上德不厚而行武[⑤]，非道也。"乃修教[⑥]三年，执干戚[⑦]舞，有苗乃服。共工之战，铁铦短者及乎敌，铠甲不坚者伤乎体，是干戚用于古不用于今也。故曰："事异则备变。"上古竞于道德，中世逐于智谋，当今争于气力。齐将攻鲁，鲁使子贡说之，齐人曰："子言非不辩也，吾所欲者土地也，非斯言所谓也。"遂举兵伐鲁，去门十里以为界。故偃王仁义而徐亡，子贡辩智而鲁削。以是言之，夫仁义辩智，非所以持[⑧]国也。去偃王之仁，息子贡之智，循徐、鲁之力使敌万乘，则齐、荆之欲不得行于二国矣。

夫古今异俗，新故异备[⑨]，如欲以宽缓之政治急世[⑩]之民，犹无辔策而御駻[⑪]马，此不知之患也。今儒、墨皆称"先王兼爱天下"，则视民如父母。何以明其

① 士，通"仕"，做官；橐，通"托"，依托，指依托贵族。
② 称，适合。
③ 此句意思是：所以政事随着时代的变化而变化，措施必须适应已经变化了的政事。
④ 怀，安抚。
⑤ 不努力崇尚道德而运用武力。
⑥ 修教，修治教化，即进行德教和精神感化。
⑦ 干戚，古代的两种武器，也是武舞所执的舞具。
⑧ 持，保有，保全。
⑨ 古代和现代的社会情况是不同的，新旧时代的政治措施是不一样的。
⑩ 急世，急剧变化的时代。
⑪ 駻，马凶悍。

然也？曰：“司寇[①]行刑，君为之不举乐；闻死刑之报[②]，君为流涕。”此所举[③]先王也。夫以君臣为如父子则必治，推是言之，是无乱父子也。人之情性，莫先于父母，皆见爱而未必治也，虽厚爱矣，奚遽不乱？今先王之爱民，不过[④]父母之爱子，子未必不乱也，则民奚遽治哉！且夫以法行刑而君为之流涕，此以效[⑤]仁，非以为治也。夫垂泣不欲刑者仁也，然而不可不刑者，法也。先王胜[⑥]其法不听[⑦]其泣，则仁之不可以为治亦明矣。且民者固服于势，寡能怀于义。仲尼，天下圣人也，修行明道以游海内，海内说其仁，美其义，而为服役者七十人，盖贵仁者寡，能义者难也。故以天下之大，而为服役者七十人，而仁义者一人。鲁哀公，下主也，南面君国，境内之民莫敢不臣。民者固服于势，诚易以服人，故仲尼反为臣，而哀公顾为君。仲尼非怀其义，服其势也。故以义则仲尼不服于哀公，乘势则哀公臣仲尼。今学者之说人主也，不乘必胜之势，而务行仁义则可以王，是求人主之必及仲尼，而以世之凡民皆如列徒，此必不得之数也。

---

① 司寇，古代掌管刑狱的高级官吏。

② 报，判决。

③ 举，称引，推崇。

④ 过，超过。

⑤ 效，显示，表示。

⑥ 胜，施行。

⑦ 听，顺从。

第十一讲

文学魅力

韩非的散文有其独特的文学魅力，既不同于庄子的汪洋恣肆，也不同于孟子的雄强浩阔，与乃师荀子的精严整饬也大有不同。韩非的散文深刻入髓、锋利如刀，乃是其满怀怨愤、有为而发的心血结晶。《韩非子》文气之激切、理论之冷峻，是在一种偏激的深刻中形成的，这是韩非“发愤之所为作”气质的典型表现。可以说，在韩非的理性外表下，深藏着郁勃的内心世界和炽热的情感内核。

在阅读《韩非子》的过程中，我们可能会被其“反文学”的态度所困惑。事实上他所谓的“文学”多是指儒学，而并非现代意义上的文学，“反文学”实在是他反儒学的一种表述。韩非的文艺观确实有强烈的功利色彩，比如他对文饰持强烈否定的态度，然而他在所否定的文饰前其实加了种种限定。就像他攻击辩说，所攻击者在辩说之人与其思想学说，至于辩说本身乃至语言艺术本身并不是韩非要否定的对象，而恰恰是他自己颇为看重与着意之处，韩非的创作实绩即是明证。在文学立场上看韩非的所谓“反文学”，其实只是个伪命题。

今人看《韩非子》，更易关注其思想，而对其文学魅力不够重视。站在文学的角度看《韩非子》，固然可以从遣词造句、谋篇布局、文体创设、寓言成就等方面来分析，但在其理性外表下的情感内核不能不予以特别关注。韩非的冷峻容易让人误解为其情感世界的淡漠，但是读过《韩非子·孤愤》《韩非子·和氏》诸篇，很难不被其激切之思所动，我们从而可以理解韩非之为韩非的内在逻辑。

一、发愤著书

在先秦诸子中，除庄子、孟子和荀子之外，以文学成就而受称道的当数韩非。韩非的文学成就是多方面的，既有开创性的文体上的贡献，又以其丰富深刻的寓言而振耀于先秦寓言之林，更以其缜密的逻辑、周到的表述和冷峻的笔力呈现出超凡的文字力量。评论韩非之文，明王世贞以“峭而深，奇而破的”概括之[①]，郭沫若用了“刻峭”二字[②]，他人又或以“峻”“孤”等字概括韩文风格，要皆指明韩文的深刻入髓、锋利如刀[③]。韩非文章的这种险峭刻深风格的形成，固然与其渊博的知识储备、深厚的历史底蕴、精密的分析能力有关，然而更与他独特的身世和特殊的心态有莫大关联。

司马迁最早关注到韩非的心态与创作的关系。他在《报任安书》中说“韩非囚秦，《说难》、《孤愤》”，将之与周文王、孔子、屈原、左丘明、孙子、吕不韦等人并举，认为他们的作品与《诗》三百篇一样，“大抵圣贤发愤之所为作”。不过韩非在入秦之前已经写成其著作的大部，《史记·韩非列传》中明明说“秦王见《孤愤》、《五蠹》之书”，那么囚秦与创作《孤愤》《五蠹》等其实并无关联，恰如吕不韦之编集《吕氏春秋》在其迁蜀之前一样。司马迁意图表述的，实际上是前代圣贤大凡有所成就皆由于其经历之曲折坎坷，而他之所以反复致慨于此，恰恰是因自己为李陵声辩而遭遇宫刑之辱，要从前贤事迹中汲取前进的力量。就“发愤写作”这一点而言，韩非与屈原、司马迁可以说是最相近的。

司马迁写作《史记》的缘起并不在于那屈辱的一刀，然而那一刀切断了他的幻想，《史记》得以呈现出少见的思想光芒；屈原本意恐怕并不想以《离骚》《天问》等鸣世，他要的是与楚王共行美政，然而却遭遇两度流放，理想悉数落空，《离骚》之作乃有“上穷碧落下黄泉”之苦苦探寻；韩非鄙薄文章，却在事功的世界撞得头破血流，只能依靠文章来传播自己的思想。司马迁的笔底波澜在满腔屈辱的作用下，其历史叙述既摇曳多姿又激荡低回；屈原的洁志芳行在现实政治中愈挫而愈显坚白，其楚辞创作遂有映丽瑰奇之姿、通天彻地之想；韩非的

① 王世贞：《合刻管子韩非子序》，《弇州续稿》卷四四，文渊阁本《弇州四部稿》。

② 郭沫若曾将韩非文与孟子、庄子、荀子之文并列为先秦诸子散文四大家：“孟文的犀利，庄文的恣肆，荀文的浑厚，韩文的刻峭，单拿文章来讲，实在是各有千秋。”（郭沫若：《十批判书·荀子的批判》，《郭沫若全集·历史编》第二卷，人民出版社1982年版。）

③ 杨义：《韩非子还原》，《文学评论》2010年第1期。

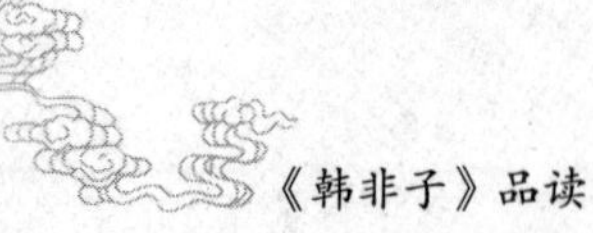

满腹才华偏偏遇上颟顸的韩王，最欣赏他的秦王政架不住李斯、姚贾辈的诋毁而终于抛弃了韩非，韩非客死于那一片唯一能够实践其理想的国土，到底是幸运还是悲哀？韩非对自己的悲剧命运有着清醒的认识，历史的和现实的经验告诉他，身为法术之士，必将成为重臣、佞臣的眼中钉、肉中刺。认识上的深刻并没有抚平其内心的愤懑，反因这种清醒而加深着孤愤的感受，文字因而便有了如剑似戟的刺戳力量，理论也染上冷冷的色彩。应该说，屈原的创作是纯文学的，不妨在文字中肆意挥洒情感；司马迁的历史写作，客观平实的历史材料在他笔下迸发出四射的感情和思想光芒；韩非的著述多为理论文字，寓身世之感的那些议论文固有激切的保国之心和激越的愤世之情，其往来辩论、以说理见长而冷峻如霜刃的文字表现出一种看透世情的洞彻，也未尝不是其愤世心态激发的结果。可以说，韩非著述的“发愤之所为作”气质成为其独特文风的核心驱动力。

《说文解字》云：“愤，懑也。”“愤”是一种内心郁结不解的状态，孔子有句名言“不愤不启，不悱不发”[①]，是从教育心理的角度强调只有在学生遭遇疑难困惑时予以因势利导的施教，才能取得良好的教学效果。知识性的困惑可通过师友间的辨析解决，人生上的困惑郁闷则很难求助于人，若不能找到一个合适的通道宣泄之、发抒之，则抑郁者有之，躁狂者有之。韩非的“愤”糅合了身世经历之不幸与历史观察之不平，既不同于自怜自叹的哀怨，也不同于愤世嫉俗的郁怒，而是浸染着个人与历史血泪的旷世之思。此“愤”久积于胸，唯有“自启”“自发”始能排遣之，与屈原、司马迁等历代圣贤一样，韩非以著书的方式来发抒。韩非之“愤”发而为文章，便饶有一种刻骨的犀利与冷峻。

从身世经历来说，对韩非心态影响最大的恐怕就是其“诸公子”身份了。《史记·韩非列传》载：“韩非者，韩之诸公子也。喜刑名法术之学，而其归本于黄老。非为人口吃，不能道说，而善著书。”[②]寥寥数语，却隐含着丰富的信

① 杨伯峻：《论语译注》，《述而》篇，中华书局2006年版，第77页。

② 司马迁：《史记·老子韩非列传》，中华书局1997年版，第2146页。

息。诸公子者，庶孽公子也，虽不能确定其究为哪个韩王后裔[①]，出身之高贵则不待言，而悲剧亦肇基于此。“诸公子”身份并非一定受倾轧排挤，如战国四公子就拥有广大人脉和丰厚资源。“诸公子”的身份并未给韩非带来政治上的幸运，屈原尚有与怀王投合之时，韩非则始终在韩国政坛无所知名。秦王嬴政因赏识韩非而急攻韩，韩王始派韩非使秦，而这也将韩非推入火坑，使其毕命于秦。史料简阙，我们不知道韩非在韩国现实政治漩涡中有怎样的经历；但他以诸公子而受疏，失望、焦虑乃至愤懑，是我们可以想见的。出身环境使他对宫廷政治的观察有得天独厚的优势，《韩非子·备内》《韩非子·八奸》等篇所揭示的政治斗争之残酷令人不寒而栗。处于这样的环境里，极易养成坚明强毅乃至冷峻酷峭之性情，对人性的认识极易走向偏激。然而另一方面，诸公子的身份又将韩非与韩国的国运紧紧捆绑在一起；眼见韩国国势江河日下，其内心之煎熬又将何如！这一点与屈原又极为相似。

太史公特意提及韩非“为人口吃，不能道说”，这是韩非悲剧人生的又一痛点。战国之世，诸侯争雄，士子逞辩，口才之于士人的重要性不言而喻。无论是以功名富贵为追求目标的纵横家，还是以安国强邦为抱负的儒家或墨家，无不重视论辩术，以求结纳人主、伸张抱负。孟子云：“予岂好辩哉？予不得已也。”[②]当时对现实政治具热望的士人，一定会将言说置于著述之前，孟子就是在游说诸侯无效的情况下才退而与弟子万章之徒著书的。韩非偏偏是个口吃者，这几乎等于将一只雄鹰剪去了羽翼！《韩非子·难言》《韩非子·说难》诸篇，“难”处归根结底在把握君王心理，并未分文章与口舌之说。然而韩非不能不明白，文章之说究竟不如口舌之说直接，韩非之著述，乃真不得已者。

《韩非子》多次提及“法术之士”“智法之士”与“当涂之人”或“重

① 关于韩非的出身，各家说法不同。陈千钧先生推测为釐王或桓惠王之子，杨义则径断为釐王之子。施觉怀先生认为韩非是襄王之孙、釐王之侄，可能是公子几瑟之子。

② 杨伯峻：《孟子译注·滕文公下》，中华书局2005年版，第154页。

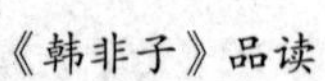

人”的尖锐对立。如《韩非子·孤愤》篇说：

> 智术之士，必远见而明察，不明察不能烛私；能法之士，必强毅而劲直，不劲直不能矫奸。人臣循令而从事，案法而治官，非谓重人也。重人也者，无令而擅为，亏法以利私，耗国以便家，力能得其君，此所为重人也。智术之士，明察听用，且烛重人之阴情；能法之士，劲直听用，且矫重人之奸行。故智术能法之士用，则贵重之臣必在绳之外矣。是智法之士与当涂之人不可两存之仇也。

韩非在历史的观察中发现法术之士受到排斥和迫害几乎是必然的，“楚不用吴起而削乱，秦行商君法而富强，二子之言也已当矣，然而枝解吴起而车裂商君者何也？大臣苦法而细民恶治也。当今之世，大臣贪重，细民安乱，甚于秦、楚之俗，而人主无悼王、孝公之听，则法术之士安能蒙二子之危也而明已之法术哉！”（《韩非子·和氏》第十三）身为法术之士的悲怆感充盈字里行间。韩非的满腹怨愤，在历史与现实的鼓荡中喷薄欲出，但我们在韩非的作品中并未发现其指斥韩国末年政坛中哪一个权奸之名。据周勋初先生考证，韩国末年当涂之人有韩玘者，劫韩王安而为相，事与司城子罕劫宋桓侯、田常劫齐简公相类。周先生推测，“或许是因为韩国政治腐败，当涂之人势力太大，法术之士动遭迫害，故而韩非不便直呼其名。”①韩国末年政治大坏，韩非是怀着激愤写作的，他个人的不幸与韩国的衰败紧密结合在一起，构成其作品的底色。作为一个理性的写作者，他虽尽力收敛个人情感，努力躲避现实的恩怨，然而在治国理政的思考中不能不熔铸其个人的情感印记和心态印痕。

前人论韩非之发愤著述，将其与屈原、司马迁并提而析论：“文章家尝

① 周勋初：《当涂之人——韩玘》，《韩非子札记》，江苏人民出版社1980年版，第76页。

论，喜快之言畂于阳，哀怨之言畂于阴。阳则飘飞而曼衍，庄周、列御寇是已；阴则礉切而参差，屈原、韩非、马迁是已。屈原怨而哀，韩非怨而愤，马迁怨而悲。"[①]我们如果再分别而论，就会发现韩非与屈原之似主要在于家国之怀，而韩非与司马迁之似则在于身世之感。身世之感的融入给韩非著述带来深沉的痛切感，而家国之怀的内蕴则为韩非写作带来澎湃的动力。值得注意的是，无论是身世之感还是家国之怀，在韩非作品中都很难找到直接的表述，但却是构成韩非"愤"之意蕴的重要内容。

韩非之"愤"，首先是身世之感的融入。我们在前面分析了韩非"愤"之来源之一在于其"诸公子"的身份乃至其"口吃"的生理缺陷。如果不是司马迁在《史记·韩非列传》中透露这些信息，我们不会知道韩非"怨愤"的根源，但那股怨愤之气萦绕字里行间，却是容易为读者所感知的。有论者注意到了韩非的怨恨之气、孤愤之怀："韩非在论说辩驳的同时，挥洒自如地融进了自己满腔怨怒和愤懑，才写出如此令人动情的辞章。"[②]具体地说，司马迁的身世之感通过其笔下的诸多人物遭遇传达出来，而韩非的身世之感则通过分析法术之士的历史境遇透露出来。除前引《韩非子·孤愤》篇论"智术之士"与"能法之士"的对立，其他如《韩非子·和氏》《韩非子·人主》等篇也都对法术之士的险恶处境有着深沉的感慨，让我们得以一窥韩非的内心世界。正是在这些论述中，我们注意到韩非的身世之感是与家国之怀紧密结合着的，他的文字超越一般文人的个人悲怨，而将自身命运融入国家兴衰的大环境中，身世之感也就与家国之怀融合无间了。有人将韩非与屈原进行比较，认为他们既有身世的相似，存在"爱国与恋宗的交织"；又有性格的相似，都具有"极高寒的理想与极热烈的感情"；甚至在政治主张上都有相似之处，屈原也是强调"循绳墨而不颇"，在治国理政方面

① 王道焜：《重刻韩非子序》，转引自陈启天《韩非子参考书辑要》，中华书局1945年版，第114页。

② 王曰美：《试论〈韩非子〉散文的"幽愤孤峭"》，《文学遗产》2010年第4期。

接近法家路线[①]。屈原的身世之感与家国之怀也是打并在一起的，这既由其身份处境所决定，也有个人性格的因素，而这两方面恰恰与韩非惊人地相似！如果说屈原之"哀"在于"哀民生之多艰"，那么韩非之"愤"就是"愤时势之不振"。"哀民生之多艰"，关注的是个体或群体的生存境遇，必然怀有一种深沉的悲悯；而"愤时世之不振"，着意的是国家的命运走向及其拯救之道，需要刻意维持一份冷峻的理性。

韩非对时世的忧虑和愤慨不像屈原那样与具体的政事相联系，而通常在历史以及议论中流露。《史记·韩非列传》载："非见韩之削弱，数以书干（谏）韩王，韩王不能用。"我们看《韩非子》中几篇上书体文章《难言》《爱臣》《有度》《饰邪》《忠孝》等，虽未必尽为上韩王书，但韩非所言多为政治形势之严峻、法度施行之急切，乃或重臣奸臣之险恶，正是韩非对国内政局忧愤之体现。杨义先生将此概括为"危邦意识"："在韩非生活的时代，韩国的亡国危机迫在眉睫，首当其冲地承受着秦师东进的覆亡威胁，弱国末世言法难免神经过敏的紧张感和偏执感，失意者言政的无效和冒险，散发着极而言之的悲愤感。"[②]在"危邦意识"的观照下，韩非对政治的剖析虽极冷静峻刻，而我们仍能感受到他的激烈情感，从而在我们的心里引起强烈的震撼。

韩非之"愤"，还在于他对人性恶的极致书写。韩非的老师荀子提出"人之性恶，其善者伪也"，所言"人性恶"是基于对人的原始欲望之观察，以证明后天学习修养之重要，对"人性恶"本身并无情感上的激烈态度。韩非则不然。在他眼里，人与人之间只有利害关系。父母与子女尚且以利害相较，"父母之于子也，产男则相贺，产女则杀之。此俱出父母之怀衽，然男子受贺，女子杀之者，虑其后便，计之长利也"（《韩非子·六反》第四十六）。夫妻之间，"丈

① 杨玲：《异曲而同工 同途而殊归——屈原与韩非之比较》，《兰州大学学报》（社会科学版），2009第1期。

② 杨义：《韩非子还原》，《文学评论》2010年第1期。

夫年五十而好色未解也，妇人年三十而美色衰矣。以衰美之妇人事好色之丈夫，则身死见疏贱”（《韩非子·备内》第十七）。妻子之于丈夫只是“色”的吸引。君臣之间没有血缘的联系，更是只有交易关系，“臣尽死力以与君市，君垂爵禄以与臣市”（《韩非子·难一》第三十六），或者“君以计畜臣，臣以计事君，君臣之交，计也”（《韩非子·饰邪》第十九）。就社会一般关系而言，“舆人成舆则欲人之富贵，匠人成棺，则欲人之夭死也。非舆人仁而匠人贼也，人不贵则舆不售，人不死则棺不买。情非憎人也，利在人之死也”（《韩非子·备内》第十七）。韩非笔下人与人之间的一切温情都不复存在，自然给人一种“惨礉少恩”之感。人性恶作为一种理论预设，在中国文化中并无思想背景，韩非关于人性恶的描述与其说是来自其师的传授，不如说是其个人独特经历的反映。他所目见耳闻的宫闱其实有异于正常的家庭环境，他将其普泛化为一般的家庭关系，并由此推论出人的逐利本性。韩非所眼见的人的自私、冷酷与诡诈，是特定环境下的人性表现，韩非有激而言，内心实含无限悲愤。另外，“为人口吃，不能道说”这一生理缺陷也给韩非带来一定的心理阴影，或影响其偏执心理的形成，这一点我们也可以从他文章中抓住一点、不及其余的议论风格里可以感受到。偏执性格、缺少温情的成长环境、危邦意识等诸因素促使韩非将人性中恶的一面极而言之，并以此为根基构建其理论大厦。

从接受的层面来看，最能与韩非心灵相呼应的，总是那些不胜幽愁牢骚的灵魂，这恰从另一方面印证了韩非之“愤”。刘禹锡对这种精神相契的现象深有所感：“昔称韩非善著书，而《说难》《孤愤》，尤为激切。故司马子长深悲之，为著于篇，显白其事。夫以非之书可谓善言人情，使逢时遇合之士观之，固无以异于它书矣。而独深悲之者，岂非遭罹世故，益感其言之至耶！”[①]最早对韩非著述做出深刻的文学感应的文人自然应属太史公司马迁，唐宋间诗人墨客亦

① 刘禹锡：《上杜司徒书》，陶敏、陶红雨校注《刘禹锡全集编年校注》，岳麓书社2003年版，第886页。

多咏韩非者，引起他们共鸣的是韩非那种身秉异材而遭遇不偶的悲剧性。清代蓝鼎元记寒支先生，谓其“独好韩非、屈原、韩愈之书。故其为文沉深、峭刻、雄伟、凄丽，奥博离奇、如悲如愤、如哭如笑、如寒泉烈日、如暴风雷雨，虽非盛世和平之音，盖自称其所遇也”①。韩非、屈原等的悲慨愤激之情由其著述而传，后人中有坎坷经历者极易受其文字感发，一股幽愤之气遂得千载相贯悠悠不绝。

韩非胸中既蕴蓄如斯之幽愤，发而为文章就是“刻峭”“孤峭”“深峭”或“阴峭”“奇峭”“严峭”。“峭”者，壁立深峻，斩截有力也。从内容上说，是“说尽事情”，所谓“上下数千年，古今事变，奸臣世主隐微伏匿，下至委巷穷闾妇女婴儿人情曲折，不啻隔垣而洞五脏”②，理论深透入微；从文气上说，是滔滔汩汩，一气贯注，或以“博喻之富”称说，或以联翩排比造势，或以寓言小说表意，务求意尽于言，不容他人有反驳之力。明方孝孺谓：“韩非、李斯，峭刻酷虐，故其文缴绕深切，排搏纠缠，比辞联类，如法吏议狱，务尽其意，使人无所措手。”③“言必尽意”的美学表现是辞锋犀利，“论事入髓”故能“为文刺心”④，韩非散文剀切明快、锋利颖锐之美与“言有尽而意无穷”的那种含蓄蕴藉之美可谓判然两途。明代之前对韩非的称道，多着眼于其政治遭遇及孤愤之情怀书写，如司马迁所言，“韩非知说之难，为《说难》书甚具，终死于秦，不能自脱”。“余独悲韩子为《说难》而不能自脱耳。”至明代“始艳其文词，家习而户尊之”⑤，茅坤推崇韩非之文，甚至说“顾先秦之文，韩子其的彀焉”⑥，可见韩非散文之美得到明人的充分认可。这也应看作审美风尚的转

① 蓝鼎元:《寒支先生传》,《鹿洲全集》,厦门大学出版社1995年版,第122页。

② 陈深:《韩子迂评序》,引自陈启天《韩非子参考书辑要》,中华书局1945年版,第107-108页。

③ 方孝孺:《张彦辉文集序》,《逊志斋集》,商务印书馆1935年版,第369页。

④ 门无子:《刻韩子迂评跋》,引自陈启天《韩非子参考书辑要》,第109页。

⑤ 门无子评《韩子迂评》初刻本陈深序,上海图书馆藏。

⑥ 茅坤:《韩子迂评后语》,引自陈启天《韩非子参考书辑要》,第111页。

变，值得文学史家的重视。

钱锺书先生尝谓“刻薄人善做文章”，而朱熹亦早有“刻薄人善作文字”之说，以验韩非之文，可谓所言不虚。韩非对人性之恶有深刻的认识，以此为基础所建构出来的理论“其极惨礉少恩”。人们用来形容韩非之文的“刻”“阴”“严”诸字，既体现其文字的冷峻，亦是其“刻薄”性情之写照。这种“刻薄”，在韩非而言与其说是凉薄，不如说是遭遇人生不公的激愤反应。唯其摒弃温情脉脉的人性假面，始能以凌厉之笔写尽“事情”，“抉摘隐微，烨如悬镜”[①]。天性温厚者，其为文也温煦平和；刻薄为人者，文章不妨洞见幽隐。我们抛开对人的褒贬，仅从文的百花齐放角度而言，“刻薄人”的文章自有其不可泯灭之价值。另外，前人谓先秦儒家经典得理之中正，诸子则各得其偏。“偏”既是指义理之偏，也指文气之偏。像韩非这样的“刻薄人”，本因遭遇坎坷而生愤激反应，故务穷一理之精微，有所偏颇亦在所不惜。人们用来形容韩非文章的“奇”“孤”等字，说明韩非散文的奇峰突起、孤笔直入，文气之激切自不待言，正体现一种偏激为文的独特魅力，而这也是“发愤之所为作”的自然结果。

二、“反文学”辨

“自相矛盾”这一成语是韩非的发明，他借此寓言以讥讽儒家理论的前后龃龉。有意思的是我们综观韩非一生，其人生中的矛盾竟然并不亚于他所讥讽的对象。司马迁就感叹“余独悲韩子为《说难》而不能自脱耳”，韩非对游说诸侯的困难有那么深刻的认识，自己却仍不免被害的下场，令人叹息扼腕。其又一使人感慨之处是，韩非的文章雄峻严峭，是先秦诸子中最具文学性的四家之一（另

① 胡应麟：《少室山房笔丛》，上海书店出版社2009年版，第268页。

三家为庄子、孟子、荀子），偏偏他对“文学”[1]却批之甚力，可说是“反文学”的急先锋。集诸多“矛盾”于一身的韩非有其命运的内在逻辑性作解，在文学与“反文学”的问题上也同样不能为表面现象所惑，值得我们细细分剖。

严格说来，理论上的矛盾是逻辑不周密、思想不圆足的结果；而作为现象的矛盾则不然，其内在的理路往往次序井然，唯当拨云见日，始能明了所以。韩非的文学成就与其“反文学”表述只是表面现象，无关乎其思想体系的圆足。我们首先应该弄清的是韩非所谓的“文学”之含义，其次则是韩非作品所体现出的文学观念，然后才可以判断所谓的“反文学”之确切内涵。

先秦的“文学”一词具有浓厚的儒家色彩。孔门四科有“文学”，《论语·先进》记载：“德行：颜渊、闵子骞、冉伯牛、仲弓；言语：宰我、子贡；政事：冉有、季路；文学：子游、子夏。”所谓的“文学”是指古代文献，主要是反映儒家学术的文化经典《诗》《书》《礼》《乐》《春秋》等。韩非之师荀子曾多次谈到“文学”，一般都是在此一意义层面上使用“文学”一词：

①虽王公士大夫之子孙也，不能属于礼义，则归之庶人。虽庶人之子孙也，积文学，正身行，能属于礼义，则归之卿相士大夫。（《荀子·王制》）

②今人之化师法，积文学，道礼义者为君子；纵性情，安恣睢，而违礼义者为小人。（《荀子·性恶》）

③人之于文学也，犹玉之于琢磨也。《诗》曰：“如切如磋，如琢如磨。”谓学问也。和之璧，井里之厥也，玉人琢之，为天子宝。子赣、季路，故鄙人也，被文学，服礼义，为天下列士。（《荀子·大略》）

---

① 本讲将韩非使用、主要以“文献典籍”为义的“文学”一词加上引号，以示其原始意义；而我们今天理解的文学（literature）则不加引号。

所谓“积文学”，即积累文献知识，这是一个人通过后天努力达到礼义之境的必然途径，也就是“学然后为君子”之意。“君子”与“小人”不再由等级而先天决定，庶人“积文学，道礼义”即能成为君子，荀子的这一思想是很有时代进步意义的。荀子十分恰切形象地把人接受“文学”教育喻为“玉之于琢磨”，并以子贡、子路为例说明“文学”的养成作用。由于中国传统诗论中颇为重视“诗教”，且儒家经典本来就涵括《诗经》，论者容易将此处的“文学”替换成现代意义的文学，如此则造成文义的含混并进而影响论述的客观性。

儒家之外，《墨子》也曾论及“文学”，但其含义不同于《荀子》所称。《非命》云：“凡出言谈、由文学之为道也，则不可而不先立义法。”又：“今天下之君子之为文学、出言谈也，非将勤劳其惟舌，而利其唇呡也，中实将欲其国家邑里万民刑政者也。”此处之“文学”与“言谈”对举，略同于“著述”，其义由“古代文献”引申而来。此义与今之文学似又更近一步，但仍不能径以文学目之。

《韩非子》书中提及“文学”者有16次，基本含义与其师荀子所称相一致，但他进一步将其坐实为儒学，而态度则迥异于师：

①捷敏辩给，繁于文采，则见以为史；殊释文学，以质信言，则见以为鄙；时称诗书，道法往古，则见以为诵。（《韩非子·难言》第三）

②主上有令，而民以文学非之；官府有法，民以私行矫之。人主顾渐其法令而尊学者之智行，此世之所以多文学也。（《韩非子·问辩》第四十一）

③夫离法者罪，而诸先生以文学取。……行仁义者非所誉，誉之则害功；工文学者非所用，用之则乱法。（《韩非子·五蠹》第

四十九）

④藏书策、习谈论、聚徒役、服文学而议说，世主必从而礼之，曰："敬贤士，先王之道也。"（《韩非子·显学》第五十一）

①句中的"文学"与"质信"对举，是"鄙"的反面，很容易让人以为这"文学"就是文章和辩说的文采。但前文已经提到"捷敏辩给，繁于文采"之"史"（文胜质之谓），此处不应在意义上重复。此处其实仅作"古代文献"解即可，所谓"殊释文学"相当于今之"不掉书袋"。②③两句中韩非将"文学"与官府的法令对立起来，这里的"文学"仍是"文献典籍"之义，只是这些文献典籍一经儒家整理传播，已具有鲜明的儒家色彩。先秦典籍，尤其是像《尚书》《春秋》之类的史书，本来是各家各派都足资利用的思想武库，只是儒家更重学术文化的传承，希望通过学习传统礼乐文化，来锻炼和培养儒士的理想人格，从而达到"修齐治平"的境界。《韩非子》里的"文学"，除少数（如①句）外几乎都是针对儒学而言。由于儒家常以古讽今、借文献典籍来横议、批评现世的政令法制，与韩非所倡导的"世异则事异"原则不容，所以韩非一改其师对"文学"的褒赞，而持激烈批判态度。

韩非笔下的"文学之士"也就是"学者"，在祸害国家的"五蠹"中名列首位，可见韩非对儒家的憎厌之情。或以为"文学之士"不仅指儒家，还包括墨者："文学之士，指儒、墨言也。盖儒、墨皆以多读书见称。孔子以五经教弟子，墨子读百国春秋。故《显学篇》谓儒、墨之徒藏书策，服文学也。"其理由是："《显学篇》主要是批评儒、墨，是知所谓服文学者，指儒、墨之徒。"[①]（《韩非子·显学》篇）诚然是批评儒、墨两家的，但其中也批判了"义不入危城，不处军旅，不以天下大利易其胫一毛"的杨朱学派，对儒、墨的批判也并不

① 陈奇猷：《韩非子新校注》（《六反》注四），上海古籍出版社2000年版，第1001页。

总是合而言之，故不能说“服文学”者就一定是儒墨之徒。何况上引④句中韩非将“服文学”与“藏书策、习谈论、聚徒役”并提，除了“聚徒役”与墨者相符，另外两条更合乎儒家行径。在《韩非子·六反》中，韩非这样定义“文学之士”：“学道立方，离法之民也，而世尊之曰‘文学之士’。”张觉先生将其译为：“学习古代帝王之道而创立自己的学说，是背离法度的腐儒。”[①]杨义先生也承认，“在相当多场合，韩非往往把文学视同于儒学。批评文学也就成了批评儒家的浮泛不实。”[②]

韩非“反文学”包括两个层面的意义：一是弃绝典籍，唯法令是从，即所谓“明主之国，无书简之文，以法为教；无先王之语，以吏为师”（《韩非子·五蠹》第四十九）；二是批判儒学，从其思想原则到行事处世做彻底否定。这两个层面的意义是相通的，前者是在一般的、宽泛的层面上说的，后者则具体化为特殊对象——儒家。“文学”是先秦语境中的“文学”，有其特殊的指称。无论哪个层面的意义都与文学批评没有直接相干，不能据以断定韩非对一般意义上的文学的态度。韩非的“反文学”与其文学成就乃是不同范畴的表现，难以并提，因此也就说不上是真正的矛盾。

辨明韩非“反文学”的实质，并不能解除我们心中的疑惑：韩非“好质而恶饰”，他对文饰的批判似乎有理由让我们相信他对文学的艺术性也是持反对意见的。前人将其概括为“重质轻文”，“由于其对文学艺术价值的过多否定，后世文学批评家直接加以称述者不多，但实际影响却长期存在，或鄙弃文艺为无用，或要求文艺直接为功利服务而不顾其艺术性，也许就属于这条思想路线的发展”[③]。韩非的文艺观确实有着强烈的功利色彩：

① 张觉：《韩非子译注》，上海古籍出版社2007年版，第634页。

② 杨义：《韩非子还原》，中华书局2011年版，第76页。

③ 顾易生、蒋凡：《先秦两汉文学批评史》，上海古籍出版社1990年版，第270页。

夫言行者，以功用为之的彀者也。夫砥砺杀矢而以妄发，其端未尝不中秋毫也，然而不可谓善射者，无常仪的也。设五寸之的，引十步之远，非羿、逢蒙不能必中者，有常仪的也。故有常仪的则羿、逢蒙以中五寸的为巧；无常，则以妄发之中秋毫为拙。今听言观行，不以功用为之的彀，言虽至察，行虽至坚，则妄发之说也。（《韩非子·问辩》第四十一）

韩非的功利观是贯穿其思想体系的一条主线，文艺自然不能例外。有名的“秦伯嫁女”“楚人鬻珠”故事很能说明其对“文”“质”的理解：

昔秦伯嫁其女于晋公子，令晋为之饰装，从衣文之媵七十人。至晋，晋人爱其妾而贱公女。此可谓善嫁妾，而未可谓善嫁女也。楚人有卖其珠于郑者，为木兰之柜，薰以桂椒，缀以珠玉，饰以玫瑰，辑以羽翠。郑人买其椟而还其珠。此可谓善卖椟矣，未可谓善鬻珠也。（《韩非子·外储说左上》第三十二）

此两则寓言乃是解释墨家之言何以不辩的，“若辩其辞，则恐人怀其文，忘其直，以文害用也”（《韩非子·外储说左上》）。人们以此证明韩非是强调“文”有害于“质”的。既然“以功用为的彀”，不合功用也就是无目的之装饰当然是有害的；但我们反过来想想，合乎功用的装饰岂非值得肯定？假如秦伯装饰其女而嫁之，不就很自然、很合理了吗？韩非对此还会予以讥嘲吗？还能笼统地认为韩非强调“文”有害于“质”吗？

从字面表述看，有时候韩非的论述确实给人“文”“质”截然对立的印象：

> 礼为情貌者也，文为质饰者也。夫君子取情而去貌，好质而恶饰。夫恃貌而论情者，其情恶也；须饰而论质者，其质衰也。何以论之？和氏之璧，不饰以五采；隋侯之珠，不饰以银黄。其质至美，物不足以饰之。夫物之待饰而后行者，其质不美也。（《韩非子·解老》第二十）

“其质至美，物不足以饰之”，至美之“质”无待于“文”固然不错，“物之待饰而后行者，其质不美”则说得似乎有些绝对。按此段所解乃《老子》中“礼者，忠信之薄也，而乱之首乎”一句，韩非所攻显然在于儒家之“礼”。“礼”相当于“忠信”的装饰品，韩非认为“礼繁者，实心衰也”，礼是掩饰“忠信之薄”的遮羞布，难怪会说得那么绝对了。寓言故事也是一种譬喻之说，取其一面之词而已，不能字字较真。如孟子寓言“齐人有一妻一妾者”“邻人攘鸡”，或讥之以“乞丐何曾有二妻，邻家焉得许多鸡”，实在是不懂这一寓言特点的胡搅蛮缠。韩非寓言有所针对者往往也要考虑其上下文才能获得确解，单单把寓言故事拎出而分析之，是容易产生过度诠释问题的。此段中的“文”与“质”关系论针对的是“礼”之貌和“情”之实，将之等同于韩非的文艺观似过绝对。我们可以再举一例来说明韩非“重质轻文”说之不可轻信：

> 宋王与齐仇也，筑武宫。讴癸倡，行者止观，筑者不倦。王闻，召而赐之。对曰：“臣师射稽之讴又贤于癸。”王召射稽使之讴，行者不止，筑者知倦。王曰：“行者不止，筑者知倦，其讴不胜如癸美，何也？”对曰：“王试度其功。”癸四板，射稽八板；擿其坚，癸五寸，射稽二寸。（《韩非子·外储说左上》第三十二）

论者以为“讴癸唱歌能使得‘行人止观，筑者不倦’，其师射稽唱歌时却

‘行者不止，筑者知倦’，显然讴癸唱歌比射稽有更大的艺术魅力”[①]，果真如此吗？那又怎么解释讴癸对其师的称颂呢？我们知道，誓师及群体劳动场合的音乐，为的是激励士气、振作精神，具有显明的实用目的。射稽之唱的实际功效高于讴癸，在于他的歌唱更能使人激励振作，就像有人在后不断鞭策，持续一定时间即令人体力透支，故“行者不止，筑者知倦”。讴癸所唱，则是令人放松的曲子，好听而不能劝功，故“行人止观，筑者不倦”。射稽和讴癸所唱，显然是两种不同的风格，譬如进行曲和小夜曲之别。讴癸不知歌唱当随时地而变，只一味追求歌唱的婉转悦耳；射稽则既能逞歌唱之技，又能依据周围环境而变，其艺通神，其为师不亦宜乎？因此如果以此寓言认定韩非轻视艺术，恐怕有违韩非原意。

在韩非那里，脱离了效用的艺术是没有价值的。墨子为木鸢，虽极精巧而不如为车輗者之功；客为周君画策，虽有三年之功而其用与素髹策同……无目的的言辞辩说甚至成为亡国之征：“好辩说而不求其用，滥于文丽而不顾其功者，可亡也。”（《韩非子·亡征》第十五）但我们也该注意到，艺术当然可以有效用，讲究效用甚至本来就是原始艺术的目标之一。以此来理解韩非对文学的态度就不难明白，韩非并不一般地否定辞采，而是要辞采为内容服务。韩非抨击的是逞辞采而谋私利的行为，辞章恰切而又能得君心、益国家，韩非怎么会反对呢？明乎此，我们也就能够理解韩非为什么一方面对言辞辩说之士那么深恶痛绝，另一方面自己又那么讲究进谏君主的语言艺术。

韩非对辩说言谈活动往往持强烈批判态度，究其实质，其批判指向的是造成辩说的根源，而不是辩说本身。《韩非子·问辩》篇明确显示了韩非对“辩”的认识：

① 顾易生、蒋凡：《先秦两汉文学批评史》，上海古籍出版社1990年版，第268页。

> 或问曰："辩安生乎？"对曰："生于上之不明也。"问者曰："上之不明，因生辩也，何哉？"对曰："明主之国，令者，言最贵者也，法者，事最适者也。言无二贵，法不两适，故言行而不轨于法令者必禁。若其无法令而可以接诈应变、生利揣事者，上必采其言而责其实，言当则有大利，不当则有重罪，是以愚者畏罪而不敢言，智者无以讼，此所以无辩之故也。乱世则不然，主上有令，而民以文学非之；官府有法，民以私行矫之。人主顾渐其法令而尊学者之智行，此世之所以多文学也。夫言行者，以功用为之的彀者也。……是以乱世之听言也，以难知为察，以博文为辩；其观行也，以离群为贤，以犯上为抗。人主者说辩察之言，尊贤抗之行，故夫作法术之人，立取舍之行，别辞争之论，而莫为之正。是以儒服带剑者众，而耕战之士寡；坚白无厚之词章，而宪令之法息。故曰："上不明则辩生焉。"

"辩"是由于"上不明"，而"明主之国，令者，言最贵者也，法者，事最适者也"。"上不明"即意味着法令不彰，这是造成辩说纷纭的根本原因。反言之，法令严明则辩说活动无从而起。这些辩说活动无非有以下几种：一是"主上有令，而民以文学非之"，即儒者以典籍为依据对今王之法令进行非议与批评；二是"以难知为察，以博文为辩"的"坚白无厚之词"盛行，以公孙龙为首的战国名家虽为逻辑学的发展做出贡献，但在韩非看来却是无益于世用的；三是以纵横术游说国君，"国利未立，封土厚禄至矣"，得益的只是臣子，故其词辩仅足以"破国亡主"，这种"言谈者之浮说"在韩非眼里当然也是要不得的。然而韩非与战国时期其他一些思想家一样，都无法避免地要向君王推销其学说，不屑于辩而不得不辩可说是他们的共同尴尬。孟子就说过，"予岂好辩哉？予不得已也。"（《孟子·滕文公下》）"辩说"在战国之世实为士人用世必修的功课，其为有益抑或有害，取决于谁在用怎么用而已。说到底，"辩说"只是一种语言手段，其本身无所谓好坏，韩非在批判“辩说”的时候，通常也是带有条件的。如：“喜淫刑而不周于法，好辩说而不求其用，滥于文丽而不顾其功者，可亡也。”（《韩非子·亡征》第十五）对“辩说”“文丽”并非一概否定，而是指明在“不求其用”“不顾其功”的情况下是没有价值的。

否定“辩说”而以辩说见赏，批判“文丽”而因文丽传世，韩非看似矛盾的文学实践自有其内在的逻辑性。身为法术之士，韩非与儒、名、纵横各家在辩说问题上互有同异，我们可以从比较中辨别他对于辩说的真正态度和主张：就儒家言，孔子向来厌恶“巧言令色”，但时移世异，战国时期的儒士要获得国君信用不得不借助于论辩术。韩非的态度与此相同，即在情感上厌恶“巧言”而实践中不得不重视之。只不过儒家常借先王名义以批评当下，与法家重后王异趣，故韩非对这种“文学”特抱警惕态度。就名家言，重视逻辑思辨这一点与韩非是相同的，韩非所不满的在于其为辩而辩，陷入诡辩而脱离实际；就纵横家言，善揣摩、铸伟词以耸动人主；而韩非对人主的接受心理有精湛的见识（见《韩非子·难言》《韩非子·说难》等篇），其文章也极重气势，词采斐然，这两方面很可能是受纵横家影响。纵横家所谋在于个人私利，则其言谈遂成“浮词”，为韩非所不取。由此可见，韩非是以治国之大道控驭辩说之术，以严密的思辨建构辩说体系，以淋漓尽致之文辞写成辩说之文。韩非于辩说之道讲之既精，又因限于口吃的生理缺陷而无法像孟子或张仪、苏秦那样以口舌与人较长短，则其尽力于文，取得语言艺术的高度成就，也就不足为奇了。

韩非散文以冷峻见长，在文学上别具一种高冷之美。《韩非子》乃“发愤之所为作”，其愤激之言、沉痛之语在《韩非子·孤愤》《韩非子·说难》《韩非子·和氏》诸篇中表露无遗，然而其最擅长者在于“善言人情”，即对人性的深入刻画。文学终究是以情动人的，韩非貌似无情，实则内蕴愤激、外达“人情”，这就使韩非的文字在冷冷的理论光芒下泛起一种炫目的文学光辉。《韩非子》又富修辞之美：排比、比喻、用事……纷至沓来，故《文心雕龙·诸子》

称："韩非著博喻之富。"《韩非子》丰富了先秦寓言宝库，《说林》、内外储说等几乎成为寓言专集，在中国寓言史上有着重大意义。《韩非子》在文体上的成就亦令人瞩目，说、难、连珠等等，时有创新。学者们对韩非的文学成就多有研讨[①]，此不赘述。韩非如此孜孜于文学园林的开掘，虽是为推销其思想学说，而其于文学之不自觉推扬已可明见。笔者认为，韩非所谓的"反文学"，自有其特定的历史与政治学内容，不能以此认作他的文学观。身为法术之士，韩非的文学思想当然有很大的功利性，即文学当从属并服务于法术之道。鉴于先秦时代文学尚未获得独立地位，他的这种文学功利观并不能简单地归为"重质轻文"之说，而应从其创作实绩出发，认识其作品的文学价值及蕴含的文学观念。从这个意义上说，所谓韩非"反文学"在文学上只是个伪命题。

三、文章选读

说明：在《韩非子》的所有文章中，没有哪篇像《韩非子·孤愤》篇这样以少有的浓重抒情痛陈"智法之士"与"当涂之人"（即当权重臣）的不可两立的矛盾。谭家健先生对此有精当的分析："这篇文章同样以缜密著称，尤其善用对比手法，以加强逻辑性和感染力，感情激切，风格沉郁，饱含着悲愤不平之气，但又不同于《五蠹》、《显学》之'不可控揣'。元人何犿称它是'绳墨法度之文，有架柱，有眼目，有起结，有收拾，有照应，部勒整齐，句适章妥。谁谓古文无纪律？'（《二十九子品汇释评》）明门无子说它'小段小结束，大段大结束，从来文字密致未有如此者'（《韩子迂评》）。"[②]秦始皇见之亦为心折，除了震悚于当权重臣的危害之外，应该也被韩非表现出的那种勇往直前的变

① 周勋初：《周勋初文集》第一卷，江苏古籍出版社2000年版，第574页；张觉：《略论韩非理论文之文学价值》，《西北师大学报》（社科版），1991年第4期；杨义：《韩非子还原》，《韩非的文学与反文学》，中华书局2011年版，第75页；马世年：《〈韩非子〉的成书及其文学研究》，上海古籍出版社2011年版；等等。

② 谭家健：《先秦散文艺术新探》，首都师范大学出版社1995年10月版，第127页。

革精神所折服，才迫切地想要一见其人。

《韩非子·孤愤》

智术[①]之士，必远见而明察，不明察不能烛私[②]；能法之士，必强毅而劲直，不劲直不能矫奸。人臣循令而从事，案法而治官[③]，非谓重人也。重人也者，无令而擅为，亏法以利私，耗国以便家，力能得其君，此所为[④]重人也。智术之士，明察听用[⑤]，且烛重人之阴情；能法之士，劲直听用，且矫重人之奸行。故智术能法之士用，则贵重之臣必在绳之外[⑥]矣。是智法之士与当涂之人不可两存之仇也。

当涂之人擅事要[⑦]，则外内为之用矣。是以诸侯不因[⑧]，则事不应，故敌国[⑨]为之讼[⑩]；百官不因，则业不进，故群臣为之用；郎中不因，则不得近主，故左右为之匿；学士不因，则禄薄礼卑，故学士为之谈也。此四助者，邪臣之所以自饰也。重人不能忠主而进其仇[⑪]，人主不能越四助而烛察其臣，故人主愈弊[⑫]而大臣愈重。

凡当涂者之于人主也，希[⑬]不信爱也，又且习故[⑭]。若夫即[⑮]主心，同乎好

① 智，通“知”，知术即通晓法术。
② 烛私，洞察隐私。
③ 治官，尽职。
④ 为，通“谓”。
⑤ 听用，主张被采纳、自身被任用。
⑥ 绳之外，指墨线外应削除的部分，喻指为法制所不容之人。
⑦ 事要，权柄。
⑧ 因，凭借，依靠。
⑨ 敌国，地位或势力相当的国家，泛指其他诸侯国。
⑩ 讼，通“颂”，颂扬。
⑪ 仇，仇敌，此指法术之士。
⑫ 弊，通“蔽”，蒙蔽。
⑬ 希，通“稀”，少。
⑭ 习故，亲昵熟悉。
⑮ 即，迎合。

恶，固其所自进也。官爵贵重，朋党又众，而一国为之讼。则法术之士欲干[①]上者，非有所信爱之亲、习故之泽也；又将以法术之言矫人主阿辟[②]之心，是与人主相反也。处势卑贱，无党孤特[③]。夫以疏远与近爱信争，其数[④]不胜也；以新旅[⑤]与习故争，其数不胜也；以反主意与同好争，其数不胜也；以轻贱与贵重争，其数不胜也；以一口与一国争，其数不胜也。法术之士操五不胜之势，以岁数[⑥]而又不得见；当涂之人乘五胜之资，而旦暮独说于前：故法术之士奚道得进，而人主奚时得悟乎？故资必不胜而势不两存，法术之士焉得不危！其可以罪过诬[⑦]者，以公法而诛之；其不可被[⑧]以罪过者，以私剑而穷之[⑨]。是明法术而逆主上者，不僇于吏诛，必死于私剑矣。朋党比周以弊主，言曲以便私[⑩]者，必信于重人矣。故其可以攻伐借[⑪]者，以官爵贵之；其不可借以美名者，以外权[⑫]重之。是以弊主上而趋于私门者，不显于官爵，必重于外权矣。今人主不合参验而行诛，不待见功而爵禄，故法术之士安能蒙死亡而进其说，奸邪之臣安肯乘利而退其身！故主上愈卑，私门益尊。

夫越虽国富兵强，中国之主皆知无益于己也，曰："非吾所得制也。"今有国者虽地广人众，然而人主壅蔽，大臣专权，是国为越[⑬]也。智[⑭]不类越，而

---

① 干，求取。
② 阿辟，邪僻不正。
③ 孤特，孤单，孤立。
④ 数，定数，常理。
⑤ 新旅，新从外地来的旅客，此指法术之士。
⑥ 以岁数，用年度计。
⑦ 诬，陷害。
⑧ 被，加。
⑨ 意即派刺客刺杀。
⑩ 便私，利于私门。
⑪ 功伐，功劳。借，假借，借口。
⑫ 外权，国外的势力。
⑬ 国家成为像越国那样不可控制。
⑭ 智，通"知"。下文"智"亦同此。

不智不类其国，不察其类者也。人之所以谓齐亡者，非地与城亡也，吕氏弗制而田氏用之；所以谓晋亡者，亦非地与城亡也，姬氏不制而六卿专之也。今大臣执柄独断而上弗知收，是人主不明也。与死人同病者，不可生也；与亡国同事[①]者，不可存也。今袭迹[②]于齐、晋，欲国安存，不可得也。

凡法术之难行也，不独万乘[③]，千乘亦然。人主之左右不必[④]智也，人主于人有所智[⑤]而听之，因与左右论其言，是与愚人论智也。人主之左右不必贤也，人主于人有所贤而礼之，因与左右论其行，是与不肖论贤也。智者决策于愚人，贤士程行[⑥]于不肖，则贤智之士羞而人主之论悖[⑦]矣。人臣之欲得官者，其修士且以精洁固[⑧]身，其智士且以治辩[⑨]进业。其修士不能以货赂事人，恃其精洁，而更不能以枉法为治，则修智之士不事左右，不听请谒矣。人主之左右，行非伯夷也，求索不得，货赂不至，则精辩之功[⑩]息，而毁诬之言起矣。治乱之功制于近习，精洁之行决于毁誉，则修智之吏废而人主之明塞矣。不以功伐决智行[⑪]，不以参伍[⑫]审罪过，而听左右近习之言，则无能之士在廷而愚污之吏处官矣。

万乘之患，大臣太重；千乘之患，左右太信：此人主之所公患也。且人臣有大罪，人主有大失，臣主之利相与异[⑬]者也。何以明之哉？曰：主利在有能而

① 同事，同样的情况。
② 袭迹，重蹈覆辙。
③ 万乘，万乘之国，指大国。
④ 不必，不一定。
⑤ 有所智，认为有智慧。
⑥ 程行，品评德行。
⑦ 悖，错误，荒谬。
⑧ 固，坚守，约束。
⑨ 辩，通“办”。治辩，办事，干才。
⑩ 精辩之功，指修智之士的功业。
⑪ 智行，智慧和德行。
⑫ 参伍，用事实多方面加以验证。
⑬ 相与异，互相对立。

任官，臣利在无能而得事；主利在有劳而爵禄，臣利在无功而富贵；主利在豪杰使能[①]，臣利在朋党用私。是以国地削而私家富，主上卑而大臣重。故主失势而臣得国，主更称蕃臣，而相室剖符[②]。此人臣之所以谲[③]主便私也。故当世之重臣，主变势[④]而得固宠者，十无二三。是其故何也？人臣之罪大也。臣有大罪者，其行欺主也，其罪当死亡也。智士者远见，而畏于死亡，必不从重人矣；贤士者修廉，而羞与奸臣欺其主，必不从重臣矣。是当涂者之徒属，非愚而不知患者，必污而不避奸者也。大臣挟愚污之人上与之欺主，下与之收利侵渔，朋党比周，相与一口[⑤]，惑主败法，以乱士民，使国家危削，主上劳辱[⑥]，此大罪也。臣有大罪而主弗禁，此大失也。使[⑦]其主有大失于上，臣有大罪于下，索国之不亡者，不可得也。

① 使能，发挥才能。

② 相室，即相国，执政大臣。相室剖符指执政大臣行使君权。

③ 谲，欺诈。

④ 变势，改变政治形势，如君位转变。

⑤ 互相用同一腔调说话。

⑥ 劳辱，劳苦。

⑦ 使，假使。